Y. 5545
7.0.a.9.

Yf 4690

THÉATRE COMPLET

DE M.

EUGÈNE SCRIBE.

IMPRIMERIE DE H. FOURNIER
RUE DE SEINE, N. 14

THÉATRE COMPLET

DE M.

EUGÈNE SCRIBE,

MEMBRE DE L'ACADÉMIE FRANÇAISE

Seconde Édition,

ORNÉE

D'UNE VIGNETTE POUR CHAQUE PIÈCE

TOME NEUVIÈME.

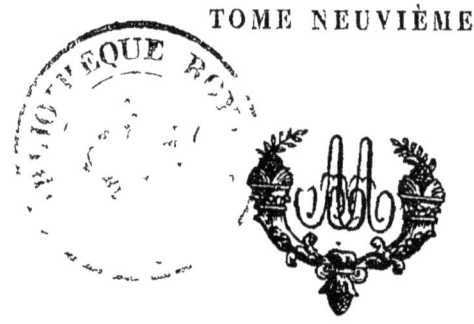

PARIS,

AIMÉ ANDRE, LIBRAIRE-ÉDITEUR,

RUE CHRISTINE, N. 1

M DCCC XXXV

VALÉRIE,

COMEDIE EN TROIS ACTES ET EN PROSE,

Représentée pour la première fois, a Paris, sur le Théâtre Français,
le 21 decembre 1822.

EN SOCIETE AVEC M MELESVILLE

PERSONNAGES.

CAROLINE DE BLUMFELD, jeune veuve.
VALÉRIE, son amie.
ERNEST, comte de Halzbourg.
HENRI MILNER, conseiller.
AMBROISE, domestique de Caroline.

La scene se passe dans une petite ville d'Allemagne.

VALÉRIE.

O MON DIEU ! JE TE RENDS GRACE.

Valérie, Acte III. Sc. IX.

VALERIE.

ACTE PREMIER.

Le théâtre représente un salon donnant sur des jardins; porte et croisées au fond, et deux portes latérales.

SCÈNE PREMIÈRE.

CAROLINE, HENRI.

CAROLINE.

Quel bon hasard vous amène, mon cher Henri ? Je croyais que les affaires de la chancellerie prenaient toute votre matinée.

HENRI.

Il est vrai, madame; mais dans la journée vous faites des visites, le soir vous avez toujours du monde. Le moyen de vous parler ?

CAROLINE.

Hier cependant nous étions seuls, ou c'est tout comme. Je n'avais avec moi que ma cousine; et une personne qui n'y voit pas ne doit pas vous effrayer beaucoup.

HENRI.

N'importe, je n'ai pas osé. L'affaire dont je veux vous entretenir est si difficile à aborder....

CAROLINE.

Je vous devine. Vous allez me parler de l'état de ma fortune. Je connais, mon cher Henri, votre raison, l'étendue de vos lumières, la tendre amitié qui nous unit dès l'enfance. Je déclare d'avance que tous vos conseils sont excellens; mais je n'en suivrai pas un seul.

HENRI.

Du tout, madame; ce n'est pas là le sujet qui m'amène. Je ne viens pas pour vous parler raison.

CAROLINE.

Ah! que vous êtes aimable! C'est peut-être une confidence que vous aviez à me faire?

HENRI.

Justement!

CAROLINE.

Avez-vous du temps? êtes-vous pressé? C'est que j'ai aussi un secret; et à qui pourrais-je le confier, si ce n'est à mon meilleur ami? Vous ne savez pas, je vais me marier.

HENRI.

Ah! mon Dieu! Depuis quand avez-vous pris cette résolution?

CAROLINE.

Depuis ce matin, je crois.

HENRI, a part

Allons, j'ai eu tort de ne pas me déclarer plus tôt. (Haut) Après un secret comme celui-là, le mien n'aurait plus rien d'intéressant. Nous en causerons une autre fois.

CAROLINE.

Eh! mais, qu'avez-vous donc?

HENRI.

Rien; je vous écoute. Parlons de vous, de votre bonheur.

CAROLINE.

Vous savez que je suis veuve, et que M. Blumfeld, mon mari, m'avait laissé six mille florins de rente ; ce qui était fort bien à lui, sans un maudit procès qui s'est élevé au sujet de sa succession.

HENRI.

Un procès détestable, que vous ne pouvez manquer de perdre, et qui doit vous ruiner.

CAROLINE.

Vous croyez?

HENRI.

Oui, madame.

CAROLINE.

C'est ce qu'ils disent tous, et pourtant il n'aurait tenu qu'à moi de le gagner. Ce vieux conseiller, le plus obstiné des hommes, contre lequel je plaidais, et qui voulait absolument m'épouser....

HENRI.

Heureusement qu'il est mort.

CAROLINE.

C'est égal; il n'y a pas idée d'un entêtement pareil. Imaginez-vous qu'il a un neveu, le jeune comte de Halzbourg, dont vous avez entendu parler.

HENRI.

Je ne crois pas.

CAROLINE.

Il était le cadet d'une famille nombreuse ; et comme il n'avait pas de fortune à espérer, on voulait le faire entrer dans les ordres ; vous vous rappelez, maintenant. C'est lui qui, il y a trois ans, disparut subitement sans que l'on pût savoir ce qu'il était devenu.

HENRI.

Oui ; j'ai de tout cela quelque idée confuse.

CAROLINE.

Eh bien, monsieur, pendant cet espace de temps, il a successivement perdu deux frères, et je ne sais combien de cousins ; de sorte qu'il est maintenant riche à millions ; et, en outre, c'est encore à lui que revient, dans ce moment, toute la succession de mon vieux conseiller, à la charge par lui.... écoutez bien cette clause du testament, à la charge par lui de terminer ce procès en m'épousant. C'est ce que m'a appris ce matin mon homme d'affaires, et c'est là-dessus que je voulais vous consulter. Quel parti me conseillez-vous de prendre ?

HENRI.

Eh mais ! d'après les premiers mots de votre conversation, il me semble que vous êtes décidée.

CAROLINE.

Jusqu'à un certain point. On dit beaucoup de bien du comte de Halzbourg ; mais peut-être n'est-il pas le mari qui me conviendrait. Je connais très-bien tous mes défauts : je suis vive, impatiente, étourdie ;

c'est pour cela qu'il me faudrait pour époux quelqu'un de calme, de raisonnable; enfin, cela va vous faire rire, quelqu'un de votre caractère.... si vous m'aimiez, bien entendu.

HENRI.

Comment, madame, il serait possible !

CAROLINE.

Après cela, il se peut que le comte de Halzbourg réunisse ces qualités ; et bien décidément je l'épouserai peut-être, non pas pour moi, mais pour ceux qui m'entourent, et dont il me serait si doux de faire le bonheur ! Ma cousine, surtout ; cette chère Valérie, si aimable, si intéressante ! Pauvres toutes les deux, il faudra nous séparer ! Riche, je ne la quitterai plus ; je l'entourerai de tous les soins que son état réclame. Il est si triste d'être privée de la vue ! Seule au milieu du monde, morte à tous les plaisirs, chercher sans cesse son amie, et même auprès d'elle vivre dans l'absence : autant mourir tout-à-fait ! Moi, d'abord, je ne pourrais pas exister ainsi.

HENRI.

Vous, sans doute ! Mais Valérie, qui depuis l'âge de trois ou quatre ans est privée de la lumière, ne peut regretter des plaisirs dont elle n'a aucune idée, et bien certainement....

SCÈNE II.

Les précédens; AMBROISE.

AMBROISE.

Madame, c'est une lettre qu'un beau chasseur vient d'apporter pour vous.

CAROLINE, prenant la lettre

C'est bien.

AMBROISE.

Je l'ai prié bien poliment d'attendre; il avait un bel habit vert, galonné sur toutes les coutures.

CAROLINE, qui a ouvert la lettre.

C'est du comte de Halzbourg. Il est à quelques lieues d'ici, et me demande la permission de se présenter chez moi.... sans doute pour me parler de la clause du testament de son oncle. Une lettre très-honnête et très-respectueuse; quel est votre avis?

HENRI.

Je n'en ai pas à donner : il ne s'accorderait probablement pas avec le vôtre, et je me mettrais peut-être très-mal avec vous en vous conseillant de ne pas le recevoir.

CAROLINE.

D'abord ce ne serait pas convenable, dans la situation où nous sommes. Je ne peux pas me dispenser.....

HENRI.

Ne cherchez pas de prétexte; dites plutôt que vous le désirez.

CAROLINE.

Oui, par curiosité, voilà tout. Cela n'engage à rien. Toi, Ambroise, préviens Valérie que monsieur Henri Milner est ici, au salon, et qu'il est seul. (à Henri) Elle vous tiendra compagnie en mon absence. Je vais écrire ma réponse.

(Elle sort avec Ambroise.)

SCÈNE III.

HENRI, *seul*.

Oui, j'ai bien fait de ne pas me déclarer hier, ç'aurait été pour elle un triomphe de plus. Elle ignorera toujours que je l'aimais. Quelle légèreté! quelle étourderie! Que n'a-t-elle les sentimens et le cœur de Valérie! Ah! Valérie! ma seule amie, venez à mon secours!

SCÈNE IV.

HENRI, VALERIE *conduite par* AMBROISE.

VALÉRIE.

Henri, êtes-vous là?

HENRI.

Oui, sans doute; et je désirais bien vous voir.

VALÉRIE.

Eh! vite, Ambroise, conduis-moi de ce côté! (Lui tendant la main) Bonjour, mon ami; je vous ai fait attendre, ce n'est pas ma faute ; je ne vais pas aussi vite que je le voudrais!

AMBROISE.

Oh! vous allez encore un bon pas, surtout pour moi! Qui m'aurait jamais dit qu'à soixante-six ans je serais le conducteur d'une jeune et jolie fille telle que vous ?

VALÉRIE, gaiement.

Comme ma cousine me le lisait l'autre jour dans cet opéra français de Richard, tu es mon Antonio.

AMBROISE.

Oui, un Antonio caduc.

VALÉRIE.

Tant mieux. Ta vieillesse me permet de m'acquitter envers toi. Tu me guides, et je te soutiens.

AMBROISE.

Si vous vouliez bien, vous pourriez un jour vous guider vous-même. Vous avez beau dire, je n'ai pas perdu tout espoir.

VALÉRIE.

Mon bon Ambroise, ne parlons pas de cela, je t'en prie; tu sais bien que les gens les plus habiles de ce pays ont déclaré que c'était impossible.

AMBROISE.

D'accord; mais un habile homme d'Allemagne peut être un ignorant dans un autre pays. En France, par exemple, si je vous racontais ce qui m'est arrivé, à moi.

ACTE I, SCENE IV.

HENRI, bas à Valérie

Valérie, j'ai besoin de vous parler. Renvoyez-le.

VALÉRIE.

Laissez-lui achever son histoire; ce vieux serviteur aime à raconter; je suis pauvre, je n'ai rien. Je le paie en écoutant. (à Ambroise) Eh bien?

AMBROISE.

Depuis long-temps j'étais comme vous privé de la vue, et l'année dernière, lors de la mort de monsieur Blumfeld, mon ancien maître et le mari de madame, je me trouvais avec lui à Paris.

HENRI.

Oui, je sais que tu l'avais accompagné dans ce voyage.

AMBROISE.

Il n'était question alors que d'un savant docteur, le plus célèbre de toute l'Europe, qui faisait, disait-on, des cures merveilleuses. J'y allai par curiosité. Un grand hôtel, des voitures dans la cour, à ce qu'on me dit du moins, une antichambre immense, où l'on me fait attendre deux heures un quart : enfin on se serait cru chez un ministre !

HENRI.

Eh bien, voyons. Ce docteur t'a guéri.

AMBROISE.

Du tout, monsieur ! j'étais pauvre; il ne voulut seulement pas m'écouter; et je me retirais lorsqu'un jeune homme, qu'à ses discours je pris pour son élève, m'arrête, et. croyant me reconnaître à mon accent, me demande si par hasard je ne suis pas Allemand.

VALÉRIE.

Eh bien, qu'est-ce que tu as répondu?

AMBROISE.

J'ai répondu *ia mein herr!* il n'y avait pas de meilleure réponse. De quelle province ? Souabe. Connaissez-vous Olbruk? J'y suis né! Quoi, vous êtes d'Olbruk? combien je suis heureux ! Et moi, jugez comme j'étais fier de trouver à Paris quelqu'un qui connût notre endroit.

HENRI, vivement.

Enfin, c'est lui qui t'a rendu la vue?

AMBROISE.

Oui, monsieur. Quel beau jeune homme! un air noble, distingué; et quel talent ! Comme il m'écoutait parler, celui-là; et avec tous les développemens convenables!

HENRI, souriant

J'entends; mais avec ce beau jeune homme et cette physionomie si distinguée, combien cela t'a-t-il coûté?

AMBROISE.

Je ne vous dirai pas au juste, vu qu'après l'opération il m'a mis vingt-cinq louis dans la main, en me souhaitant un bon voyage!

VALÉRIE.

Comment! il serait possible!

HENRI.

Je ne puis le croire encore!

ACTE I, SCÈNE V.

VALÉRIE.

Je te remercie, Ambroise! ton histoire est en effet très-singulière! malheureusement nous ne sommes pas à Paris, et l'on ne fait pas chez nous de pareils miracles!

AMBROISE.

Vous croyez peut-être que j'en impose.

VALÉRIE.

Non, certainement; mais que je ne te retienne pas, Ambroise; je n'ai pas besoin de toi.

AMBROISE.

Merci, mademoiselle; car on vient de nous donner des ordres pour ce comte de Halzbourg qu'on attend, ce seigneur qui vient, dit-on, pour épouser madame, et c'est tout au plus si j'aurai le temps nécessaire.

(Il sort)

SCÈNE V.

VALÉRIE, HENRI.

HENRI.

Enfin, il est parti!

VALÉRIE.

Eh bien! que me voulez-vous?

HENRI.

Vous venez de l'apprendre; on attend ce comte de Halzbourg, l'un des plus grands seigneurs de l'Allemagne, un millionnaire; et moi qui n'ai d'autre fortune qu'une modeste place....

VALÉRIE.

Eh bien, qu'importe?

HENRI.

Qu'importe! il veut plaire à Caroline, il vient pour l'épouser, et vous ne savez pas que je l'aime, que je l'adore, que personne ne s'en est encore aperçu?

VALÉRIE.

Excepté moi.

HENRI.

Comment, il serait possible?

VALÉRIE.

Oui. Depuis quelques jours vous êtes triste, silencieux; aucun plaisir ne paraît vous toucher : alors j'ai réfléchi, je me suis rappelé.....

(Elle a l'air de tomber dans une profonde rêverie.)

HENRI.

Eh bien, avez-vous jamais connu quelqu'un de plus malheureux que moi? Si du moins Caroline savait mon amour! J'aurais presque le droit de la défendre, de disputer son cœur. Je serais trop heureux de l'arrivée de ce comte de Halzbourg; mais en ce moment, comment aller le défier? comment lui contester le titre d'époux, moi qui n'ai pas même celui d'amant! Il faudra donc être témoin d'un bonheur auquel je n'ai pas le droit de m'opposer. Non. Je veux oublier Caroline, je veux la fuir et m'éloigner à jamais.

VALÉRIE.

Vous éloigner! croyez-moi, mon ami, c'est un

ACTE I, SCÈNE V.

mauvais moyen; l'absence ne fait rien sur un amour véritable. Vous ne l'oublierez pas, et vous serez plus malheureux!

HENRI.

Que dites-vous, Valérie? vous parlez de ces tourmens comme si vous les aviez éprouvés. Quelqu'un que vous aimez serait-il loin de vous?

VALÉRIE, avec emotion

Il n'est pas question de cela. C'est de vous qu'il s'agit.

HENRI.

D'où vient donc ce trouble, cette émotion? Mon récit vous a rappelé quelques souvenirs douloureux! Oui, vous avez des peines et vous craignez de me les confier. Caroline a-t-elle seule le droit de les connaître?

VALÉRIE.

Caroline ne sait rien; elle qui n'a pas su deviner vos chagrins, aurait-elle pu comprendre les miens?

HENRI.

Moi, du moins, je suis digne de les partager. Cet espoir seul peut me retenir en ces lieux; mais si vous me refusez votre amitié, votre confiance, je pars à l'instant même.

VALÉRIE.

Vous partez! faut-il vous perdre aussi? vous qui êtes maintenant mon seul ami, vous partez si je ne vous confie mes chagrins! que me demandez-vous? le cours de mon existence offre si peu d'intérêt! Ignorant toujours ce qui se passe autour de moi, je ne puis dire ce que j'éprouve, et l'histoire de ma vie est celle de mes sensations, de mes sentimens. Est-ce là ce que vous voulez connaître?

HENRI.

Oui, sans doute.

VALÉRIE.

Eh bien donc, orpheline dès mon bas âge, j'ai gardé de mon enfance un souvenir confus et extraordinaire. Il me semble qu'il y a bien long-temps j'habitais un autre monde dont mon esprit n'a conservé aucune idée fixe; si ce n'est que nous étions plusieurs, et que tout à coup je me suis trouvée seule! Depuis, jamais rien de pareil à ce premier souvenir ne s'est offert à moi! J'étais élevée à Olbruk, au château de la comtesse de Rinsberg, avec Émilie sa fille qui était à peu près de mon âge. Les premiers mots qui fixèrent mon attention furent ceux-ci, que j'entendais souvent répéter : pauvre enfant! quel dommage! ce qui me fit supposer que je devais être malheureuse, car jusque-là je ne demandais rien, je ne désirais rien! Je ne pensais pas! Nous avions quinze ou seize ans, lorsqu'à une fête publique qui avait lieu à Olbruk, je me trouvai avec la comtesse Émilie, séparée du reste de notre société et entourée de jeunes gens qui ne craignirent pas de nous insulter. Émilie s'évanouit et je me sentais mourir d'effroi, lorsqu'un jeune homme s'élance auprès de nous et prend notre défense! Ah! que sa voix fut douce à mon oreille, tandis qu'il cherchait à nous rassurer! Qu'elle me parut fière et menaçante lorsqu'il ordonna à nos adversaires de nous livrer un passage. J'entendis des injures, un défi; et tout à coup se fit un grand silence; il était interrompu par un bruit sinistre et inconnu; une espèce de cliquetis qui me glaçait de frayeur. En ce moment un instinct secret semblait m'avertir qu'un grand danger menaçait notre défenseur! je m'élançai au devant de lui, en lui tendant les bras; j'éprouvai une douleur aigue qui me fit froid, et puis je ne sentis plus rien.

HENRI.

O ciel! vous étiez blessée!

VALÉRIE.

Dangereusement, à ce que j'ai su depuis! Hélas! c'était lui qui, sans le vouloir.... Mais jugez de mon bonheur! cet événement avait mis fin au combat, et peut-être sauvé ses jours. Quelques semaines après, quand je revins à la vie, Ernest; (Se tournant vers Henri.) il se nomme Ernest, était installé au château; il donnait à la comtesse Émilie des leçons de français et d'italien dont je profitais aussi. Avec quel enthousiasme il nous parlait des beaux-arts et de l'amour de la science! Le feu de ses discours, sa brillante imagination, ouvrirent un monde nouveau devant moi. Alors j'existai. Ces objets inconnus dont il me retraçait l'image étaient tous vivans, animés. Oui, ce beau ciel, ces ruisseaux écumans, ces tapis de verdure, dont il me parlait, je les ai vus! je voyais quand il était là.

HENRI.

Eh bien! qu'est-il devenu?

VALÉRIE.

Depuis trois ans il était mon guide, mon ami! Tandis que ses nobles récits développaient mon esprit, élevaient mon ame, son amitié attentive veillait sans cesse autour de moi. — J'aurais reconnu sa démarche, le bruit de ses pas. Dans le salon où il entrait, je devinais sa présence. On s'effraya sans doute d'un si tendre attachement, car la comtesse de Rinsberg et sa fille ne me quittèrent plus d'un seul instant! nous ne pouvions plus nous entendre!..... Chaque matin seulement, en signe de son amitié, il me donnait un bouquet que je lui rendais le soir après l'avoir porté toute la journée; c'était là notre seul entretien! Enfin un jour il me dit: Valérie, je quitte ce château, l'honneur le veut; mais je reviendrai, ma vie est avec toi! Alors je crus mourir! je sentis avec désespoir la nuit éternelle qui couvrait mes yeux! Il partait, il ne me laissait rien, pas même son image!

HENRI.

Pauvre Valérie!

VALÉRIE.

J'errais en vain dans ces allées que nous avions parcourues ensemble, sous ces ombrages, près de ces ruisseaux. Hélas! je ne voyais plus! A cette époque, mon aimable cousine, madame Blumfeld, vint au château de Rinsberg, fut touchée de mon amitié, m'accorda la sienne et m'amena avec elle dans ces lieux où je croyais trouver la tranquillité, et où je n'ai rencontré que des souvenirs, des regrets. Croyez-moi, mon ami; le malheur, c'est l'absence.

HENRI.

Et depuis qu'il est parti, il ne vous a pas écrit une seule lettre?

VALÉRIE.

Je n'aurais pas pu la lire! (Se tournant vers la gauche) Mais, écoutez.... on vient!

HENRI.

Ah mon dieu! serait-ce Caroline?

VALÉRIE.

Eh bien, ne tremblez donc pas ainsi. Allons, voilà le moment. Faites votre déclaration.

HENRI.

Je le sens. Je n'oserai jamais.

VALÉRIE.

Eh bien, je la ferai pour vous, et je trouverai moyen d'éloigner le comte de Halzbourg; car d'après ce que vous m'avez dit, je le hais déjà, et sans le connaître je le déteste sur parole.

HENRI.

Ah! que vous êtes bonne!

VALÉRIE.

Vous ne partez plus?

HENRI.

Non, non, je reste.

VALÉRIE.

Ne vous semble-t-il pas plaisant qu'il y ait ici une intrigue, et que ce soit moi qui la dirige? J'entends ma cousine. Laissez-nous!

(Henri sort.)

SCÈNE VI.

VALERIE, CAROLINE.

CAROLINE, a la cantonnade.

Qu'on mette des fleurs dans le salon, et qu'avant tout on débarrasse la première cour. Dans l'état où elle est, il est impossible qu'une voiture puisse y entrer.

VALÉRIE.

Eh mon Dieu, cousine! tu attends donc des gens à équipage?

CAROLINE.

Oui, la personne avec qui je plaide.

VALÉRIE.

Et quel est le but de cette visite?

CAROLINE.

Un arrangement à l'amiable! Et que sait-on? Il a le bon droit de son côté; mais je suis jeune, jolie....

VALÉRIE.

Jolie! Dis-moi, cousine, qu'est-ce que c'est que d'être jolie?

CAROLINE.

Mais, c'est.... de plaire.

VALÉRIE.

Et moi, suis-je jolie?

CAROLINE.

Ordinairement, entre femmes, on n'en convient

pas ; mais avec toi c'est sans conséquence, et je puis te l'accorder.

VALÉRIE, avec satisfaction

Tant mieux. — J'ignore pourquoi, mais ce que tu me dis là me fait plaisir. Eh bien donc, continue.

CAROLINE.

Il est même déjà question de mariage. Je n'en serais pas éloignée ! Moi, je ne m'en cache pas, j'ai un faible pour la richesse, peut-être parce que tout le monde en médit, et que ma générosité naturelle me porte à me ranger du parti des opprimés. Enfin je l'aime d'inclination, non pour elle-même, mais pour la considération, et surtout pour les envieux qu'elle procure. — Je ne peux pas souffrir qu'on me plaigne ; et quand j'entends dire tous les jours avec une pitié maligne : Cette pauvre madame Blumfeld, se trouver sans protecteur, sans fortune, quel dommage ! Quand j'y pense, je deviendrais millionnaire... ne fût-ce que par dépit !

VALERIE.

Et c'est pour de pareils motifs que tu veux vendre ton bonheur ?

CAROLINE.

Non ; mais je veux assurer le tien. Si j'épouse le comte de Halzbourg, Valérie, nul événement ne pourra plus nous séparer ; rien au monde ne m'empêchera de passer ma vie avec toi. Tu vois donc bien que, quoi qu'il arrive, je suis certaine d'être heureuse.

VALÉRIE.

Chère Caroline, combien je te remercie ! Mais tu

es dans l'erreur, et ce serait au contraire si tu épousais le comte de Halzbourg, qu'il faudrait nous quitter à l'instant même.

CAROLINE.

Et pourquoi donc?

VALÉRIE.

Si je m'étais chargée de défendre un ami, un ami qui t'aime réellement, serait-il convenable que je devinsse la première cause de son malheur?

CAROLINE.

Eh mon Dieu! quelle est donc la personne à qui tu t'intéresses si vivement? J'y suis: le colonel Saldorf?

VALÉRIE.

Du tout.

CAROLINE.

L'intendant Kelmann?

VALÉRIE.

Encore moins. Faut-il que ce soit moi qui te l'apprenne?

CAROLINE.

Écoute donc, je vois tant de monde!

VALÉRIE.

Je suis donc bien heureuse de n'y pas voir, car j'ai découvert sur-le-champ le seul de tous ceux-là qui t'aimât sincèrement; et quel autre serait-ce que le bon, l'aimable Henri Milner.

CAROLINE.

Ah! le pauvre jeune homme! C'est justement lui que j'ai pris pour confident, et à qui tout à l'heure encore j'ai demandé conseil ; j'ai toujours eu tant d'amitié pour lui !

VALÉRIE.

Il t'en aurait bien dispensée dans ce moment-là.

CAROLINE.

Comment deviner qu'il m'aimait ? Il ne m'en parlait jamais, ne me flattait pas, me grondait toujours. C'était moins un ami qu'un gouverneur sévère....

VALÉRIE.

Oui, c'est cela ; un maître, un guide, un ami ; moi, je l'aurais reconnu ! Voilà celui qu'il t'est permis d'aimer et d'épouser. C'est auprès de vous que je serais heureuse de passer mes jours. Qu'ai-je besoin d'opulence, de trésors, de riches parures ? Pour moi, c'est inutile. Ce qu'il me faut, c'est ton amitié, c'est la sienne. J'ai besoin d'être entourée de gens heureux qui veuillent bien m'admettre dans leur bonheur ; ce partage-là n'appauvrit pas. Et si tu savais comme il t'aime ! si tu avais été témoin de sa tristesse, de son désespoir !

CAROLINE

Comment, il se pourrait !

VALÉRIE.

Tu ne t'aperçois donc de rien ? Moi, je ne pouvais le voir ; (lui prenant la main) mais sans qu'il parlât, je l'entendais ; je sentais sa main trembler dans la mienne. O ciel ! comme toi dans ce moment ; tu es émue, agitée. Oh ! que j'ai bien fait de lui promettre !.... N'est-ce pas, Caroline, tu l'aimes, tu vas te rendre, et je cours lui dire que j'ai gagné sa cause?

CAROLINE, la retenant

Mais un instant. (A part) Avec elle, c'est terrible, on se croit en sûreté, et l'on se laisse surprendre. (Haut) J'avoue qu'un tel hommage a droit de me flatter. Peut-être me fait-il découvrir en mon cœur des sentimens que j'étais loin d'y soupçonner; et je crois qu'un jour....

VALÉRIE.

Cela ne me suffit pas. Il faut l'aimer, et sur-le-champ.

CAROLINE.

Eh mais, cousine, un instant. Je l'aimerais d'abord que je n'en conviendrais pas, et.... (S'arrêtant) Quel est ce bruit?

VALERIE, écoutant

C'est une voiture. Elle entre dans la cour.

CAROLINE, regardant par la fenêtre

Oh! le magnifique équipage! Quels beaux chevaux! Quelle livrée élégante! Eh mais vraiment, c'est un landau!

VALÉRIE.

Un landau?

CAROLINE, regardant toujours

Oui. Ah! que je te plains!

SCÈNE VII.

Les précédens, AMBROISE.

AMBROISE.

Monsieur le comte de Halzbourg monte les degrés du perron.

VALÉRIE.

Le comte de Halzbourg! J'aurais dû m'en douter.

CAROLINE.

Eh mon Dieu! je ne l'attendais pas si tôt. En causant avec toi je l'avais oublié. Je ne peux pourtant pas me montrer ainsi; il faut que j'ajoute quelque chose à ma toilette.

VALÉRIE.

Puisque tu veux le congédier....

CAROLINE.

C'est égal; ce n'est pas une raison pour lui faire peur. Tu vas le recevoir, n'est-ce pas?

VALÉRIE.

Moi! je n'ai que faire ici, et ne reviendrai qu'après son départ.

CAROLINE, à Ambroise.

Priez-le d'attendre dans le petit salon. Je suis à lui dans un instant. Il n'y a rien de plus terrible au monde qu'une visite de cérémonie qui vous arrive à l'improviste.

VALÉRIE.

Ambroise! es-tu là? Conduis-moi dans mon appartement. (A part.) Ah! le maudit landau! il vient de renverser tout ce que j'avais fait.

(Elle sort, conduite par Ambroise qui l'accompagne jusqu'à la porte de son appartement, et qui après sort par le fond.)

FIN DU PREMIER ACTE.

ACTE SECOND.

SCÈNE PREMIÈRE.

Le comte de HALZBOURG, CAROLINE *en grande parure.*

CAROLINE.

Que de pardons j'ai à vous demander, monsieur le comte! Vous avez attendu.

LE COMTE.

C'est moi, madame, qui ai des excuses à vous faire. Oser me présenter ainsi en habit de voyage! J'ai couru toute la nuit, tant j'avais hâte d'arriver.

CAROLINE.

Eh! mon Dieu! Vous devez être horriblement fatigué!

LE COMTE.

Oui, d'abord; mais depuis quelques lieues, je ne m'en aperçois plus. Un beau pays! des chemins superbes!

CAROLINE.

Que dites-vous? Des routes affreuses! des précipices, des fondrières! Tous les jours il arrive des accidens.

LE COMTE.

Vraiment, vous m'effrayez, et je vais vous prier de faire des vœux pour moi, qui suis obligé de continuer mon voyage.

CAROLINE.

Comment, monsieur, vous repartez?

LE COMTE.

Oui, madame; des affaires indispensables... Il faut que je sois ce soir à Olbruk; mais, avant, je vous ai fait demander un instant d'entretien pour vous parler au sujet de ce testament...

CAROLINE.

Voilà justement ce que je ne souffrirai pas. Quand on a passé une nuit en voiture, il faut d'abord songer à se reposer; et je vais donner des ordres pour vous faire préparer un appartement.

LE COMTE, la retenant.

Mais, madame, j'ai eu l'honneur de vous dire....

CAROLINE.

J'ai très-bien compris. L'idée la plus déraisonnable! Vous irez demain à Olbruk, et aujourd'hui vous dînerez avec nous; sans cela, je ne parle point d'affaires; vous en serez réduit à traiter avec mon procureur; et si vous êtes pressé, je vous plains; car il n'a jamais pu finir un procès.

LE COMTE.

Voilà une perspective beaucoup plus effrayante que les précipices et les fondrières dont vous me menaciez tout à l'heure; car c'est avec vous seule, madame, qu'il me serait doux de m'entendre. C'est vous seule que je veux prendre pour juge.—Daignez donc, je vous prie, m'accorder dix minutes d'audience. — Vous savez qu'il s'agit...

CAROLINE.

De plaider ou de m'épouser. Tel est l'état de la question ; si vous tenez à mon avis, je vous ai déjà déclaré que d'aujourd'hui vous n'auriez pas de moi un seul mot sur ce chapitre. Quant à vos intentions à vous, monsieur, il est un moyen très-simple de me les faire connaître. Si vous consentez à rester, je regarderai cette démarche comme les préliminaires d'un traité de paix. Mais si, malgré mes instances, vous voulez absolument partir pour Olbruk, je croirai, monsieur, que vous aimez les procès, et je regarderai votre départ comme une déclaration de guerre.

(Elle lui fait la reverence et sort.)

SCÈNE II.

LE COMTE seul.

Eh mais, voilà un ultimatum très-aimable et très-embarrassant. C'est une charmante femme que madame Blumfeld, et je ne voudrais pas, comme elle le dit, commencer les hostilités.

Cependant rien au monde ne me ferait retarder d'une heure mon arrivée à Olbruk. A mesure que j'approche du but de mon voyage, j'éprouve une émotion, une impatience..... C'est fini, je pars, je risque la déclaration de guerre. (Appelant) Holà! quelqu'un!—Demain, après-demain, je reviendrai, et je tâcherai de faire ma paix. — Eh bien, viendra-t-on!

SCÈNE III.

LE COMTE, AMBROISE.

AMBROISE.

Voilà, voilà. Ces grands seigneurs ont la parole haute. Mais le prétendu a bonne tournure. (Haut) L'appartement de monsieur le comte est préparé.

LE COMTE.

Je te remercie, je n'en profiterai pas! Dis à mes gens que je repars à l'instant.

AMBROISE, a part

C'était bien la peine, après tout le mal que je me suis donné ce matin. (Haut) Je vais dire de faire avancer la voiture de monseigneur.

LE COMTE.

Oui, c'est cela!

AMBROISE, prêt à s'en aller

C'est agréable de recevoir des personnages importans, des gens à équipage. Voilà notre cour encombrée de tous les mendians des environs.

LE COMTE, avec un peu d'impatience

Eh bien, qu'on les renvoie.

AMBROISE.

C'est bien aisé à dire. Il y a là surtout un aveugle qui fait un bruit...

LE COMTE, vivement

Un aveugle, dis-tu? Tiens, donne ma bourse à celui-là.

AMBROISE, étonné, et regardant la bourse.

Qu'est-ce que cela signifie? (S'avançant et regardant le comte.) Ah! mon Dieu! voilà une ressemblance.... et si vous n'étiez pas monseigneur, je croirais que vous êtes ce brave jeune homme... qui l'année dernière... à Paris... chez le docteur Forzano...

LE COMTE, avec dignité

Hein? qu'y a-t-il?

AMBROISE.

Pardon, monseigneur, je me trompe sans doute. Il me semblait au premier coup d'œil..... Mais quelle différence! ce bel équipage! ces grands laquais! monseigneur est bien mieux. (A part) L'air plus noble d'abord.

LE COMTE.

Qu'avez-vous donc? que voulez-vous dire?

AMBROISE.

Rien, monseigneur, je croyais reconnaître les traits..... (Le regardant) Allons, allons, au fait, il y a quelque chose. (Haut) Les traits d'un jeune homme que j'avais vu à Paris, et qui m'avait parlé d'Olbruk ma patrie.

LE COMTE.

Ah! ah! tu es d'Olbruk? tu connais le château de Rinsberg?

AMBROISE.

Si je le connais! Ces quatre grandes tourelles...

LE COMTE.

Je veux parler de ses habitans! Peux-tu me donner des nouvelles de la comtesse de Rinsberg, de sa fille Émilie, et de cette jeune personne qui était chez elle, Valérie?

AMBROISE.

Mademoiselle Valérie! elle est ici, chez madame Blumfeld, son amie.

LE COMTE, vivement

Elle est ici! (Se remettant) Eh bien, mon ami, je reste; c'est bien. Dis à madame Blumfeld que j'accepte l'appartement qu'elle a eu la bonté de m'offrir. Il faut aussi que je lui parle..... mais auparavant, écoute, y a-t-il ici un homme d'affaires, un notaire?

AMBROISE.

Pas précisément. Il n'y en a qu'un pour cette résidence et les trois villages voisins; de manière que quand il se trouve le même jour un mariage et un testament...

LE COMTE.

C'est bien. Envoie-le chercher à l'instant, qu'il vienne me parler ici, en secret; en secret, entends-tu bien? et surtout n'en dis rien à personne.

AMBROISE.

J'entends; cette fois-ci, ce ne sera pas pour un

testament. (Pesant la bourse.) Allons, puisque notre jeune maître a une prédilection pour les aveugles, je vais toujours donner cela à mon ancien confrère, (A part.) et un peu aux autres, parce que ce n'est pas leur faute s'ils ne jouissent pas des mêmes avantages personnels.

(Il sort.)

SCÈNE IV.

LE COMTE seul.

C'est maintenant que je suis le plus heureux des hommes, et que je crains de ne pouvoir supporter l'excès de ma joie. (Regardant par la gauche.) On vient de ce côté. C'est elle! c'est Valérie!

SCÈNE V.

LE COMTE, VALÉRIE.

VALÉRIE, sortant de son appartement.

Ambroise! Ambroise! Je voudrais bien savoir si le comte est parti. Ambroise avait promis de venir me reprendre; et moi, quand on m'oublie.... (Entendant le comte qui a fait quelques pas vers elle.) Ah! te voilà! Viens; donne-moi la main. (Le comte s'avance et saisit sa main.) Eh mais, ce n'est pas la main d'Ambroise! (Avec une émotion marquée.) O ciel! est-il possible! (Mettant son autre main sur son cœur.) Voilà ce que j'éprouvais autrefois. (Au comte.) Qui que vous soyez, si vous n'êtes pas lui, ne me répondez pas, et laissez-moi mon erreur. Ernest, est-ce toi?

LE COMTE.

Valérie!

VALÉRIE.

Dieux! Il ne m'a donc pas oubliée!

LE COMTE.

Oui, c'est Ernest, qui, fidèle à sa promesse, revient te défendre, te protéger. Veux-tu me rendre mes droits, me permettre d'être encore ton guide, ton ami? Valérie, le veux-tu?

VALERIE, ecoutant toujours

Parle, parle encore, j'ai besoin de t'entendre; il y a si long-temps que ta voix n'a retenti à mon oreille!

LE COMTE.

J'allais te chercher à Olbruk, au château de Rinsberg, dans ces lieux qui me rappelaient tant de souvenirs.

VALÉRIE.

Que vous est-il arrivé? qu'êtes-vous devenu? que de choses vous aurez à me raconter! Vos peines, vos chagrins, vos dangers; songez, mon ami, que je veux tout savoir.

LE COMTE.

Et vous, Valérie, pendant ces trois années d'absence, que faisiez-vous?

VALÉRIE.

J'attendais. Et si vous saviez, Ernest, combien pour moi les instans s'écoulent lentement! Vous, du moins, vous pouvez les compter; mais moi! J'ignore ce que vous appelez des jours, des semaines, des mois; depuis votre absence, ce n'était qu'une nuit, mais qu'elle fut longue! Enfin, n'en parlons plus; il me semble qu'elle est finie, et que je m'éveille. Vous voilà!

LE COMTE, souriant.

Oui; vous avez raison, c'est le jour qui revient, je l'espère du moins.

VALÉRIE.

Et c'est pour moi que vous retourniez à Olbruk?

LE COMTE.

Oui, Valérie, j'y allais pour vous épouser.

VALÉRIE.

Que dites-vous? Moi, Ernest; moi, votre femme!

LE COMTE.

Je suis libre et maître de mon sort. Quel qu'il soit, voulez-vous le partager?

VALÉRIE.

Ah! si je n'écoutais que mon cœur, je serais peut-être assez égoïste pour accepter, mais il est bien temps qu'à mon tour je pense aussi à votre bonheur. (Le cherchant de la main) Mon ami, où êtes-vous! écoutez-moi. Quand vous m'avez quittée, j'ignorais les idées, les opinions d'un monde qui m'était étranger. Depuis, ce que j'ai entendu, ce que j'ai cru comprendre m'a fait réfléchir sur vous, sur moi-même; et dans l'état où je suis, je ne consentirai jamais à unir votre sort au mien.

LE COMTE.

Valérie!

VALÉRIE.

Je ne rougis point de mon manque de fortune, vous êtes assez généreux pour me le pardonner. Mais je ne vous porterai point en dot le malheur qui m'accable, je ne condamnerai pas celui que j'aime à des soins, à des égards continuels qui ne coûteraient rien... à vous, je le sais, mais à celle qui les reçoit! Oui, Ernest, soyez encore mon guide, mon ami, ne m'abandonnez pas, car je ne pourrais y survivre; mais qu'une autre que moi soit votre femme, votre compagne; j'en aurai la force, le courage. Plus qu'une autre je puis supporter cette idée, car je saurai votre bonheur, et du moins je ne le verrai pas.

LE COMTE.

Ah Valérie! si vous m'aimiez, auriez-vous le courage de me parler ainsi?

VALÉRIE.

Eh! c'est parce que je vous aime que je vous refuse! Ernest, je ne veux pas vous affliger; mais nous ne serions pas heureux; tout ne serait pas commun entre nous; vous auriez des plaisirs que je ne pourrais partager, et songez, monsieur, si je devenais jalouse! cela peut arriver, je le sens, et très-aisément, j'en mourrais d'abord! Vous voyez donc bien que, pour notre bonheur à tous deux, il faut que je sois toujours votre sœur et votre amie?

LE COMTE.

C'est là votre résolution?

VALÉRIE.

Oui, inébranlable comme l'amour que j'ai pour vous.

LE COMTE.

Et si par hasard vous veniez à recouvrer la vue?

VALÉRIE, souriant

Pour cela, mon ami, vous savez bien que c'est impossible.

LE COMTE.

Mais enfin, si l'on vous proposait d'essayer?

VALÉRIE.

Je crois que je refuserais.

LE COMTE.

Et pourquoi?

VALÉRIE.

Parce qu'une pareille tentative me donnerait des idées..... un espoir qui, s'il était déçu, me rendrait l'existence insupportable, tandis que, telle que je suis, je ne désire rien, je me trouve heureuse.... du moins depuis quelques instants.

LE COMTE, la regardant

Ah! que vous le seriez davantage, si vous connaissiez comme moi le bonheur de voir ce qu'on aime!

VALÉRIE.

Je suis moins à plaindre que vous ne croyez. Tenez, mon ami, je vous vois.

LE COMTE.

Vous, Valérie!

VALÉRIE.

Oui, tous vos traits sont là ; mon imagination me les représente, et je suis sûre qu'elle est fidèle.

LE COMTE.

Quoi? vous croyez que si la vue vous était rendue, vous pourriez me reconnaître?

VALÉRIE.

Sur-le-champ; et jugez donc quel avantage j'ai sur vous! Je vous ai entendu parler de la vieillesse, des ravages du temps. Pour moi, ils seront insensibles; vous serez toujours le même; je n'aurai pas le chagrin de voir vos traits s'altérer, se flétrir. Ils seront comme mon amitié; ils ne vieilliront pas!

LE COMTE.

Et ces merveilles qui vous environnent et que vous ignorez; ce beau ciel dont l'aspect est si consolant; ce spectacle imposant dont vous semblez exclue, et qui doublerait de prix si je pouvais l'admirer avec vous; et ce bonheur plus doux encore de s'entendre d'un regard, de lire dans les yeux d'un ami, de pouvoir tracer ces caractères chéris qui rapprochent et les temps et les lieux..... En s'écrivant, Valérie, il n'y a plus d'absence!

VALÉRIE.

Ah! voilà ce que je craignais. Pourquoi me tenter ainsi? Pourquoi me donner l'idée d'un bonheur dont je ne pourrai jamais jouir?

LE COMTE.

Et si rien n'était plus facile. Si ce miracle ne dépendait que de vous, de votre courage !

ACTE II, SCÈNE V.

VALÉRIE.

De moi! Parlez. J'exposerais ma vie pour être digne de partager la vôtre!

LE COMTE.

Eh bien, j'ai un ami qui vous est dévoué; et si le ciel ne trompe point mes espérances, il saura vous rendre à la lumière. Daignez vous confier à ses soins, à son zèle, et dès ce soir je vous mène auprès de lui. Quoi! vous hésitez!

VALÉRIE.

Non; mais l'idée seule me rend toute tremblante. Songez bien, Ernest, à ce que je vous ai dit! Rien ne pourra changer ma résolution, et si ce projet ne réussit pas, il faut renoncer à jamais à l'espoir d'être à vous!

LE COMTE.

N'achevez pas; ne m'offrez pas une pareille idée. Dites-moi seulement que vous acceptez.

VALÉRIE.

Mon ami, ayez pitié de moi; laissez-moi quelques instants, jusqu'à ce soir.

LE COMTE.

Eh bien! à ce soir. Valérie, vous rappelez-vous le château de Rinsberg, et me donnerez-vous encore votre bouquet?

VALÉRIE.

Quoi! vous n'avez point oublié notre ancien gage d'amitié?

LE COMTE.

Aujourd'hui, si je le reçois, je le regarderai comme

un gage d'amour, comme un consentement à notre union. Mais on vient. Adieu, adieu, Valérie.

VALÉRIE.

Vous me quittez?

LE COMTE.

Pour quelques instans. Je vais tout préparer; à ce soir. Vous consentirez, n'est-ce pas?

(Il sort en saluant Henri, qui vient d'entrer par le fond.)

SCÈNE VI.

VALÉRIE, HENRI, *qui regarde sortir le comte.*

HENRI à part

Il nous laisse, c'est fort heureux. (Haut) Ah! Valérie, je vous cherchais; rien n'égale la fatalité qui me poursuit.

VALÉRIE.

Quel dommage! je suis si heureuse, je voudrais que tout le monde le fût. Dites-moi vite votre chagrin.

HENRI.

J'ai vu Caroline; je lui ai parlé, et après avoir bien hésité, je lui ai déclaré mon amour.

VALERIE, souriant

La belle avance! Je le lui avais déjà dit.

HENRI.

Je le sais, mais c'est égal; j'ai eu le courage de le lui répéter.

ACTE II, SCÈNE VI.

VALÉRIE.

Eh bien?

HENRI.

Elle a ri d'abord ; mais elle paraissait émue. Je sollicitais un aveu ; je voulais savoir si j'étais aimé. Enfin, elle m'a promis de me le dire après le départ de monsieur de Halzbourg.

VALÉRIE.

Il me semble que c'est déjà quelque chose.

HENRI.

Mais c'est que le comte ne part pas; il ne partira jamais. Il aime madame de Blumfeld; il veut l'épouser ! Elle convient elle-même qu'en restant dans ces lieux il le lui a déclaré formellement. Et le plus terrible, c'est qu'il est fort aimable, du moins à ce qu'elle prétend.

VALÉRIE.

Vraiment !

HENRI.

Mais vous devez le savoir aussi bien qu'elle.

VALÉRIE.

Non, je ne lui ai pas parlé.

HENRI.

Il vous quitte dans l'instant. Ce jeune seigneur que j'ai vu sortir d'ici....

VALERIE, avec joie

Vous ne savez pas? C'est Ernest !

HENRI.

C'est le comte de Halzbourg.

VALÉRIE.

Que dites-vous?

HENRI.

Je n'en saurais douter; j'étais présent à son arrivée.

VALÉRIE.

Lui! vous vous trompez; il n'a point de titres, de richesses; il me l'aurait dit.

HENRI.

Qu'il vous l'ait dit ou non, c'est le comte de Halzbourg; et c'est là celui que vous aimiez?

VALÉRIE.

Oui, et quel qu'il soit, il est digne de ma tendresse: c'est le plus noble, le plus généreux des hommes! Si vous saviez quel motif le ramène ici! C'est pour moi, pour moi seule qu'il revenait....

HENRI.

Plût au ciel! Mais malheureusement je suis certain que c'est pour madame de Blumfeld; car vous, Valérie, il ignorait que vous fussiez en ces lieux, et il devait toujours vous croire à Olbruk.

VALÉRIE.

Il connaissait Caroline, et il ne m'en a pas parlé. Et cet amour, ce mariage... Cela n'est pas possible, puisque tout à l'heure encore il m'offrait sa main.

HENRI.

Je ne vous comprends pas; vous doutez de tout. Vous ne savez donc pas, Valérie, quels desseins peut concevoir un homme riche qui se croit sûr de l'impunité! Pourquoi vous cacher et son nom et son rang, quand il ne le laisse point ignorer à madame de Blumfeld ? il est donc certain que j'ai raison, et que c'est elle qu'il a l'intention d'épouser.

VALÉRIE.

Eh! de grace, dispensez-vous de m'en donner tant de preuves !

HENRI.

Pardon ! Mais c'est que vous n'êtes pas, comme moi, à même de tout observer. On dit qu'il est fort bien, fort agréable. D'abord, il n'a pas produit sur moi cet effet-là. Il ne m'a pas paru bien du tout; mais ce qu'il y a de certain, c'est qu'il y a dans sa physionomie un air de fausseté et de mystère; et vous seriez de mon avis, si vous pouviez en juger....

VALÉRIE.

Attendez. Au moment de me quitter, il a hésité. Je me rappelle qu'il tremblait. Oui, j'en suis sûre, il était troublé. Mais comment soupçonner sa perfidie? Sa voix était toujours la même; j'avais toujours le même plaisir à l'entendre.... Non, mon ami; non, rassurez-vous, il ne voudrait pas me tromper. Ce serait trop facile.

SCÈNE VII.

Les précédens, AMBROISE.

HENRI.
Que demande Ambroise?

AMBROISE.
Monsieur le comte de Halzbourg n'est pas ici?

HENRI.
Que lui veux-tu?

AMBROISE.
C'est que le notaire qu'il a envoyé chercher en grande hâte vient d'arriver. Il est là....

VALÉRIE.
Un notaire! et pourquoi?

AMBROISE.
Vous ne le devinez pas? Ce n'est déjà plus un secret dans notre petite ville. C'est tout naturel, un si beau parti!

HENRI.
C'est cela même. Déjà le contrat de mariage! Il ne doute de rien, et veut terminer à l'instant.

VALERIE, à Ambroise
Quoi! c'est pour cette raison qu'il a fait demander un notaire?

AMBROISE.
Ah! mon Dieu! il m'avait défendu d'en parler. Mais à vous deux qui êtes les amis de la maison, on

peut tout dire, il n'y a pas de risque. Et M. le notaire qui attend.

(Il sort.)

HENRI.

C'est évident. Ils s'entendaient ensemble. Madame de Blumfeld elle-même ne cherchait qu'un prétexte pour m'abuser, pour m'éloigner. Mais je ne le souffrirai pas. Je cours trouver le comte de Halzbourg....

VALÉRIE.

O ciel ! perdre Caroline ! la compromettre ! Henri, en avez-vous le droit ?

HENRI.

Non. — Aussi, ce n'est pas pour elle. — Mais pour vous dont je dois être l'appui, le défenseur ; je me reprocherais toute ma vie de vous avoir laissé outrager ainsi, et bien certainement je ne le souffrirai pas.

VALÉRIE.

Ah ! peu m'importe à présent ! Qu'ils me laissent tous deux ! qu'ils s'éloignent ! Je n'aime plus rien au monde ; rien que la nuit qui m'environne et qui me sépare d'eux tous. Moi, recouvrer la lumière ! Jamais, jamais ! Venez, venez Henri ! vous, du moins, ne m'abandonnez pas !

(Ils sortent.)

FIN DU SECOND ACTE.

ACTE TROISIÈME.

SCÈNE PREMIÈRE.

CAROLINE, VALERIE.

CAROLINE, tenant Valerie par la main

Eh mais, où étais-tu donc? Qu'es-tu devenue! Je te cherchais partout. J'ai tant de choses à te dire!

VALÉRIE.

Caroline, est-il encore ici?

CAROLINE.

Qui donc?

VALÉRIE.

Votre visite, monsieur le comte de Halzbourg.

CAROLINE.

Sans doute, et je me trouve, ma chère, dans un grand embarras.

VALÉRIE.

Il vous aime donc beaucoup!

CAROLINE.

Jusqu'ici tout me le prouve. (Regardant Valerie) Eh! mon Dieu! qu'as-tu donc?

VALÉRIE.

Rien. (A part) Je sens auprès d'elle une défiance

dont je ne puis me rendre compte. Ah! voilà des tourmens que je ne connaissais pas! (Haut) Il vous aime; il vous l'a dit.

CAROLINE.

Pas positivement, mais....

VALÉRIE.

Eh bien donc, achève; qu'y a-t-il qui te désole? et d'où peut venir ton chagrin?

CAROLINE.

C'est que ton protégé, M. Henri Milner, s'est enfin déclaré.

VALÉRIE.

Je le sais.

CAROLINE.

Et que, touchée de son amour, émue de ses prières... j'ignore comment cela s'est fait... mais enfin j'ai senti que c'était lui que j'aimais.

SCÈNE II.

Les précédens, HENRI *qui s'avance lentement du fond.*

CAROLINE.

Lorsqu'un instant après je rencontre au jardin le comte de Halzbourg; il causait avec le notaire. Il m'aperçoit, s'interrompt, et s'approchant de moi avec un air, une expression que je ne puis te rendre, il me supplie de lui accorder, dans un instant, un entretien particulier ici, dans ce salon.

HENRI, s'avançant

Comment? un tête-à-tête!

CAROLINE, souriant en l'apercevant

Ah! vous étiez là?

HENRI.

Oui, madame; j'arrivais, et j'ai entendu « dans ce salon ». Est-ce pour cela que vous venez de vous y rendre?

CAROLINE.

Eh mais, sans doute.

VALÉRIE.

Quoi, vous avez consenti?....

CAROLINE.

Il faut bien l'entendre pour savoir ce qu'il veut.

HENRI, très-ému.

Je le saurai avant vous, madame, car c'est moi qui me charge de le recevoir.

CAROLINE.

Eh mon Dieu oui, faire une scène! Je déclare, monsieur, que s'il y a entre vous la moindre explication, je me rétracte, je n'ai rien promis....

HENRI.

Mais enfin, madame, c'est un rendez-vous....

CAROLINE.

Oui, monsieur, que je lui ai accordé..... pour le congédier; car je ne sais comment moi, qui suis la moins coquette des femmes, je me trouve ainsi entre deux adorateurs. (Remontant le théâtre à droite) N'est-ce pas lui?

(Elle regarde avec crainte par la porte du fond.)

HENRI, à voix basse, s'approchant de Valérie.

Eh bien?

VALÉRIE, de même.

Je ne puis le croire encore, et à moins que je ne l'entende lui-même...! Dites-moi, Henri, est-ce mal que d'écouter?

HENRI, vivement

En pareil cas, c'est l'action la plus louable, la plus légitime.

CAROLINE, à Valerie et à Henri.

Il vient; laissez-nous.

VALERIE, bas.

Conduisez-moi vers ce cabinet qui doit être... là à gauche. (Arrivée près du cabinet, elle s'arrête et dit à Henri) Venez-vous?

HENRI.

Qui, moi? (Montrant Caroline) La confiance... le respect... Mais écoutez pour nous deux, et ne perdez pas un mot.

(Valerie sort par le cabinet à droite du spectateur, Henri par le fond)

SCÈNE III.

CAROLINE, SEULE.

C'est terrible une audience de congé; et quoique certainement j'y sois bien décidée, c'est toujours très désagréable. Allons, cherchons du moins les phrases les plus aimables, les plus obligeantes. Qu'il nous quitte, c'est bien; mais encore faut-il qu'il ait des regrets.

SCÈNE IV.

CAROLINE, LE COMTE.

CAROLINE.

Vous allez penser, monsieur, que je tiens peu à mes résolutions ; car je m'étais bien promis que d'aujourd'hui il ne serait pas question d'affaires entre nous. Eh bien, monsieur, que me voulez-vous, et qu'avez-vous décidé ?

LE COMTE.

Je n'oserais vous le dire, madame ; mais daignez m'entendre, et après ce que je vais vous confier, j'espère que c'est vous-même qui prononcerez.

CAROLINE, à part.

Eh ! mon Dieu, que veut-il dire ? je n'y suis plus.

LE COMTE.

Vous n'ignorez pas que, dernier héritier d'une famille très nombreuse, je ne devais jamais espérer le titre et les richesses dont je jouis aujourd'hui. Mon refus d'entrer dans les ordres m'avait brouillé avec mes parens ; mais j'avais fait de brillantes études, j'étais plein de courage, d'enthousiasme ; et, comme tous les jeunes gens de mon âge, dans mes rêves d'indépendance, j'espérais ne devoir ma fortune qu'à moi-même. Je partis, sans prévenir personne, pour commencer mon tour d'Europe ; il ne fut pas long ; je n'avais pas fait vingt lieues que déjà j'étais amoureux.

CAROLINE, souriant

Je vois que votre philosophie n'était pas à l'abri de deux beaux yeux. Et celle que vous aimiez...

LE COMTE.

Vous vous trompez, madame; elle était aveugle!

CAROLINE, à part.

Grand dieu! quel rapprochement!

LE COMTE.

C'était aux dépens de sa vie qu'elle avait sauvé la mienne. Je la lui consacrai! je n'existai plus que pour l'aimer! La seule idée qui m'occupât était de lui rendre la lumière, de lui faire partager les douceurs de ce jour dont je ne jouissais que par elle. Que n'avais-je alors les trésors que je possède aujourd'hui! j'aurais tout donné! j'aurais cru trop peu payer encore un aussi grand bienfait. Mais j'ignorais même si un pareil miracle était possible à la science! Je n'avais rien, je ne possédais rien, et à qui m'adresser? Je ne comptai que sur moi et je partis. — Je traversai à pied l'Allemagne, la France; j'arrivai à Paris, séjour des sciences et des talens! Je cherchai le plus habile, le plus savant; je me présentai chez lui, je lui offris mon temps, mes soins, ma peine; je ne lui demandai rien que de m'initier dans son art, et je devins non pas son élève, mais son apprenti, son serviteur, son valet!

CAROLINE.

Vous, monsieur le comte?

LE COMTE.

Oui! trop heureux encore si celui dont je m'étais rendu volontairement l'esclave eût payé mes services du prix que j'y avais mis ! Mais bien différent de ces savans généreux qui croiraient trahir la cause de l'humanité en cachant une découverte utile, mon maître spéculait sur ses talens ; il ne voyait que la fortune, les trésors ; et avare de la science qui les lui procurait, il aurait cru s'appauvrir en la partageant avec moi ! Eh bien ! cette science, je la lui dérobai ! La nuit j'étudiais furtivement ses livres, ses manuscrits ! Le jour, témoin assidu des prodiges de son art, je suivais sa main habile, et malgré lui je surprenais ses secrets ! Ni ses mauvais traitemens, ni le joug humiliant de sa tyrannie, rien ne me rebuta. Enfin, au bout de deux ans de ruses et de travaux continuels, j'étais sûr de moi ! Un vieillard se présente : un de vos serviteurs, madame, un Allemand, un compatriote ; il était trop indigent pour que mon maître daignât le secourir.

CAROLINE.

Comment ! ce serait vous ?...

LE COMTE.

Combien j'étais ému ! mon cœur palpitait et ma main était tremblante. Enfin, madame, je réussis. Depuis, mille épreuves nouvelles, toutes couronnées du succès, m'avaient attesté mes talens. Je partis plein de confiance et d'espoir, et c'est en rentrant en Allemagne que j'appris les titres, les dignités et le riche héritage qui m'attendaient. Je pouvais alors faire venir mon maître et le récompenser dignement. Mais j'avais l'orgueil de croire en moi ! Et vous le dirai-je, madame, j'aurais été jaloux que celle que j'aime reçût d'une autre main que de la mienne un pareil bienfait. Il me semblait que ce prix m'était dû!

CAROLINE, vivement

Oui, sans doute, vous le méritiez.

LE COMTE.

Eh bien! madame, l'objet de tant d'amour, celle en qui réside et ma vie et mon bonheur, elle est ici, je l'ai vue, c'est Valérie!

CAROLINE.

Que dites-vous? O ciel!

LE COMTE.

Prononcez maintenant. Suis-je libre? et m'est-il permis de vous épouser?

CAROLINE, lui tendant la main

Avez-vous besoin de ma réponse?

LE COMTE.

Non, je la lis dans vos yeux; et quant au procès d'où dépend votre fortune, je crois pouvoir l'abandonner sans manquer à la mémoire de mon oncle. Je viens de faire dresser par un notaire des environs ma renonciation en bonne forme à des droits au moins très douteux.

CAROLINE.

Non, monsieur le comte. ils ne le sont pas.

LE COMTE, souriant

J'entends, madame; vous voulez que ma prudence ait le mérite d'un sacrifice. Eh bien, soit; imitez-moi, faites aussi le sacrifice de votre fierté; acceptez mes offres et accordez-moi votre amitié.

CAROLINE.

Ne l'avez-vous pas déjà ?

LE COMTE.

Eh bien, madame, je la réclame en ce moment. Il faut que vous m'aidiez à déterminer Valérie; elle hésite encore; je lui ai parlé d'un ami à qui je devais la conduire.

CAROLINE.

Quoi ! ne lui avez-vous pas dit...?

LE COMTE.

Gardez-vous en bien ! il n'y aurait plus d'espoir si elle savait que c'est moi ! Un pareil moment exige la tranquillité, le calme le plus absolu; la moindre émotion peut nous perdre, et elle n'aurait jamais le courage...

SCÈNE V.

Les précédens ; VALÉRIE.

VALERIE, à part, sortant du cabinet à gauche

Je n'y tiens plus ! tant d'amour, de générosité... ah ! que j'étais coupable ! (Haut) Ernest, n'êtes-vous pas là ?

CAROLINE, pendant qu'Ernest s'approche

Oui, le voici près de toi !

VALÉRIE.

Oh ! je le savais. (A Ernest) Eh bien, mon ami, j'ai changé d'idée, je suis décidée : partons; allons trouver votre ami.

LE COMTE, à part

Qu'entends-je?

CAROLINE, à part

Quel bonheur! elle y consent!

LE COMTE.

Notre départ ne sera pas nécessaire; car il est venu me trouver, il est ici.

VALERIE, souriant

Voilà alors qui est à merveille; mais voyez comme cela se rencontre.

LE COMTE.

En vérité, j'admire votre courage.

CAROLINE.

Quoi! tu n'as pas peur?

VALÉRIE.

Non, je suis tranquille, (lui prenant la main) tout-à-fait calme, voyez plutôt; et puis vous serez près de moi, n'est-il pas vrai?

LE COMTE.

Oui, sans doute. (Appelant) Ambroise! (Bas à Caroline) Je l'ai prévenu. (Haut à Valerie) Ambroise va vous conduire dans le petit salon.

VALÉRIE.

C'est bien. (A Ernest avec un sourire) Vous venez, n'est-ce pas?

LE COMTE.

Oui, oui, je vous suis.

(Valerie sort conduite par Ambroise,

SCÈNE VI.

LE COMTE, CAROLINE.

CAROLINE.

Eh mais, qu'avez-vous donc?

LE COMTE, très emu

Je ne puis vous dire ce que j'éprouve! Arrivé à ce moment que j'ai tant désiré, je ne me reconnais plus! toute ma résolution m'abandonne; je tremble.

CAROLINE.

Allons, mon ami, allons, remettez-vous.

LE COMTE.

Jamais je n'aurai la force...

CAROLINE.

Ernest, mon ami, du courage! revenez à vous! Songez à notre amitié. — Songez à Valérie!

LE COMTE.

Valérie! Oui, vous avez raison, vous me rendez à moi-même! Je vous réponds de moi, ma généreuse amie.

(Il lui baise la main et sort)

SCÈNE VII.

CAROLINE, HENRI, qui est entré un peu avant la fin de la scène précédente et qui a vu le comte baiser la main de Caroline.

HENRI.

A merveille!

CAROLINE.

Ah! vous voilà, mon cher Henri!

HENRI.

Oui, madame; je reviens trop tôt sans doute! Ah! Caroline! est-ce avec moi, est-ce avec votre ami que vous devriez avoir recours aux ruses de la coquetterie?

CAROLINE, regardant à gauche, et de la main faisant signe à Henri de se taire.

Silence. Taisez-vous.

HENRI, continuant.

Quel mérite avez-vous à me tromper? Ma confiance, mon respect n'égalaient-ils pas mon amour? (Caroline faisant le même geste.) Caroline, vous ne m'écoutez même pas! D'autres pensées vous occupent; et votre ame tout entière est loin de moi!

CAROLINE, regardant toujours du côté par où le comte est sorti.

Je l'avoue, je suis d'une inquiétude...

HENRI.

Pour lui?

CAROLINE.

Oui; l'évènement est si incertain !

HENRI.

Apprenez donc.... dussé-je redoubler encore le trouble et l'émotion où je vous vois... apprenez que le comte de Halzbourg vous abuse, qu'il aime Valérie.

CAROLINE, froidement.

Oui, il en est amoureux fou, je le sais.

HENRI.

Quoi ! vous le savez, et vous l'aimez encore ?

CAROLINE, le regardant avec tendresse.

Presque autant que vous. Et prenez garde, car je n'ai qu'un mot à dire pour que vous partagiez l'affection que j'ai pour lui.

HENRI.

Pour celui-là, c'est autre chose.

CAROLINE.

Eh bien, monsieur, apprenez donc, avant tout, qu'il n'a jamais aimé que Valérie, et qu'il ne venait ici que pour l'épouser.

HENRI.

Comment ! il serait vrai? Ah ! l'honnête homme ! Je cours le remercier. (Revenant.) Vous êtes bien sûre au moins qu'il l'épousera?

CAROLINE.

Pourrait-elle le refuser? C'est à ses soins généreux que, dans ce moment, peut-être elle doit la lumière.

HENRI.

Que dites-vous?

CAROLINE.

Le voici.

SCÈNE VIII.

Les précédens; LE COMTE.

CAROLINE, allant à lui.

Eh bien, mon ami, qu'avez-vous à m'annoncer? Parlez, de grâce!

LE COMTE.

Je ne puis vous répondre; j'ignore moi-même...

CAROLINE.

Qu'est-il donc arrivé?

LE COMTE.

Un instant, je me suis flatté du succès.

HENRI.

Eh bien?

LE COMTE.

Au cri qu'elle a jeté, j'ai fui épouvanté...

SCÈNE IX.

Les précédens; **VALÉRIE** qu'AMBROISE suit DE LOIN.

VALERIE Elle s'élance rapidement de la porte de côté

Laissez-moi, laissez-moi; je vois! je vois! (Elle fait quelques pas au milieu du théâtre, elle s'arrête en chancelant et comme éblouie du rayon de lumière qui la frappe) Qui m'a touchée? qui m'a arrêtée? (Ouvrant de nouveau les yeux et étendant la main comme pour saisir l'air et la lumière.) Où suis-je? quel est ce monde nouveau? ces objets inconnus qui m'environnent; qui me touchent et que je ne puis saisir? (Se regardant et regardant autour d'elle) Dieux! je ne suis pas seule! O merveille que je ne puis comprendre! ô spectacle éblouissant qui confond ma raison! Oui, c'est là le jour, c'est la lumière, c'est la vie! (Croisant ses mains et tombant a genoux) O mon Dieu! je te rends grâce, je sors de ma prison, j'existe!

CAROLINE, allant a elle

Valérie, mon amie!

VALÉRIE.

Dieux, quelle voix! c'est toi, Caroline; laisse-moi te connaître, que je te regarde! Que tu es belle! autant que tu étais bonne.... (Elle se retourne, aperçoit Henri et le comte qui sont l'un a côté de l'autre) Ah! (Elle les regarde, hésite un instant et va droit a Ernest Arrivée près de lui, elle s'arrête, détache son bouquet et le lui présente) Tiens, Ernest!

LE COMTE, se jetant à ses genoux.

Ah! je suis trop récompensé.

AMBROISE, a Valerie, lui presentant un bandeau noir

Allons, mademoiselle, encore pendant quelques jours; c'est par ordonnance du docteur.

VALÉRIE.

Quoi! déjà redevenir aveugle!

LE COMTE.

Ce matin, Valérie, vous trouviez que c'était un état si agréable?

VALERIE, le regardant

Ah! je n'avais pas vu.

FIN DE VALERIE

LE
MARIAGE D'ARGENT,

COMÉDIE EN CINQ ACTES ET EN PROSE,

Représentée, pour la première fois, à Paris, sur le Théâtre-Français, le 3 décembre 1827.

PERSONNAGES.

DORBEVAL, banquier.
Madame DORBEVAL, sa femme.
HERMANCE, sa pupille.
POLIGNI,
OLIVIER, } camarades de collège de Dorbeval.
Madame DE BRIENNE, jeune veuve, amie de madame Dorbeval.
DUBOIS, domestique de Dorbeval.

La scene se passe a la Chaussee-d'Antin, dans l'hôtel de Dorbeval.

OLIVIER.

AH QUE VIENS-JE D ENTENDRE

Le Mariage d'Argent

LE
MARIAGE D'ARGENT.

ACTE PREMIER.

Le théâtre représente un premier salon : porte au fond, et de chaque côté deux portes à deux battans. La première porte, à droite, conduit au cabinet de Dorbeval, la seconde à son salon de réception ; les deux portes à gauche conduisent aux appartemens de madame Dorbeval. A droite, un guéridon ; à gauche, et sur le premier plan, une table et ce qu'il faut pour écrire. Sur un plan plus éloigné, une riche cheminée et une pendule.

SCÈNE PREMIÈRE.

DUBOIS, OLIVIER.

OLIVIER.

Personne dans le salon, personne dans les antichambres qui d'ordinaire sont encombrés de parasites et de solliciteurs ! Est-ce qu'il serait arrivé quelque malheur à mon ami Dorbeval ? Non, non ; voilà un valet, l'hôtel est encore habité. (A Dubois.) Monsieur Dorbeval ?

DUBOIS, à moitié endormi, et sans le regarder.

Il est sorti, monsieur.

OLIVIER.

Sorti à neuf heures du matin ! à qui croyez-vous parler? Apprenez que je suis un ami, un camarade de collége qui le visite rarement; mais quand je viens, je vous prie de vous arranger pour qu'il y soit.

DUBOIS.

C'est différent, monsieur; il y est.

OLIVIER.

A la bonne heure.

DUBOIS.

Je demande pardon à monsieur; je le prenais pour un agent de change; nous en avons une douzaine qui viennent tous les matins demander les ordres de monsieur.

OLIVIER.

Vraiment; il y a du plaisir à être un des premiers banquiers de Paris : c'est un bel état.

DUBOIS.

Oui, monsieur, pour les domestiques; aussi j'ai refusé deux ministères et une place de suisse au faubourg Saint-Germain. Je vais voir si monsieur est levé.

OLIVIER.

A l'heure qu'il est !

DUBOIS.

Vous ne savez donc pas que la nuit a duré jusqu'à ce matin. Nous avions hier un bal, une fête, et un monde! ce qu'il y a de mieux en France: des Anglais, des Russes, des Autrichiens; tous ambassadeurs. Je vais réveiller monsieur.

OLIVIER.

Et non; s'il en est ainsi, garde-t'en bien : il y aurait conscience; viens seulement m'avertir quand il fera jour chez lui; j'attendrai.

DUBOIS.

Monsieur va peut-être s'ennuyer.

OLIVIER.

Ça me regarde.

DUBOIS

Comme monsieur voudra.

(Il sort)

SCENE II.

OLIVIER, SEUL.

M'ennuyer! Ah bien oui ! c'est bon pour un millionnaire; mais un artiste ne donne pas dans ce luxe-là! il n'en a pas le temps, surtout s'il a de l'imagination et s'il est amoureux. C'est agréable d'être amoureux : on n'est jamais seul; car dès que je suis seul, je suis avec elle. Ma protectrice, mon ange tutélaire, toi dont je n'ose prononcer le nom, viens avec moi, viens me tenir compagnie ! Ce sont, par exemple, les seuls rendez-vous, les seuls tête-à-tête que j'aie encore obtenus; mais cet égal. (Se retournant) Hein! qui vient nous déranger? On a déjà peur que je ne sois trop heureux. Que vois-je! c'est Poligni!

SCÈNE III.

OLIVIER, POLIGNI.

POLIGNI.

Cher Olivier, c'est toi que je rencontre chez Dorbeval!

OLIVIER.

Et je m'en félicite; car nous ne nous apercevons maintenant que par hasard, et nos entrevues ont toujours l'air d'une reconnaissance.

POLIGNI.

C'est vrai, je me le reproche souvent; car nous nous aimons toujours.

OLIVIER.

Mais nous ne nous voyons plus, et c'est mal.

POLIGNI.

Que veux-tu ? les affaires, les occupations.

OLIVIER.

Les miennes, je le conçois : un peintre, un artiste qui a son état à faire! mais toi, qui n'as d'autre occupation que de t'amuser.

POLIGNI.

C'est justement pour cela. Si tu savais combien les plaisirs vous donnent d'affaires! et puis, tu demeures si loin : au haut de la rue Saint-Jacques.

OLIVIER.

Puisque tu as équipage... Tiens, conviens-en franchement : si, au lieu d'habiter cette rue Saint-Jacques que tu me reproches, ce modeste quartier où s'éleva notre enfance, je possédais, comme notre camarade Dorbeval, un bel hôtel à la Chaussée-d'Antin, tes occupations te laisseraient quelques momens pour me voir.

POLIGNI.

Quelle idée ! tu pourrais le supposer !

OLIVIER.

Je ne t'en fais point de reproches; je n'accuse point ton amitié, sur laquelle je compte, et que je trouverais toujours au besoin, je le sais; mais c'est la faute de ton caractère, qui a toujours été ainsi : tu aimes tout ce qui brille, tout ce qui éblouit les yeux. Ainsi, en sortant du collége, tu t'es fait militaire, parce qu'alors c'était l'état à la mode, l'état sur lequel tous les regards étaient fixés. En vain je te représentais les dangers que tu allais courir, un avenir incertain : tu ne voyais rien que l'épaulette en perspective, et les factionnaires qui te porteraient les armes quand tu entrerais aux Tuileries. C'est pour un pareil motif que vingt fois tu as exposé ta vie, sans penser aux amis qui auraient pleuré ta perte. Depuis, la scène a changé : aux prestiges de la gloire ont succédé ceux de la fortune. Les altesses financières brillent maintenant au premier rang; les gens riches sont des puissances, et leur éclat n'a pas manqué de te séduire. Ne pouvant être comme eux, tu cherches du moins à t'en rapprocher; tu ne te plais que dans leur société; tu es fier de les connaître, et souvent je l'ai remarqué, quand nous nous promenions ensemble, un ami à pied qui te donnait une poignée de main te faisait moins de plaisir qu'un indifférent qui te saluait en voiture.

POLIGNI.

Voilà, par exemple, ce dont je ne conviendrai jamais. Permis à toi de douter de tout, excepté de mon cœur; à cela près, j'avouerai mes faiblesses, mes ridicules, ce désir de fortune qui me poursuit sans cesse, non que je sois avide, car j'aimerais mieux donner que recevoir, et je n'ambitionne dans les richesses que le bonheur de les dépenser; mais ces torts ne sont pas les miens, ce sont ceux du temps où nous vivons. Dans ce siècle d'argent, ceux qui en ont sont les heureux du siècle, et, sans aller plus loin, je te citerai notre ami Dorbeval, que j'aime de tout mon cœur, mais qui au collége n'a jamais été un génie, qui était même le moins fort de nous trois.

OLIVIER.

Tu t'abuses sur son compte; Dorbeval est très fin, très adroit, et ne manque, quand il le faut, ni de talent, ni d'éloquence; c'est plus que de l'esprit, c'est celui des affaires, et tu vois où en sont les siennes.

POLIGNI.

Aussi, et c'est où j'en voulais venir, tu vois l'estime dont il jouit, les hommages qui l'environnent! A qui les doit-il ? à son opulence; c'est de droit, c'est l'usage; et, dans les sociétés brillantes où je passe ma vie, je suis tellement persuadé que la différence des fortunes doit en mettre dans les égards et la considération que, par fierté, je m'arrange, sinon pour être, du moins pour paraître leur égal.

OLIVIER.

Et voilà, il faut en convenir, une fierté bien placée. Autrefois, tu t'en souviens, nous faisions bourse commune, et je connais ton budget. Tu as huit mille livres de rentes, et tu as équipage. Aussi, victime de ton opulence et de ta manie de briller, tu te gênes, tu te prives de tout. Chez toi, le superflu envahit le nécessaire : tu as un appartement de cinq cents francs et une écurie de cinquante louis. Selon toi, c'est presque une honte d'être pauvre ; tu en rougis, tu t'en caches ; moi, je m'en vante et je le dis tout haut. Orphelin et sans ressources, je dois tout aux bontés du meilleur des hommes, d'un brave et ancien militaire, monsieur de Brienne, qui m'avait fait obtenir une bourse au collége. Grâce à lui et à l'éducation que j'ai reçue, j'ai l'honneur d'être artiste, pas autre chose, et je ne vois pas pour cela que dans les salons où je te rencontre je sois moins bien accueilli. Je ne joue pas, c'est vrai ; mais tandis que vous perdez à l'écarté, je gagne, moi, une réputation d'homme du monde. Je fais ma cour aux dames, je danse avec les demoiselles, et cette année, en l'absence des gens aimables, j'ai eu des succès dont ma modestie s'effrayait. Oui, mon ami, l'autre jour encore, à Auteuil, une maison de campagne délicieuse où nous jouions la comédie, je faisais répéter à une jeune demoiselle le rôle de Fanchette, dans le Mariage de Figaro... d'abord, mon élève était fort jolie, et puis cette pièce-là, je ne sais pas pourquoi, cela donne toujours des idées...

POLIGNI, riant.

Vraiment... eh bien ?

OLIVIER.

Eh bien ! c'était fort amusant, parce que ce rôle de Fanchette est une ingénuité, et que ma jeune écolière me semble appelée, par goût, à jouer les grandes coquettes.

POLIGNI.

Je comprends : et nouveau professeur d'une nouvelle Héloïse...

OLIVIER.

O ciel ! peux-tu avoir de pareilles idées ! Une jeune personne du grand monde, une riche héritière !

POLIGNI.

Elle est à marier ! c'est charmant ! Quelle perspective pour le futur ! Mais dis-moi, je t'en prie, le nom de ta passion d'Auteuil ; car cette jeune Fanchette, cette coquette de village, j'ai idée que je la connais.

OLIVIER.

Peut-être bien, et c'est pour cela maintenant que je suis fâché de t'avoir parlé de mes succès comme professeur, parce que tu as tout de suite une manière d'interpréter, et qu'en voulant faire une plaisanterie, j'ai l'air d'avoir fait une indiscrétion.

POLIGNI.

Avec moi ?

OLIVIER.

Avec toi, comme avec tout autre, je me reproche-

ACTE I, SCENE III.

rais toute ma vie d'avoir pu faire du tort à une femme qui le mériterait; ainsi, à plus forte raison... Mais tiens, je t'en prie; ne parlons plus de cela. Apprends-moi plutôt qui t'amène de si bonne heure chez notre ami Dorbeval.

POLIGNI, *soupirant.*

Ah! j'en aurais trop à te dire! En d'autres lieux, dans un autre moment, je t'ouvrirai mon cœur! Qu'il te suffise de savoir qu'il est des espérances, bien éloignées sans doute, mais qui, un jour enfin, peuvent se réaliser; qu'il est au monde une personne à qui est attachée ma destinée, et si j'ai désiré la fortune, c'était pour la lui offrir; c'était pour la partager avec elle. Voilà pourquoi j'ai sollicité une place brillante, qui, chaque jour, m'était promise, et qui m'échappait toujours; voilà pourquoi j'ai fréquenté ces hautes sociétés où j'espérais trouver des protecteurs, et où je n'ai trouvé que des occasions de dissipations et de dépenses. Ce faste, cet éclat, ces salons dorés qu'ils habitent, ce luxe qui les environne, et auquel peu à peu je me suis habitué, tout cela est devenu pour moi un tel besoin que je ne puis plus m'en passer; c'est mon être, c'est ma vie; je suis là chez moi; et le soir, en rentrant dans mon humble demeure, je me crois en pays étranger. Aussi le lendemain, j'en sors à la hâte pour briller de nouveau et pour souffrir, pour haïr les gens plus riches que moi et pour tâcher de les imiter. Voilà mon existence, et malgré les privations intérieures que je m'impose, malgré l'ordre et l'économie qui règlent ma conduite, je ne peux pas m'empêcher souvent d'être arriére. Tiens, c'est ce qui m'arrive en ce moment, et ne voulant point entamer mes capitaux, je venais prier Dorbeval de me prêter cinq ou six mille francs dont j'ai besoin.

OLIVIER.

Il se pourrait ! Eh bien ! mon ami, je viens ici pour un motif tout oposé. J'ai fait des économies, et, par prudence, je venais les placer chez notre ancien camarade.

POLIGNI.

Toi, des économies !...

OLIVIER.

Eh ! oui vraiment ! Un peintre, cela t'étonne ! Je sais que ce n'est pas la mode, et qu'autrefois les financiers, les spéculateurs, et les sots de toutes les classes, se croyaient le privilége exclusif de faire fortune, et nous laissaient toujours dans leurs bonnes plaisanteries l'hôpital en perspective. Mais depuis quelque temps les beaux-arts se révoltent, et sont décidés à ne plus se laisser mourir de faim. Girodet et tant d'autres se sont enrichis par leurs pinceaux. Nous avons des confrères qui sont barons; nous en avons qui ont équipage, qui ont des hôtels, et j'en suis fier pour eux. Trop long-temps la peinture a habité les mansardes; dans ce siècle-ci, elle descend au premier, et elle fait bien. Je n'en suis pas encore là : je ne suis qu'au troisième, j'y ai mon atelier, et si tu y venais quelquefois, tu verrais quelle gaieté, quelle franchise, quelle ardeur y président; tu sentirais le bonheur d'être chez soi; tu comprendrais quelles sources de jouissances on trouve dans l'amitié, la jeunesse, et les arts; tu me verrais enfin le plus heureux des hommes, car je dois à mon travail mon aisance, ma liberté, et plus encore, le plaisir d'obliger un ami. (Tirant un portefeuille.) Tiens, voilà mes fonds ; c'est chez toi que je les place.

POLIGNI.

Que fais-tu ?

OLIVIER.

Ne venais-tu pas t'adresser à un ami ? me voilà ! Il te fallait six mille francs : il y en a huit dans ce porte-feuille. Accepte-les, ou je me fâcherai. Il me semble que l'argent d'un artiste vaut bien celui d'un banquier.

POLIGNI.

Oui certainement. Mais je crains que cela ne te gêne.

OLIVIER.

Je te répète que je venais les placer, et si j'aime mieux qu'ils soient chez toi qu'à la banque, tu ne peux pas m'empêcher d'avoir confiance. Tu me les rendras le jour de mon mariage, si je me marie jamais !

POLIGNI.

Je ne sais comment te remercier. Mais Dorbeval..

OLIVIER.

Je lui aurai enlevé le plaisir de te rendre service ! Pourquoi se lève-t-il si tard ? Cela lui apprendra... Eh ! le voilà ce cher Crésus. Arrive donc !

SCÈNE IV.

OLIVIER, DORBEVAL, POLIGNI.

DORBEVAL.

Bonjour donc, mes chers et anciens camarades ! bonjour, Poligni ! suis-je heureux de te rencontrer ! j'allais envoyer chez toi ; mais si je m'étais douté d'une pareille surprise, je me serais bien gardé de vous faire attendre.

OLIVIER.

Est-ce que tu étais éveillé ?

DORBEVAL.

Toujours. Est-ce que je repose jamais ? est-ce que j'ai le temps ? je travaille même pendant mon sommeil. J'ai souvent fait des spéculations en rêves ; et la fortune, comme on dit, me vient en dormant. C'est drôle, n'est-ce pas ?

OLIVIER.

Sans contredit.

DORBEVAL, leur prenant la main.

Y a-t-il long-temps que nous ne nous étions trouvés tous trois réunis en tête-à-tête !

POLIGNI.

Cela ne nous est pas arrivé, je crois, depuis le collége !

DORBEVAL.

C'est vrai, et avec quel plaisir je me rappelle ce

temps-là ! Quel beau collége que celui de Sainte-Barbe ! y ai-je reçu des coups de poing ! C'était toujours Poligni qui me défendait, parce qu'il a toujours été brave... Moi, j'avais de l'esprit naturel, mais je n'étais pas fort : j'étais toujours le dernier. Il est vrai que depuis j'ai pris ma revanche. Et te rappelles-tu, Olivier, quand tu me dictais mes versions grecques ? parce que moi, le grec, je ne l'ai jamais aimé, quoique maintenant je sois un philhellène. Du reste toujours ensemble, toujours unis, nous mettions en tiers les peines et les plaisirs. On nous appelait les inséparables, et pour parler en financier, notre amitié offrait l'emblème du tiers consolidé. (Riant.) C'est joli !

OLIVIER.

Oui, si tu veux. Mais je te trouve ce matin d'une gaieté !

DORBEVAL.

C'est vrai. Le matin quelquefois ; mais si tu m'entendais ici le soir, j'ai bien plus d'esprit encore.

OLIVIER.

Je crois bien : le soir, dans ton salon, tu es sûr de ta majorité.

DORBEVAL.

Il est vrai que mon salon... (Avec volubilité) Il est magnifique mon salon ; je l'ai fait arranger : il me coûte quarante mille écus. C'est un goût exquis : de la dorure du haut en bas !... Demande à Poligni, car toi, il est impossible de t'avoir ; je réunis souvent cinq ou six cents amis, et j'ai beau t'inviter, tu ne viens jamais. Moi, je te le dis franchement, cela me fait de la peine, surtout depuis quelque temps. Sais-tu que tu commences à percer, à avoir de la réputation. On se dit déjà : Ce petit Olivier ne va pas mal, ce gaillard-là aura un beau talent, et moi je réponds : Je crois bien, c'est mon camarade de collége; je l'attends ce soir, vous le verrez...; et puis tu ne viens pas! C'est très desagréable, cela m'ote même de ma considération : j'ai l'air de ne pas aimer les arts.

OLIVIER.

Pardon, mon cher, je suis un ingrat. Je te remercie, toi et tes amis, de la bonne opinion que vous avez de moi; mais je pense que les artistes, s'ils sont sages, doivent fuir le grand monde, dans l'intérêt même de leur réputation. Pour te parler à mon tour en style des beaux-arts, ils sont comme ces peintures à fresque qui gagnent toujours à être vues de loin. Quand on les regarde de trop près, on se dit : Comment, ce n'est que cela ?... et c'est par amour-propre que je reste chez moi : j'aime mieux qu'on me voie par mes ouvrages.

DORBEVAL.

Tu as tort : tu y perds des protecteurs.

OLIVIER.

Des protecteurs !... Grâce au ciel nous ne sommes plus dans ces temps où le talent ne pouvait se produire que sous quelque riche patronage ; où le génie, dans une humble dédicace, demandait à un sot la permission de passer à la postérité à l'ombre de son nom. Les artistes d'à présent pour acquérir de la considération et de la fortune n'ont pas besoin de re-

ACTE I, SCÈNE IV

coulu à de pareils moyens : les vrais artistes, j'entends ; ils restent chez eux, ils travaillent, et le public est là qui les juge et les récompense.

DORBEVAL.

Dans le public, au moins, tu comprends tes amis de collége, tes anciens camarades.

OLIVIER.

Oui, mes amis, il n'y a que ceux-là sur lesquels on puisse compter.

DORBEVAL, lui prenant la main

Et tu as bien raison !... Si je vous racontais, à propos d'amitié de collége, ce qui m'est arrivé à moi-même, hier, au café de Paris, sans que j'y fusse.

POLIGNI, à part

Comment sait-il déjà cela ?

OLIVIER.

Qu'est-ce donc ?

DORBEVAL.

Un monsieur qui, sans doute, ne me connaissait pas, et qui s'est permis de me traiter de faquin... moi ! Heureusement c'était en présence d'un de nos anciens camarades, qui a pris si vivement ma défense, que la discussion a fini par un soufflet et par un coup d'épée... Voilà ce que j'ai appris ce matin ; et ce généreux protecteur, ce vaillant chevalier, qui, se rappelant le temps heureux des coups de poing du collége, se croyait encore obligé de me défendre, c'était Poligni.

OLIVIER.

Il se pourrait !

DORBEVAL.

Lui-même.

POLIGNI.

N'en parlons plus. Ce n'était pas toi, c'est moi seul que cela regardait. Insulter un ami absent ! cela devient une injure personnelle.

OLIVIER, allant a lui, et lui prenant la main

Je te reconnais là.

DORBEVAL.

Et me l'avoir laissé ignorer !... Je n'ai plus qu'un désir, c'est de m'acquitter avec toi; et j'en trouverai les moyens. Oui, mes amis, oui, quoi qu'on en dise, la fortune n'a point gâté mon cœur; je suis toujours avec vous ce que j'étais autrefois : un bon enfant, et pas autre chose. Si avec d'autres, par fois, je suis un peu orgueilleux, un peu... faquin, puisque l'épithète est connue, c'est que dans ma position il est bien difficile de résister au contentement de soi-même. On peut s'aveugler sur son esprit, mais non sur ses écus. Ils sont là dans ma caisse: un mérite bien en règle, dont j'ai la clef; et quand on peut soi-même évaluer ce qu'on vaut à un centime près, ce n'est plus de l'orgueil, c'est de l'arithmétique.

POLIGNI, riant

Il a raison ; il faut de l'indulgence.

DORBEVAL.

C'est ce que je dis tous les jours : il faut bien nous passer quelque chose à nous autres pauvres riches. Mais il y a des gens intolérans : ceux surtout qui n'ont rien; ils ont tort.

ACTE I, SCÈNE IV.

OLIVIER.

Très grand tort! Il faudrait pour bien faire que tout le monde fût millionnaire.

DORBEVAL.

Voilà comme j'entends l'égalité. Ah ça! qu'est-ce que nous faisons aujourd'hui? Je vous tiens; je ne vous quitte pas : nous passons la journée ensemble.

POLIGNI.

Je ne demande pas mieux.

OLIVIER.

Impossible! Il faut que je rentre chez moi.

POLIGNI.

Et pourquoi donc? Le salon a ouvert cette semaine, (à Dorbeval.) et il paraît qu'Olivier a exposé un tableau magnifique, un sujet tiré d'Ivanhoe, la scène de Rébecca et du Templier, le moment où la belle Juive va se précipiter du haut de la tour.

OLIVIER, vivement

Tu l'as vu?

POLIGNI.

Non, pas encore, mais, allons-y aujourd'hui.

DORBEVAL, à Olivier.

A merveille! Tu nous y mèneras, parce que, moi, j'ai le sentiment des beaux-arts, mais j'ai besoin de quelqu'un qui me fasse comprendre les beautés. Auparavant nous irons au bois de Boulogne avec ces dames, ma femme et Hermance, ma pupille : une cavalcade magnifique! De là nous déjeunerons au pavillon d'Armenonville, ou chez Leiter, ou chez Véry; enfin ce que nous autres, bonne compagnie, appelons aller au cabaret. Et puis ce soir à l'Opéra... Poligni, tu prendras une loge.

POLIGNI.

Volontiers ! ce sera charmant.

OLIVIER, à voix basse

Y penses-tu ? voilà encore une journée à te ruiner.

POLIGNI, de même.

Une fois par hasard... (Haut.) Et, tu as beau dire, tu viendras.

DORBEVAL.

Oui, oui, c'est décidé.

OLIVIER.

Non vraiment; vous me proposez là une journée d'agent de change, et je ne suis qu'un artiste. Plus tard j'irai peut-être au salon; mais dans ce moment, je vous l'ai dit, il faut que je vous quitte.

POLIGNI.

Et quel soin si important?... que vas-tu donc faire?

OLIVIER.

Je vais travailler ! Adieu, mes amis; allez au bois de Boulogne, je retourne, moi, à mon atelier.

(Il sort.)

SCÈNE V.

DORBEVAL, POLIGNI.

DORBEVAL, le regardant sortir.

Ce pauvre Olivier ! ce ne sera jamais qu'un homme de talent, et pas autre chose. Ah ça ! nous avons commencé par les plaisirs, c'est dans l'ordre; maintenant parlons d'affaires. Je t'ai dit, il y a quelques jours, que j'espérais te donner de bonnes nouvelles; je comptais sur le neveu du ministre, monsieur de Nangis, un charmant jeune homme, qui est l'ami de la maison; mais depuis quelques jours on ne le voit plus: je ne sais ce qu'il devient; et cette préfecture que nous sollicitions...

POLIGNI.

Eh bien?

DORBEVAL.

Eh bien! nous ne l'aurons pas.

POLIGNI.

Ah! mon Dieu!

DORBEVAL.

J'ai du crédit à la banque, mais peu au ministère; et plus j'y pense, plus je suis enchanté que nous n'ayons pas réussi.

POLIGNI.

Vraiment!

DORBEVAL.

Je te parle dans ton intérêt. Comment peut-on courir la carrière administrative? rien de certain, rien de positif: des appointemens ne sont pas des rentes. Un négociant qui fait faillite n'est souvent pas ruiné pour cela: au contraire; mais un préfet qui n'est plus préfet, qu'est-ce que c'est?

POLIGNI.

C'est vrai; mais quel parti prendre?

DORBEVAL.

Rester libre, indépendant. J'avais déjà réfléchi à ta position, et n'avais pas attendu pour cela le service que tu m'as rendu; mais maintenant à plus forte raison. Oui, mon ami, j'y suis engagé d'honneur; c'est à moi de songer à ta fortune, à ton avancement, et j'ai deux partis à te proposer. Le premier, c'est de faire valoir tes fonds, et je m'en charge.

POLIGNI, avec embarras.

Mais pour faire valoir ses fonds, il faut en avoir.

DORBEVAL.

Je sais bien que tu n'es pas comme moi, que tu n'as pas des millions! Mais tu es riche, tu es à ton aise, tu mènes dans le monde une belle existence, et quand le diable y serait, tu as bien cent mille écus! Qu'est-ce qui n'a pas cent mille écus?

POLIGNI, embarrassé

Mais moi... par exemple.

DORBEVAL.

Est-ce que tu n'aurais que deux cent mille francs?

POLIGNI, a part.

Quelle humiliation! (Haut.) Je ne sais comment te l'avouer, mais avec toi qui es mon ami, et qui ne me trahiras pas, je suis obligé de convenir que je n'ai pas même deux cent mille francs.

DORBEVAL, d'un air de compassion

Pas même deux cent mille francs! Ce pauvre Poligni! (Lui prenant la main) Je n'en dirai rien, mon ami, et cela restera là, tu peux en être sûr! Mais alors il faut prendre l'autre parti, il faut te faire agent de change.

POLIGNI.

Y penses-tu ? Des charges dont le prix est énorme !

DORBEVAL.

Le moment est excellent : elles sont diminuées de beaucoup; elles ne valent plus que huit cent mille francs, et elles baisseront encore.

POLIGNI.

Mais comment veux-tu ?...

DORBEVAL.

Il ne faut pas que tu paraisses là-dedans. Tu me feras tantôt ta procuration bien en règle; et moi qui suis à même de savoir tout ce qui se passe, je saisirai la première occasion. Il y en a qui veulent vendre, je le sais, et demain, après demain, d'un instant à l'autre, cela peut-être terminé.

POLIGNI.

Mais réfléchis donc : huit cent mille francs! comment veux-tu que je les paye ?

DORBEVAL.

Tu feras comme tout le monde : tu feras un beau mariage. Voilà maintenant comme on achète une charge : celles d'avoué, de notaire, ne se paient pas autrement, et je n'aurais rien fait pour toi si, en te conseillant une pareille acquisition, je ne te donnais pas les moyens de la payer. Je ne te proposerai pas de t'avancer les fonds, parce qu'il faudrait toujours que tu me les rendisses, et que cela reviendrait au même; mais je te proposerai un fort beau parti, une jeune héritière fort agréable. Je ne te dis pas que ce soit une beauté...

POLIGNI.

J'entends : elle est laide à faire peur.

DORBEVAL.

Du tout ! elle a cinq cent mille francs, et je réponds d'avance de son consentement, car il dépend de moi.

POLIGNI.

Comment?

DORBEVAL.

Oui, mon cher, c'est Hermance, ma petite cousine et ma pupille. Comme son tuteur, je dois veiller à ses intérêts, et, par respect pour l'opinion, je ne peux pas la donner à quelqu'un qui n'a rien ; mais je peux la donner à un agent de change ; vois si tu veux le devenir.

POLIGNI.

Je suis confus de tant de bonté, de tant de générosité. Mais d'abord, je connais fort peu ta pupille. Je l'ai vue quelquefois chez ta femme, à tes soirées, et j'ai dansé hier avec elle deux ou trois contre-danses.

DORBEVAL.

Eh bien ! l'entrevue est faite ! La contredanse de rigueur ! l'usage n'en veut qu'une ; vous êtes donc en avance. Du reste, si dans ces mariages-là tu veux savoir la marche à suivre, la voici : on parle aux parens, tu m'as parlé ; on demande : combien a-t-elle?

je te l'ai dit; est-ce que je ne t'ai pas dit cinq cent mille francs ?

POLIGNI.

Si, mon ami, mais je te ferai observer que son caractère... non pas qu'il ne soit excellent : mais il m'a paru bien léger, bien futile.

DORBEVAL.

Je conviens qu'elle a été, pendant huit ans, dans un des premiers pensionnats de Paris; malgré cela, il n'est pas impossible... Il y a de bons hasards, des naturels qui résistent; et puis, écoute, elle a cinq cent mille francs.

POLIGNI.

J'ai bien entendu; mais il me semble qu'à son goût pour la parure, à la manière dont elle reçoit les hommages des jeunes gens, il se pourrait bien qu'elle fût un peu coquette.

DORBEVAL.

C'est possible ! Je n'en sais rien; mais, ce que je sais, c'est qu'elle a...

POLIGNI, avec impatience

Eh ! j'en suis bien persuadé.

DORBEVAL.

Eh bien ! alors, pourquoi hésites-tu ? car dans toutes les objections que tu m'as faites, il n'y en a pas qui ait apparence de raison.

POLIGNI.

C'est qu'il en est une dont je n'osais pas te parler, une qui est la plus forte de toutes, ou plutôt la seule véritable : j'aime quelqu'un.

DORBEVAL.

Toi ! c'est différent : si tu me parles d'amour quand je te parle raison, nous n'allons plus nous entendre. Qu'est-ce que je voulais ? agir en ami, m'acquitter envers toi, faire ta fortune ; mais si tu préfères un mariage d'inclination, je ne prétends pas te tyranniser, et je ne dis plus rien ; d'autant que moi-même aussi, tu le sais, j'ai autrefois donné dans les mariages d'inclination. Il est vrai que la position était bien différente : j'avais de la fortune ; j'ai enrichi une femme qui n'avait rien, ce qui m'a fait de l'honneur dans le monde, et ce qui de plus, j'ose le dire, était fort bien calculé ; car, quoique nous ayons souvent des discussions, elle est obligée, par devoir, de me complaire en tout, de m'aimer, de m'adorer ; je n'ai pas besoin de m'en mêler, ni de rien faire pour cela : j'ai fait sa fortune. Mais toi, mon cher, qui, d'après ton propre aveu, n'as pas même deux cent mille francs !...

POLIGNI.

Et qu'importe ? Plût au ciel que je fusse le maître de n'écouter que mon cœur ! plût au ciel qu'elle fût libre ! je serais trop heureux de lui offrir, avec ma main, le peu de bien que je possède.

DORBEVAL.

Comment ! elle est mariée !

POLIGNI.

Hélas ! oui ; sacrifiée par sa famille, elle a épousé un vieillard, un ancien militaire, monsieur de

Brienne, qui l'a emmenée en Russie, où elle est depuis trois ans.

DORBEVAL.

Elle est mariée! elle est en Russie! et c'est pour une pareille chimère que tu compromets ton avenir, que tu refuses un mariage superbe! Mais si elle était ici, elle serait la première à t'y engager, ou cette femme-là ne t'aime pas; elle en a épousé un autre par devoir, suis son exemple; et quand le devoir nous ordonne d'être heureux, d'être riche, d'être considéré, il est doux, il est beau de lui obéir, et c'est ce que tu feras. Tu es décidé? tu n'hésites plus?

POLIGNI.

Nous en reparlerons; nous verrons.

DORBEVAL.

Non, mon cher, il faut brusquer la fortune, la saisir au passage; je te parle en homme qui la connaît et qui a souvent affaire à elle.

POLIGNI.

Dorbeval, de grâce!

DORBEVAL.

Il faut te prononcer : oui, ou non.

POLIGNI.

Eh! morbleu! laisse-moi, fais ce que tu voudras.

DORBEVAL.

Enfin... Ce n'est pas sans peine. Voici ma femme et ma jeune pupille.

SCÈNE VI.

Les précédens, POLIGNI, DORBEVAL, Madame DORBEVAL, HERMANCE.

(Elles arrivent de l'appartement de Dorbeval, a droite du fond.)

DORBEVAL.

Arrivez, mesdames, nous avons de grands projets pour ce matin ; venez donner votre voix, car nous délibérons.

MADAME DORBEVAL, saluant.

Monsieur Poligni !

HERMANCE, de même.

Mon danseur d'hier au soir !

DORBEVAL.

Quand je dis que nous délibérons... c'est-à-dire que j'ai décidé. Nous irons au salon... C'est aujourd'hui samedi, un jour comme il faut : le jour où tout le monde y va... pour éviter la foule. De là, nous irons au bois. Ces dames essaieront ma nouvelle calèche, et nous, mes chevaux anglais ; car Poligni nous reste, il nous accompagne.

HERMANCE.

L'aimable tuteur ! il n'annonce jamais que de bonnes nouvelles. Cela se trouve d'autant mieux que j'ai un nouveau chapeau de Céliane ; oui, ma cousine, j'ai quitté votre marchande de modes ; avec elle rien de surprenant, rien d'inattendu : pas une pensée originale.

POLIGNI, riant

Il est si difficile de trouver des idées neuves !

HERMANCE.

Surtout en chapeaux !

DORBEVAL, a sa femme

Vous voyez, chère amie, que vous n'êtes pas prête; tâchez de ne pas nous faire attendre, et surtout, je vous en prie, de ne pas affecter comme hier cette simplicité de mise et de toilette qui me fait tort. Je ne vous refuse rien pour vos dépenses; mais ayez au moins la bonté d'en faire. Faites-moi le plaisir d'être heureuse : si ce n'est pour vous, que ce soit pour moi !

MADAME DORBEVAL, doucement

Aujourd'hui, monsieur, vous ne vous plaindrez pas de moi : je vous demanderai la permission de ne pas vous accompagner...

DORBEVAL.

Y pensez-vous ?

MADAME DORBEVAL.

Par goût, j'aime mieux rester.

DORBEVAL.

J'en suis bien fâché, chère amie; mais je vous ai acheté une calèche de six mille francs, je veux qu'on la voie.

MADAME DORBEVAL.

J'avais des motifs qui me faisaient désirer de rester chez moi; mais puisque vous l'exigez. .

POLIGNI.

L'exiger!... Ah! ce n'est pas, j'en suis sûr, l'intention de Dorbeval.

HERMANCE, allant a la table de droite et feuilletant un album

Monsieur Poligni, venez donc voir.

DORBEVAL.

Non, sans doute. (A sa femme) N'allez-vous pas, aux yeux de mes amis, me faire passer pour un despote, pour un tyran! Vous savez bien que je n'exige jamais, et que vous êtes la maîtresse. (Appelant.) Dubois! mes gants! mon chapeau; et qu'on attèle à l'instant. Nous n'irons qu'au salon, ce qui est fort désagréable... (S'approchant de madame Dorbeval pendant que Poligni et Hermance causent voix basse a l'autre extrémité du salon) Mais puis-je savoir, au moins, sans indiscrétion ni jalousie, quel est le motif si important qui vous retient ici.

MADAME DORBEVAL.

Une amie intime, une amie d'enfance qui était en pays étranger, et qui, après trois ans d'absence, revient demain à Paris, voilà pourquoi je désirais me trouver ici à son arrivée.

DORBEVAL, mettant ses gants.

C'est juste! Je ne dis plus rien, surtout si elle est jolie, parce que la sensibilité... l'amitié... nous connaissons cela, n'est-ce pas, Poligni? Eh bien! Hermance! est-ce qu'ils ne m'entendent pas?

(Il va près d'eux)

HERMANCE, sortant de sa conversation avec Poligni

Pardon! nous causions de beaux-arts, de peinture;

et en me parlant du salon, monsieur me l'avait fait oublier.

POLIGNI, vivement.

Quoi ! je serais assez heureux !...

DORBEVAL.

Assez heureux !... je te dis que tu l'es trop. Allons, donne-lui la main, et partons; moi, je suis le surveillant, le tuteur, c'est mon emploi ! (A madame Dorbeval.) Adieu, chère amie, je vous laisse dans les expansions du sentiment. Je vais au salon, de là à la Bourse, m'occuper de mes intérêts et de ceux de Poligni, et j'aurai mené de front, dans ce jour, les affaires, les plaisirs, l'argent et l'amitié.

(Poligni, Hermance et Dorbeval sortent par la porte du fond, madame Dorbeval rentre à gauche dans son appartement.)

FIN DU PREMIER ACTE

ACTE II.

SCÈNE PREMIÈRE.

Madame DORBEVAL, madame DE BRIENNE.

(Elles entrent du fond)

MADAME DORBEVAL.

Je te revois enfin ! embrassons-nous encore ! Que c'est bien à toi d'être venue aussi vite !

MADAME DE BRIENNE.

J'ai cru que je n'arriverais jamais, et cependant nous allions jour et nuit.

MADAME DORBEVAL.

Tu dois être accablée de fatigue?

MADAME DE BRIENNE.

Oui, il y a quelques jours, en Allemagne, je m'en plaignais un peu, mais depuis la frontière je ne m'en aperçois plus : c'est si bon de revoir la France ! Qu'elle m'a paru belle ! et à mesure que nous approchions de Paris, comme mon cœur battait, et comme les postillons allaient lentement ! Mais quand je me suis vue dans ces murs, quand j'ai reconnu mes rues, mes boulevards, mes physionomies parisiennes, je ne puis te dire ce que j'ai éprouvé. Ce bruit, ce tumulte de la capitale, cette foule qui se jetait sur nos pas, jusqu'aux embarras qui arrêtaient notre voiture, tout me semblait beau, admirable. J'étais si heureuse!

MADAME DORBEVAL.

C'est moi qui le suis maintenant!

MADAME DE BRIENNE.

Chère Élise! j'ai tant de choses à te dire, tu en as tant à me raconter! car je t'ai quittée demoiselle, et te voilà mariée! on trouve tant de changemens quand on revient de Russie!... Et moi donc, si tu savais... mais par où commencer? voilà le difficile!

MADAME DORBEVAL.

Parlons de toi d'abord; car je ne sais rien; tu ne me disais pas où je pourrais t'écrire, et toi-même ne m'adressais jamais que quelques lignes sur ta santé.

MADAME DE BRIENNE.

Que veux-tu? il n'aimait pas qu'on m'écrivît, encore moins que j'écrivisse... même à mes amies intimes.

MADAME DORBEVAL.

J'entends : il, c'est ton mari.

MADAME DE BRIENNE.

Et qui serait-ce donc? je savais même qu'en lui montrant mes lettres je lui faisais plaisir, et il les lisait toutes : voilà pourquoi ma correspondance ne contenait jamais que des nouvelles officielles.

MADAME DORBEVAL.

Je comprends; mais c'est toujours fort mal.

MADAME DE BRIENNE.

Non; n'ayant que mon amitié, il était naturel qu'il en fût jaloux; d'ailleurs mon devoir était de tout lui sacrifier, même mes plus chères affections; et ce devoir je l'ai rempli jusqu'à ses derniers momens.

MADAME DORBEVAL.

O ciel! tu serais veuve?

MADAME DE BRIENNE.

Eh! mon Dieu! oui, depuis long-temps; je me suis trouvée seule, abandonnée, à quinze ou seize cents lieues d'ici, à l'autre extrémité de la Russie, dans un pays inconnu, où nous avaient appelés les intérêts de monsieur de Brienne, une nouvelle colonie à former, d'immenses terrains à défricher; et si tu savais quel temps il m'a fallu pour liquider, pour terminer toutes ces affaires, pour achever surtout ce long voyage, sans compter qu'au moment de partir une maladie cruelle m'a tenue plusieurs mois entre la vie et la mort; je croyais ne plus vous revoir.

MADAME DORBEVAL.

Mais c'est qu'aussi personne n'avait pu comprendre un pareil mariage! épouser un homme de soixante ans, sans fortune!

MADAME DE BRIENNE.

Il en avait; c'est ce mariage qui la lui a fait perdre: voilà ce que le monde ne savait pas, voilà ce que le devoir le plus sacré m'empêchait même de t'apprendre. Monsieur de Brienne était un ancien ami de ma famille; c'était par lui que mon père avait obtenu cette place de receveur-général dont il était si fier; M. de

Brienne m'avait vue naître, me portait la plus grande amitié, mais jamais il ne m'était venu à l'idée qu'il dût être mon mari. Bien loin de cela, tu le sais, un autre avenir, d'autres espérances souriaient à mon cœur. Tu te rappelles ces premiers sentimens, ces impressions que rien ne peut effacer; car alors tu me donnais des conseils, tu recevais mes confidences, et j'aurais presque désiré des chagrins, afin de te les raconter. On est si heureuse d'un amour qu'on peut avouer! il est si doux d'en parler! et cela nous arrivait quelquefois.

MADAME DORBEVAL.

Oui, le matin, le soir, toute la journée! Et son nom, crois-tu que je l'aie oublié? ce pauvre Poligni!

MADAME DE BRIENNE, lui mettant la main sur la bouche

Tais-toi! tu m'as fait peur, il y a si long-temps que je n'ai osé le prononcer.

MADAME DORBEVAL.

C'est un ami de mon mari, nous le voyons assez souvent; il est libre, et j'ai lieu de croire qu'il est toujours fidèle.

MADAME DE BRIENNE.

Vraiment. Je ne te le demandais pas; car enfin je n'avais le droit de rien exiger; mais autrefois, élevés ensemble, nous aimant dès l'enfance, rien ne semblait s'opposer à notre union. C'était pour mériter ma main, pour obtenir le consentement de ma famille, qu'il venait d'embrasser l'état militaire, source alors de gloire et de fortune. « Tout ce que je vous demande, me dit-il en partant, c'est de m'attendre ! Ou vous apprendrez ma mort, ou je reviendrai colonel. » Déjà, tu le sais, les journaux avaient retenti de son nom, sa conduite lui avait mérité l'estime de ses chefs; encore quelques mois, et la paix le ramenait auprès de nous. Lorsqu'un jour, mon père, que je croyais par sa fortune à l'abri de tout les évènemens, ou que du moins les fonds publics, dont il était dépositaire, devaient éloigner de toute spéculation hasardeuse, mon père se présente à mes yeux, pâle et tremblant. « Je suis perdu, me dit-il, je suis déshonoré ! Ma honte est encore un secret; mais ce soir elle sera connue et je n'y survivrai pas. Ma fille, c'est toi seule que j'implore ! Monsieur de Brienne, mon ami, sacrifie sa fortune pour me sauver l'honneur ; mais je ne puis accepter un pareil bienfait que de la main d'un gendre. Prononce sur mon sort. » Hélas! mon père était à mes genoux, je ne vis que lui. Je consentis, car j'espérais mourir; et quelques jours après mon mariage, j'étais chez moi, j'étais seule... tu devines à qui je pensais... quand tout à coup je le vois paraître devant moi. Le signe de l'honneur brillait sur sa poitrine; ses traits étaient altérés par la souffrance, et me montrant de la main les riches épaulettes dont il était décoré... « J'ai tenu mes promesses, me dit-il, je les ai tenues au prix de mon sang; mais vous, madame, vous !... » Ah ! je ne pus y résister. Je confiai à son honneur le secret de mon père; je le suppliai de me pardonner et de me plaindre, et je me trouvai moins malheureuse quand il sut à quel point je l'étais. Il partit, en me jurant un amour éternel, et depuis je ne l'ai point revu.

MADAME DORBEVAL.

Jamais? Vous deviez cependant de temps en temps vous rencontrer de loin dans le monde?

MADAME DE BRIENNE.

Cela revenait au même : je n'osais pas le regarder. Quelquefois seulement nous recevions Olivier, un artiste, un jeune peintre qui devait à mon mari son éducation, ses talens; et monsieur de Brienne avait eu bien raison de le protéger. Olivier était si bon, si aimable! Il me parlait toujours de Poligni, son camarade de collége; je ne répondais pas, mais j'écoutais. Ce pauvre Olivier, depuis ce temps-là je l'ai pris en amitié. Occupée de mes devoirs, résignée à mon sort, je tâchais d'être heureuse, du moins quand mon père me regardait, et il est mort en me bénissant. Mais quand je l'eus perdu, quand il fallut quitter la France, tous mes amis, tous mes souvenirs; ah! que je fus malheureuse ! que j'ai souffert pendant ces trois années! me reprochant jusqu'aux tourmens que j'éprouvais, je cherchais à les expier en redoublant de soins, de tendresse pour un vieil époux, que j'aurais voulu aimer autant qu'il m'adorait. Mais ce n'était pas ma faute; ce n'était pas possible; mon cœur était resté ici, près de vous. En quittant ma patrie, j'y avais laissé le bonheur, et en la revoyant j'ai tout retrouvé.

MADAME DORBEVAL.

Chère Amélie! il n'a pas dépendu de moi que nous

ne fussions plus tôt réunies; depuis quelque temps je sollicitais, mieux que cela, j'espérais obtenir pour monsieur de Brienne une place, une pension qui lui permît de revenir en France, et ce que je demandais pour lui, je le réclamerai pour sa veuve.

MADAME DE BRIENNE.

Je te remercie, je n'ai besoin de rien.

MADAME DORBEVAL.

Tu es donc bien riche? et tu ne me parlais pas de ta situation, de ta fortune, de tes espérances!

MADAME DE BRIENNE.

Ma situation... la plus belle du monde! je suis libre et maîtresse de moi. Ma fortune... je n'ai rien, presque rien : ce qu'il faut pour vivre; c'est bien assez. Et quant à mes espérances... ai-je besoin de te les dire?

MADAME DORBEVAL, souriant

Non, je crois les deviner.

SCÈNE II.

Les précédens; HERMANCE.

HERMANCE, a madame Dorbeval

Ah! ma cousine, que vous avez perdu en ne venant pas au salon! c'était charmant : des bonnets d'un genre tout nouveau! j'ai surtout remarqué des robes du matin, des négligés magnifiques. Vous savez bien, madame Despériers, cette dame qui est comtesse et qui danse si mal...

MADAME DORBEVAL, à madame de Brienne.

C'est une jeune parente, une pupille de mon mari. (A Hermance.) Ma chère Hermance, voici une intime amie, dont je vous ai souvent parlé, madame de Brienne.

HERMANCE, saluant et la regardant.

Ah! mon Dieu. c'est étonnant!

MADAME DORBEVAL.

Qu'as-tu donc?

HERMANCE.

Je n'avais jamais vu madame, et pourtant je connais ses traits. Vraiment oui, tout à l'heure, au salon, ce tableau du Templier, cette figure de la belle Juive que tout le monde admirait... c'est frappant de ressemblance!

MADAME DE BRIENNE, souriant.

C'est difficile à croire, car j'arrive de Russie, et on ne se ressemble pas de si loin.

MADAME DORBEVAL.

Et de qui donc est ce tableau?

HERMANCE.

D'Olivier, un jeune peintre.

MADAME DE BRIENNE.

Olivier! notre ancien ami?

HERMANCE.

Vous le connaissez?

MADAME DE BRIENNE.

Oui, et c'est avec grand plaisir que j'apprends ses succès, car c'est un digne et estimable jeune homme.

HERMANCE.

N'est-ce pas, madame. Et puis il joue très bien la comédie, car nous l'avons jouée ensemble, et il est si gai, si aimable! c'est charmant un artiste: du feu, de l'imagination! en l'entendant on croit lire un roman; et moi j'aime beaucoup les romans.

MADAME DE BRIENNE, riant.

Vraiment!

HERMANCE.

Pour la lecture, seulement, pour s'amuser; car au fond qu'est-ce que cela prouve? Aussi vous sentez bien qu'un peintre, on ne peut pas y penser, on ne peut pas épouser cela; d'autant que mon tuteur a des vues sérieuses; car tout à l'heure au salon il m'a parlé d'un de ses amis, d'un agent de change : à la bonne heure au moins.

MADAME DORBEVAL.

Tu le connais?

HERMANCE.

Non; mais un agent de change, c'est tout dire; cela signifie une maison, un équipage, mille écus par mois pour sa toilette; il me tarde tant d'être mariée! ne fût-ce que pour porter des diamans et pour aller aux bals masqués. Mais je suis là à causer et ne pense pas à ma parure de ce soir; cependant nous avons du monde, et beaucoup, que mon cousin vient d'inviter.

MADAME DORBEVAL.

Quelle contrariété! (A madame de Brienne.) J'espérais que nous serions seules; mais tant pis pour toi; tu resteras.

MADAME DE BRIENNE.

Non, non : les voyageuses ont des priviléges, et je les réclame.

MADAME DORBEVAL, a Hermance

Et qui avons-nous? le sais-tu?

HERMANCE.

D'abord M. Poligni, qui nous accompagnait au salon.

MADAME DE BRIENNE, vivement

Poligni! (A madame Dorbeval) Si tu le veux absolument, il faut bien s'immoler pour ses amis.

MADAME DORBEVAL.

Que tu es généreuse! (A Hermance.) Et puis encore?

HERMANCE.

Je ne connais pas tout le monde; mais il y a ce joli cavalier qui, au dernier bal, ne vous a pas quittée de toute la soirée.

MADAME DORBEVAL.

Moi!

HERMANCE.

Oui, ce jeune homme que toutes les dames trouvent si aimable, et les messieurs aussi: le neveu du ministre.

MADAME DORBEVAL, vivement

Monsieur de Nangis... Il vient aujourd'hui?

HERMANCE.

Non, non, je me trompe. Mon tuteur l'a invité, il a hésité, et puis il a fini par refuser.

MADAME DORBEVAL.

Ah! il a refusé.

MADAME DE BRIENNE.

Qu'as-tu donc?

MADAME DORBEVAL.

Rien.

HERMANCE, passant au milieu

Adieu, ma cousine; adieu, madame. Vous n'avez pas de temps à perdre, car la matinée s'avance, et je vous préviens qu'on dîne toujours à sept heures très-précises.

(Elle rentre dans l'appartement de Dorbeval.)

SCÈNE III.

Madame DORBEVAL, madame DE BRIENNE.

MADAME DE BRIENNE, allant à madame Dorbeval qui est restée plongée dans ses réflexions.

Élise!

MADAME DORBEVAL, revenant à elle et affectant un air gai.

Eh bien! tu me disais donc?

MADAME DE BRIENNE.

Moi! je ne te disais rien; mais je m'inquiétais de l'émotion où je te vois.

MADAME DORBEVAL.

De l'émotion! je n'en ai aucune, je t'assure; mais n'aurais-je pas quelque droit de me plaindre de l'esclavage continuel où je suis? N'avoir pas un moment à soi ou à ses amis! recevoir chaque jour des indifférens, des gens que l'on connaît à peine!

MADAME DE BRIENNE.

C'est très fâcheux ; mais je ne sais pourquoi, j'ai idée que ceux qui te contrarient le plus ne sont pas ceux qui viennent : ce sont ceux qui...

MADAME DORBEVAL.

Que dis-tu ?

MADAME DE BRIENNE.

Je désire me tromper ; mais il me semblait que monsieur de Nangis... Allons, décidément il y a des noms malheureux, car voilà que tu rougis encore.

MADAME DORBEVAL.

Je ne sais pourquoi ; car en conscience je n'ai rien à t'apprendre. Ne t'ai-je pas dit que j'espérais pour ton mari une place, une pension ; et monsieur de Nangis, proche parent du ministre, était par son crédit, par sa position à la cour, une protection à ménager ; je n'avais pas d'autre idée, d'autres motifs, je te le jure. Mais bientôt monsieur de Nangis est devenu un protecteur si dévoué, que je n'ose plus rien lui demander. Craignant même que ses assiduités ne finissent par être remarquées, je l'ai prié, autant que possible, d'éviter ma présence ; et tu vois quel pouvoir j'ai sur lui ; tu vois quelle est sa soumission ; aujourd'hui mon mari l'invite, et il s'empresse de refuser...

MADAME DE BRIENNE.

Eh mais ! serais-tu fâchée d'être obéie ?

MADAME DORBEVAL.

Moi ! tu me connais bien mal ! Qu'il vienne ou ne vienne pas, peu m'importe ; tout m'est indifférent. Condamnée à ne rien aimer, je subis mon arrêt, je me résigne à mon sort, à ce sort brillant que chacun envie. S'ils le connaissaient, il leur ferait pitié.

MADAME DE BRIENNE.

Que me dis-tu?

MADAME DORBEVAL.

Est-ce ma faute, cependant? jeune, sans expérience, je voyais tous mes parens enchantés, éblouis : Tu n'as rien, disaient-ils, et il est riche... immensément riche, épouse-le. Eh bien! ils doivent être satisfaits : je suis bien riche et bien malheureuse.

MADAME DE BRIENNE.

Toi! grand Dieu!

MADAME DORBEVAL.

Oui, je l'épousai sans l'aimer; du moins je n'en aimais pas d'autre; et, au premier coup d'œil, l'opulence ressemble tant au bonheur! mais l'espèce d'enivrement qu'elle nous procure est de si courte durée! on s'y habitue si vite! et quand on rentre en soi-même; quand, effrayé du vide et de la solitude qui vous entoure, on cherche un cœur qui puisse répondre au vôtre, et qu'on ne trouve que sécheresse et indifférence; et quand, chaque jour, ce cœur est froissé par le mépris, par l'orgueil, par le souvenir des bienfaits qu'on lui reproche; lorsqu'en un mot on le condamne à la reconnaissance pour l'avoir voué au malheur! ah! c'est acheter bien cher la fortune, et ses trésors ne paieront jamais les larmes qu'elle vous coûte.

MADAME DE BRIENNE.

Pauvre Elise!

ACTE II, SCÈNE IV.

MADAME DORBEVAL.

Et si, plus tard, vous rencontrez dans le monde un ami qui vous devine, qui vous plaigne, qui vous console, celui peut-être que, libre encore, vous auriez choisi, il faut le fuir, l'éviter; sa présence vous est interdite; penser à lui est un crime! Je ne dis pas cela pour moi; car, grâce au ciel, je ne pense à rien, je n'aime rien; mais enfin cela pourrait arriver!

MADAME DE BRIENNE.

Oui... mais je l'espère pour toi, cela n'arrivera pas. Peut-être, après cela, es-tu injuste envers ton mari. Ton indifférence a pu causer la sienne: essaie d'être aimable, pour qu'il le devienne à son tour, et quand même il ne le serait pas...

MADAME DORBEVAL.

Tais-toi ! c'est lui.

SCÈNE IV.

Les précédens; DORBEVAL.

DORBEVAL, entrant du fond en rêvant, et tenant un carnet à la main

La spéculation est superbe; elle est sûre. Si nous avons quelques centimes de hausse... soixante-quinze, vingt-cinq... cela nous fait... (Il écrit sur son carnet.)

MADAME DE BRIENNE, bas à madame Dorbeval.

Est-ce qu'il compose?

MADAME DORBEVAL, de même

Du tout, il revient de la Bourse.

DORBEVAL, toujours à part et tenant son crayon.

Cette loi d'indemnité ouvre un vaste champ aux spéculations; et c'est justement dans ce moment que ce Lajaunais va nous embrouiller notre fin de mois! Si je pouvais arranger cette affaire-là avec celle de Poligni! Oui, il le faut: ce serait un coup de maître...

MADAME DE BRIENNE.

Tâche donc qu'il nous aperçoive! Est-ce que les banquiers ne regardent personne?

MADAME DORBEVAL, à son mari.

Monsieur.

DORBEVAL.

Qu'est-ce encore? Vous voyez que je travaille.

MADAME DORBEVAL.

Cette amie que je vous ai annoncée ce matin, et que je voulais vous présenter...

DORBEVAL, saluant madame de Brienne.

Mille pardons, belle dame! Une amie de ma chère Elise, et mieux encore une femme charmante! Madame nous donne-t-elle quelques jours?

MADAME DORBEVAL.

Oui, sans doute, elle a bien voulu accepter l'appartement que je lui offrais, et j'espère que madame de Brienne...

DORBEVAL, vivement.

Madame de Brienne... Ah! mon Dieu!

MADAME DORBEVAL.

Qu'est-ce donc?

DORBEVAL, de même.

Cette amie d'enfance qui, depuis trois ans, était en pays étranger, en Russie, peut-être.

MADAME DE BRIENNE.

Précisément.

DORBEVAL.

Et son mari, M. de Brienne, un ancien militaire.

MADAME DE BRIENNE.

Je l'ai perdu, Monsieur.

DORBEVAL.

O ciel! vous êtes veuve! (A part) Il ne manquait plus que cela !

MADAME DE BRIENNE.

Je suis bien sensible, monsieur, à l'intérêt que vous daignez prendre...

MADAME DORBEVAL.

D'autant que nous aurons besoin de vos avis; car la mort de monsieur de Brienne la laisse dans une situation...

MADAME DE BRIENNE, lui imposant silence

Elise !

DORBEVAL, avec froideur.

Oui, sans doute... nous verrons... nous en causerons... Moi, j'ai fort peu de protection; je n'aime pas à demander; je ne dis pas cependant que si l'occasion se présente... Voici une nouvelle loi, une loi d'indemnités qui, peut-être, vous concerne, ou, du moins, monsieur de Brienne; c'est à vous de voir cela...

MADAME DE BRIENNE.

Non, monsieur, mon mari était le dernier enfant d'une famille nombreuse; et comme il n'avait rien avant la révolution, comme il n'y a rien perdu, il n'a rien à réclamer.

DORBEVAL.

Qu'importe? on réclame toujours; cela ne coûte rien de se plaindre, et quelquefois ça rapporte... Mais pardon, belle dame, je vous demanderai la permission de vous quitter : des affaires importantes... Il est si difficile d'être aimable quand on a des occupations.

MADAME DE BRIENNE.

Et, monsieur, je le vois, est toujours si occupé! C'est nous qui vous laissons.

(Elles sortent par la porte à droite.)

SCÈNE V.

DORBEVAL, SEUL.

Voilà, par exemple, une visite dont nous nous serions bien passés! Je vous demande à quoi tiennent les grandes conceptions financières? Un plan magnifique que l'arrivée d'une femme peut faire manquer! Non, vraiment; Poligni est trop raisonnable : il ne peut pas hésiter; il ne le doit pas; car, au fait, cela lui est fort avantageux; et puis, ça m'est utile. Ce Lajaunais va manquer, j'en suis sûr. J'ai trop d'habitude du monde et des affaires pour en douter encore! Il vient d'acheter un attelage superbe, des diamans à sa femme; il annonce un grand bal... cette nuit, peut-être il partira pour Bruxelles! On ne peut pas d'avance le faire arrêter; car tout le monde en est là; c'est détruire la confiance, c'est donner un mauvais exemple... D'un autre côté, je ne me soucie pas de perdre les cent mille écus qu'il me doit. Il faut donc en revenir à ma première idée, qui arrange tout, qui concilie tout, et qui assure à la fois mes capitaux, et le bonheur d'un ami. (Apercevant Poligni.) Ah! le voilà!

SCÈNE VI.

DORBEVAL, POLIGNI, ENTRANT DU FOND.

DORBEVAL.

Arrive donc; une affaire admirable que je viens d'apprendre tout à l'heure à la Bourse; mais quoique tu m'eusses donné ta procuration, je n'ai rien voulu faire sans te consulter.

POLIGNI.

A quoi bon? puisque je m'en rapporte à toi.

DORBEVAL.

Cela ne suffit pas; il faut que cela te convienne, et cela te conviendra, j'en suis sûr... Une occasion superbe, qui ne se représentera peut-être pas de long-temps; (A demi-voix) un agent de change qui a fait de mauvaises affaires.

POLIGNI, étonné.

Ah!... Ils en font donc quelquefois de mauvaises?

DORBEVAL.

Oui! quand ils vont trop vite... ce qui est très rare... (A voix basse) C'est Lajaunais.

POLIGNI.

Lajaunais!... Mais il passe pour un des premiers, pour un des plus solides de Paris.

DORBEVAL.

C'est vrai; mais moi, je connais sa situation, je suis son créancier; je lui ai prêté des fonds considérables qu'il lui est impossible de me rembourser, et comme je peux le forcer à vendre, nous aurons peut-être pour cinq ou six cent mille francs une charge qui, dans un autre moment, vaudrait près d'un million.

POLIGNI.

Mais, comme tu le disais, c'est une circonstance admirable, une affaire excellente pour moi.

DORBEVAL.

Mieux que cela, pour nous deux! car je ne te cache pas qu'en t'enrichissant je me rends service.

POLIGNI.

Que dis-tu?

DORBEVAL.

Cela me fait rentrer dans mes fonds, dans une somme de cent mille écus dont la liquidation est au moins incertaine, et que par ce moyen je retiendrai sur le prix de la charge; mais ce n'est là qu'une considération secondaire qui ne doit influer en rien sur ta résolution.

POLIGNI.

Si j'hésitais encore, cela seul me déterminerait; obliger un ami à qui je dois tant!

DORBEVAL.

Non, mon cher, je te le répète, la reconnaissance n'est là qu'un accessoire; le principal, c'est que te voilà agent de change, que tu l'es presque pour rien et dans les circonstances les plus favorables : la nouvelle loi qui vient de passer va donner à la Bourse un essor, une activité inconnue; nous avons des projets auxquels nous t'associons.

POLIGNI.

Il serait possible! ah! je te devrai ma fortune! je vois tous mes rêves réalisés!

DORBEVAL

Es-tu fâché maintenant d'avoir écouté mes conseils, d'avoir renoncé à tes idées romanesques? en as-tu des regrets?

POLIGNI.

Ah! ne me demande rien: je ne veux voir que mon bonheur!

DORBEVAL.

Et surtout t'en rendre digne; et comme je vois que tu y es décidé, je ne crains pas de t'apprendre une nouvelle à laquelle tu ne t'attends pas : c'est qu'il paraît que madame de Brienne est de retour en France.

POLIGNI, avec effroi

Que dis-tu? (Se reprenant) Non, mon ami, rassure-toi : tu te trompes, je l'espère.

DORBEVAL.

Elle est à Paris d'aujourd'hui même; je viens de la voir, de lui parler.

POLIGNI.

O ciel! est-il une situation pareille à la mienne! j'y étais résolu, j'avais fait mes réflexions ou plutôt j'avais eu le bonheur de les oublier toutes : par quelle fatalité faut-il qu'elle revienne aujourd'hui pour me rendre mes remords, pour empoisonner ma joie, pour bouleverser toutes mes idées! Cette femme est née pour mon malheur!

DORBEVAL.

Si au moins le mariage était déjà fait.

POLIGNI.

Ce serait pire encore! mais du moins ce serait irrévocable.

DORBEVAL.

Eh bien! alors que t'importe sa présence, puisque tu es décidé, puisque tu l'es depuis ce matin et fort heureusement pour toi, car si tu n'avais pas pris avant son retour un parti ferme et courageux, vois, mon cher, où tu en serais maintenant; vois dans quelle situation fausse tu te trouverais. Je viens d'apprendre tout à l'heure qu'elle était libre.

POLIGNI.

Grand Dieu! que m'as-tu dit?

DORBEVAL.

Oui, mon ami, elle a perdu son mari qui ne lui a rien laissé que des dettes ou des affaires fort embrouillées, car elle m'a prié de demander, de solliciter pour elle. Et toi qui n'es guère plus riche....

POLIGNI.

Madame de Brienne est sans fortune, et c'est dans un pareil moment que je pourrais l'abandonner!

DORBEVAL.

Me préserve le ciel de te donner un tel conseil! c'est au contraire pour la protéger, pour l'aider de ton crédit que je veux que tu t'enrichisses, et dès que son bonheur est ton unique but, qu'importent les moyens? En attendant, je cours chez Lajaunais; j'ai ta procuration, et tout ce que je te demande, c'est de laisser faire ta fortune et de ne pas te ruiner toi-même. Tiens, voici madame de Brienne.... elle vient de ce côté.

POLIGNI, tremblant

O mon Dieu!

DORBEVAL.

Allons, du caractère! si tu hésites, c'est que tu ne l'aimes pas.

POLIGNI, prenant sa resolution.

Oui.... oui. Je sens comme toi qu'il le faut, et tu seras content de moi.

(Dorbeval sort par la porte du fond)

SCÈNE VII.

POLIGNI, MADAME DE BRIENNE, *entrant par la porte de droite.*

POLIGNI, a part

Ah! je n'ose la regarder!

MADAME DE BRIENNE, a la cantonnade

Ne t'occupe pas de moi : liberté entière! Je vais me retirer dans mon appartement. (Se retournant et apercevant Poligni.) Ah! qu'ai-je vu? c'est lui! (Faisant quelques pas a sa rencontre) Poligni! (Poligni la salue respectueusement et sans oser lui repondre.) Quoi! vous n'êtes pas étonné de mon arrivée?

POLIGNI, froidement

Je venais de l'apprendre, madame, et croyez que de tous vos amis aucun n'a pris plus de part que moi à votre heureux retour.

MADAME DE BRIENNE.

J'en suis persuadée; mais d'où vient votre émotion? d'où vient que vos yeux semblent éviter les miens? Ah! je le vois, vous ignorez encore... Poligni, cette réserve que l'honneur vous imposait, cette froideur, ce respect dont j'ai tant de fois gémi, et dont je vous remerciais, eh bien! maintenant.... je ne sais comment vous l'apprendre; mais je suis près de vous, je vous regarde, je vous parle, non sans trouble, mais du moins sans remords.... ah! ne m'entendez-vous pas?

POLIGNI, à part

Grand Dieu!

MADAME DE BRIENNE.

Oui! mon sort, mon existence, tout est changé.... mon cœur seul ne l'est pas.

POLIGNI.

Quoi! vous m'aimez encore?

MADAME DE BRIENNE.

Pas plus qu'autrefois; mais aujourd'hui du moins je puis vous le dire.

POLIGNI, avec tendresse

Amelie!.... (A part) et c'est dans un pareil moment que je pourrais....

MADAME DE BRIENNE, le regardant

Eh mais! qu'avez-vous?

POLIGNI.

Ah! vous ne pouvez le savoir; je ne puis, je n'ose vous apprendre ce qui se passe en moi, ni quelles idées viennent troubler mon bonheur.... non que je sois sans reproches.... mais vous-même, madame....

MADAME DE BRIENNE.

En auriez-vous à m'adresser?

POLIGNI, vivement

Oui.... oui, sans doute!

MADAME DE BRIENNE.

Tant mieux! il me sera si aisé de me justifier, de vous rendre le calme, le bonheur. Parlez vite, dépêchez-vous de m'accuser, car il doit vous tarder de m'absoudre. Eh bien! mon ami... eh bien! mon juge, voyons, qu'ai-je fait? de quoi suis-je coupable?

POLIGNI.

Vous me le demandez.... quand, depuis trois ans séparés l'un de l'autre, pas une lettre n'est venue me consoler ni ranimer mon courage! Ah! qui sait si un mot de vous, si la vue seule de votre écriture n'eût pas dissipé, n'eût pas chassé loin de moi ces idées qui font aujourd'hui mon malheur.

MADAME DE BRIENNE.

Poligni, j'étais mariée; vous écrire eût été manquer à mes devoirs. Cette conduite que vous blâmez aujourd'hui, vous m'en remercierez un jour, en m'estimant davantage. (En riant.) D'ailleurs, êtes-vous de ces gens défians et soupçonneux à qui il faut toujours des écrits? Que vous aurait appris cette lettre? que je vous aimais.... Eh bien! monsieur, je vous le dis : ma parole vaut bien ma signature.

POLIGNI fait un geste pour se jeter a ses pieds, il s'arrête, et reprend froidement.

Maintenant, oui, sans doute ; mais convenez qu'alors d'autres soins, d'autres hommages....

MADAME DE BRIENNE, le regardant en souriant

Eh mais ! voilà un défaut que je ne vous connaissais pas ! Seriez-vous jaloux, par hasard ?

POLIGNI.

Moi !

MADAME DE BRIENNE.

Ah ! ne vous en défendez pas ; j'aime tous vos défauts pour que vous aimiez les miens. Mais calmez-vous : pendant ces trois années, je vous le jure, pas la moindre coquetterie, pas une seule déclaration. C'est comme je vous le dis ! cela même m'effrayait.... pour vous, et je craignais.... Dans ce moment seulement vos yeux me rassurent un peu, et puisque vous vous taisez, puisque vous ne m'accusez plus, c'est à moi de le faire, c'est à moi de vous apprendre tous mes torts. Oui, monsieur, lorsque tout devait nous séparer, le temps, la distance, et plus encore, le devoir..... eh bien ! je ne vous ai pas quitté d'un moment : partout mes souvenirs vous suivaient. Ces lettres mêmes que vous réclamiez, je ne suis pas bien sûre de ne pas les avoir écrites.... (Vivement) mais vous ne les verrez jamais ! Et quand il était question de ma patrie, quand mon mari lui-même me parlait de la France, c'était à vous que je

ACTE II, SCÈNE VII.

pensais. N'était-ce pas bien mal? n'était-ce pas horrible? Voilà, monsieur, voilà des torts véritables, et ceux-là cependant vous ne me les reprochez pas!

POLIGNI.

Ah! je n'en ai plus la force, je n'en ai plus le courage! C'est à moi maintenant à me justifier à vos yeux. Oui, je vous aime, et plus que jamais.

MADAME DE BRIENNE.

A la bonne heure au moins! Pas un mot de plus... celui-là suffit; tout est pardonné....

POLIGNI.

Ah! tant de vertus, tant d'amour, méritaient un meilleur sort, et si vous saviez celui que je peux vous offrir! Il est si peu digne de vous! Voilà la cause de mes tourmens, voilà ce qui me rend le plus malheureux des hommes.

MADAME DE BRIENNE, souriant.

Il serait possible! Un autre défaut encore : vous avez de l'ambition.

POLIGNI.

Oui, j'avais celle de vous rendre heureuse; il est si doux d'enrichir ce qu'on aime! Mais vous voir éclipsée par des femmes orgueilleuses, qui sont si loin de vous, et qui ne vous valent pas! c'est la ce qui me froisse et m'humilie. Mon bonheur eût été de prévenir tous vos vœux, de voler au-devant de vos moindres désirs; au lieu de cela, lorsque je verrai vos yeux attachés sur quelques brillantes parures, je serai donc obligé de vous dire: ne les regardez pas; je ne puis vous les donner.

MADAME DE BRIENNE.

Eh bien! mon ami, je ne les regarderai pas; je ne regarderai que vous. Ces parures, dont vous me parlez, certainement je les aimerais assez, c'est si naturel! quelle est la femme qui n'y tient pas un peu? Moi, j'y tiendrais pour vous plaire, et si je vous plais sans cela, qu'aurais-je à regretter? Quand nous verrons passer des femmes élégantes dans un riche équipage, je serai modestement à pied, il est vrai, mais j'y serai près de vous, je m'appuierai sur votre bras; et si elles pouvaient lire dans mon cœur, ce seraient elles peut-être qui me porteraient envie.

POLIGNI.

Chère Amélie!

MADAME DE BRIENNE.

Quand on s'aime, les privations coûtent si peu! elles deviennent des plaisirs; et si vous n'avez pas d'autres tourmens, j'espère vous prouver que votre chagrin n'a pas le sens commun. Monsieur de Brienne m'a bien laissé par testament tout ce qu'il pouvait posséder; mais la succession réglée, il ne reste rien que ma dot; trois ou quatre mille livres de rentes en fonds de terre, voilà ma fortune. Et la vôtre?

POLIGNI.

Hélas! à peu près sept ou huit mille francs sur l'État.

MADAME DE BRIENNE.

Vraiment! nous aurons douze mille francs de rentes! mais nous sommes millionnaires, ou peu s'en faut.

ACTE II, SCÈNE VII.

POLIGNI.

Vous trouvez ; c'est bien peu cependant.

MADAME DE BRIENNE.

Et que vous faut-il de plus ? que nous manquera-t-il ? A Paris, nous serions peut-être un peu ignorés, et vous avez de l'ambition, vous tenez à paraître ; mais en province nous serons riches, nous serons considérés, nous serons même les premiers de l'endroit : cela dépendra de celui que nous choisirons.

POLIGNI.

Quoi ! vous voudriez....

MADAME DE BRIENNE.

Oui, monsieur ; quoi qu'en ait dit un auteur fort spirituel, il existe encore dans les petites villes des sociétés très-aimables, des gens instruits, des gens de mérite ; il y a de l'esprit en province : maintenant il y en a partout, et là comme ailleurs on trouve le bonheur quand on le porte avec soi. Il nous y suivra ; car l'unique soin de ma vie sera d'embellir la vôtre, d'éloigner de vous les chagrins. J'ai été bonne avec un vieux mari que je n'aimais pas, jugez donc avec vous ! combien votre bonheur me sera facile ! je n'y aurai pas de mérite. Ainsi, monsieur, un intérieur agréable, de bons amis, une bonne femme qui vous aime, voilà ce qu'on n'a pas souvent avec cent mille francs de rentes, et voilà ce que vous aurez ! Êtes-vous pauvre maintenant ?

POLIGNI.

Non, je suis le plus riche, et le plus heureux des hommes. Vous l'emportez, vous triomphez de toutes mes résolutions ; avec vous, la pauvreté, le malheur ne peuvent exister !

MADAME DE BRIENNE.

C'est ce que je me dis toujours quand je pense à vous : et puis enfin, nous ne devons rien, et quand on ne doit rien....

SCÈNE VIII.

Les précédens, DUBOIS ; *il entre du fond.*

DUBOIS, remettant une lettre a Poligni

De la part de monsieur Dorbeval.

POLIGNI.

Qu'est-ce donc ? (A madame de Brienne) Vous permettez ? (Lisant.) « J'espère que ma lettre te trouvera en-« core chez moi. Victoire ! mon ami, la charge est « achetée en ton nom, et presque pour rien ! » O ciel !.... (Continuant.) « Nous avons terminé et signé à « six cent mille francs. » Six cent mille francs !....

MADAME DE BRIENNE.

Qu'avez-vous ?

POLIGNI.

Rien, je vous jure !

MADAME DE BRIENNE.

Que vous apprend cette lettre ?

POLIGNI.

Ce n'est pas moi qu'elle concerne, mais un ami

qui est dans la peine, dans l'embarras.... et je voulais....

MADAME DE BRIENNE.

Il faut y courir !

POLIGNI.

Mais vous quitter aussi vite !....

MADAME DE BRIENNE.

Tantôt nous nous reverrons ; car, ainsi que vous, je dîne ici, et je vais tâcher de vous paraître jolie. Oui, monsieur, je renonce à être coquette avec tout le monde, mais non pas avec vous !

(Elle sort par la première porte à gauche.)

SCÈNE IX.

POLIGNI, *seul*.

Six cent mille francs ! une dette aussi énorme, que ne paierait point le travail de ma vie entière ! et ne pouvoir m'acquitter qu'en renonçant à Amélie ! Jamais ! à quelque prix que ce soit je veux rompre ce marché ; allons trouver Dorbeval.

SCÈNE X.

POLIGNI, OLIVIER, *venant du fond.*

OLIVIER, s'arrêtant.

Où vas-tu donc? laisse-moi te faire mon compliment.

POLIGNI.

A moi.

OLIVIER.

Oui ; je quitte à l'instant Dorbeval.

POLIGNI.

Où est-il? où l'as-tu laissé?

OLIVIER.

Dans son cabriolet. Il est maintenant bien loin, et ne reviendra pas avant deux ou trois heures.

POLIGNI.

O ciel! attendre jusque là !

OLIVIER.

Peut-être davantage. Il court chez tous les banquiers de Paris pour une opération de trois pour cent où je n'ai rien compris, et dans laquelle il veut te mettre pour commencer ta fortune ; car il m'a tout raconté ; je sais ta nouvelle dignité, et je suis tout fier de pouvoir tutoyer un agent de change. Mais c'est un autre sujet qui m'amène, un motif bien plus important.

POLIGNI.

Qu'est-ce donc ? comme tu es ému !

OLIVIER.

Est-il vrai, comme me l'a assuré Dorbeval, que madame de Brienne soit de retour à Paris, et qu'elle soit ici, dans cet hôtel ?

POLIGNI.

Oui, sans doute.

OLIVIER.

J'osais à peine y croire. Elle est libre ?

POLIGNI.

Certainement.

OLIVIER.

Ah ! mon ami, je suis le plus heureux des hommes !

POLIGNI.

O ciel ! tu l'aimerais !

OLIVIER.

Depuis cinq ans je ne fais pas autre chose.

POLIGNI.

Et tu ne m'en avais rien dit.

OLIVIER.

Ni à elle non plus ; j'aurais voulu me le cacher à moi-même.... La femme de mon bienfaiteur, de celui à qui je devais tout !.... Mais aujourd'hui elle est libre, je peux parler ; malheureusement je n'ose pas, je n'oserai jamais si tu ne m'aides un peu.

POLIGNI.

Moi ?

OLIVIER.

Oui ; j'avais compté sur toi. Je sais que vous avez été élevés ensemble, que tu as son estime, sa confiance ; et si tu veux parler pour moi.... Mon ami, je t'en prie, rends-moi ce service.

POLIGNI, a part

Il ne me manquait plus que ce malheur-là !.... Et Dorbeval qui ne revient pas, qui me fait mourir.... Mais pourquoi l'attendre.... Si j'allais moi-même chez ce Lajaunais... Oui, c'est avec lui que j'ai traité, c'est avec lui que je peux rompre.

OLIVIER.

Eh bien ! tu te consultes, tu ne me réponds pas.

POLIGNI.

Eh morbleu ! pourquoi ne parles-tu pas toi-même? qui t'en empêche ? ce n'est pas moi.... Mais, pardon, tu as tes affaires, j'ai les miennes, et je n'ai pas de temps à perdre. Adieu.

(Il sort par le fond)

SCÈNE XI.

OLIVIER seul.

Comment ! depuis qu'il a fait fortune, il n'a pas le temps d'être mon ami ! Voyez un peu comme les dignités changent les hommes ! Allons, allons, quoi qu'il m'en coûte, je ferai désormais mes affaires moi-même.

(Il sort par la seconde porte à gauche du spectateur, appartement de Dorbeval)

FIN DU SECOND ACTE

ACTE TROISIÈME.

SCÈNE PREMIÈRE.

MADAME DE BRIENNE, *sortant de l'appartement à gauche,* puis OLIVIER, *entrant par la porte du fond.*

MADAME DE BRIENNE, tenant à la main une carte de visite

Serait-il déjà parti ? Comment, Olivier, c'est vous qui me faites une visite de cérémonie, une visite par carte ?

OLIVIER.

Pardon, madame, je savais bien que vous y étiez, car je sors de chez madame Dorbeval, qui a eu la bonté de m'engager à dîner. Mais de crainte de vous déranger, j'aimais mieux attendre à ce soir.

MADAME DE BRIENNE.

Un ami est-il jamais importun ?

OLIVIER.

Non, sans doute. Mais vous donner à peine le temps d'arriver, se présenter ainsi à l'improviste....

MADAME DE BRIENNE.

Nullement, je vous attendais. (Souriant, et d'un air de reproche.) Je trouve même que vous venez bien tard.

OLIVIER.

A ce mot là seul je vous reconnais, vous êtes toujours la même. Non, non, je me trompe, vous êtes bien mieux encore, et je sens renaître ma confiance; car vous ne vous douteriez pas qu'en venant ici le cœur me battait, et qu'arrivé à votre porte je désirais presque que vous fussiez sortie.

MADAME DE BRIENNE, vivement

Et pourquoi?

OLIVIER.

La crainte que vous ne fussiez changée pour nous... trois années d'absence, c'est terrible! et puis (Hésitant) ma visite n'était pas tout-à-fait désintéressée, j'avais quelque chose à vous demander.

MADAME DE BRIENNE.

Je pourrais vous être utile! ah! combien je vous remercie! je ne croyais pas qu'un pareil plaisir me fût réservé; car déjà j'ai entendu parler de vos succès.

OLIVIER.

Il serait vrai!....

MADAME DE BRIENNE.

En arrivant ici, votre nom est le premier qui ait frappé mon oreille; et jugez de mon bonheur, moi, une étrangère! j'étais toute fière de connaître un homme célèbre, je me suis hâtée de le dire, car votre gloire appartient à vos amis, et il est naturel qu'ils s'en vantent.

OLIVIER.

Ah! s'il est vrai que j'aie quelques talens, si quelques succès ont couronné mes efforts, vous savez à qui je les dois. Orphelin et sans ressources, je serais mort de misère et de faim, ou, traînant une pénible existence, je serais maintenant un artisan, un soldat ignoré, si monsieur de Brienne n'avait daigné me recueillir et me protéger. Ah! que n'a-t-il pu jouir de ses bienfaits! que n'a-t-il été le témoin de mes premiers triomphes! Vous veniez de quitter notre patrie, et je me rappelle encore ce jour solennel, cet asile des arts, où siégeaient tous les talens dont s'honore la France, où la récompense du mérite est décernée par le mérite lui-même. Hélas! dans cette nombreuse et brillante assemblée je cherchais monsieur de Brienne, je vous cherchais, madame, et quand mon nom fut proclamé, quand ce prix de peinture, ce premier prix me fut accordé, nul regard ne cherchait les miens pour me féliciter ; nulle sœur, nulle amie n'était là pour partager mon triomphe ou comprendre mon bonheur. Comme étranger, comme abandonné au milieu de la foule, je rentrai chez moi la mort dans l'ame, et triste de ma joie solitaire, je cachai en pleurant cette couronne que je venais d'obtenir, et que je réservais à mon bienfaiteur. Ah! je ne croyais pas alors devoir la déposer sur sa tombe. Mais pardon de renouveler vos douleurs, de vous rappeler de pareils souvenirs!

MADAME DE BRIENNE.

Ah! ne le craignez pas; mon cœur se les retrace souvent. Mais en me parlant de monsieur de Brienne et des services qu'il vous rendit, je vous reprocherai d'oublier celui que vous attendez de moi.

OLIVIER.

Oui! madame, oui, vous avez raison; mais c'est qu'au moment de vous en parler, cela devient plus difficile que jamais, et j'aimerais mieux remettre cette conversation à un autre instant.

MADAME DE BRIENNE.

Comme vous voudrez, si rien ne presse.

OLIVIER.

Au contraire, madame, c'est très-pressé; car le sujet dont je voulais vous entretenir, à coup sûr bien d'autres vous en parleront; et d'être le premier en date, c'est toujours un titre.... pour moi, surtout, qui n'en ai pas d'autre.

MADAME DE BRIENNE.

Mon ami, je ne vous comprends pas.

OLIVIER.

Je le crois bien, car je ne suis pas bien sûr de me comprendre moi-même. Aussi, promettez-moi de l'indulgence.

MADAME DE BRIENNE.

Eh! mon dieu! vous tremblez!

OLIVIER.

C'est vrai; et si je m'en souviens bien, tel fut le premier effet que produisit sur moi votre présence. Vous rappelez-vous ce jour où, quelque temps après son mariage, monsieur de Brienne nous présenta à sa jeune compagne. Jusque-là, étranger au monde et à ses usages, j'avais fui la société des femmes; mon caractère âpre et sauvage ne pouvait s'accommoder de ces soins empressés et futiles que je croyais indispen-

ACTE III, SCÈNE I.

sables pour leur plaire, et d'avance votre aspect m'effrayait. Quel fut mon étonnement de trouver en vous la simplicité unie à la franchise, ce charme inconnu qui inspire et promet l'amitié. Aussi, quand vous réclamiez pour vous celle que je portais à monsieur de Brienne, vous la possédiez déjà ainsi que lui. Ah! bien mieux encore! Ses vertus commandaient ma confiance; votre vue seule attirait la mienne. Mes idées, mes projets, je les lui disais parfois : à vous, jamais; vous les saviez avant moi, vous les aviez devinés. Je pouvais causer avec lui, je pensais avec vous. Et si vous vous rappelez quelles sombres idées flétrissaient alors mon ame, honteux de ma misère et de ma naissance, je croyais que le monde devait à jamais me repousser de son sein ; c'est vous qui m'avez rendu le courage et la fierté ; c'est vous qui m'avez dit : « Tous « les chemins aujourd'hui sont ouverts aux talens; « l'estime publique qui les honore, qui les ennoblit, « regarde où ils sont arrivés, et ne s'informe pas d'où « ils sont partis. » Vous m'avez montré alors l'honneur, la fortune, la gloire qui m'attendaient. Ah! si vous saviez en vous écoutant quelle noble ardeur embrasait mon ame, quel feu divin circulait dans tout mon être! Impatient de l'avenir, ces succès, ces honneurs, ces palmes que vous me promettiez, je les rêvais d'avance, non pour un monde qui m'était indifférent, mais pour les apporter à vos pieds, pour les offrir à celle que j'adorais!

MADAME DE BRIENNE.

O ciel!

OLIVIER.

Oui, voilà mon secret, voilà ma vie.

MADAME DE BRIENNE.

Olivier!....

OLIVIER.

Ah! ne me répondez pas encore; ne me condamnez pas au silence, laissez-moi un instant de bonheur; laissez-moi vous parler d'un amour que votre vue seule a fait naître. Depuis ce jour fatal, dévorant mes chagrins, vous savez si la femme de mon bienfaiteur me fut sacrée! Commandant à ma bouche, à mes regards, l'instant où vous auriez soupçonné mon amour aurait été le dernier de ma vie; mais quels tourmens, quel supplice continuel! quelle contrainte affreuse! A votre départ au moins je fus libre.... d'être malheureux! Je pouvais sans crainte m'occuper de vous; vous étiez sans cesse présente à mes yeux, et dans ce jour encore, je vous dois le plus doux des triomphes. A mon dernier ouvrage, je rêvais une beauté noble et touchante, une grace enchanteresse, idéale; je croyais créer, je copiais! Vos traits venaient d'eux-mêmes se placer sous mes pinceaux, et tout à l'heure au salon, j'ai vu la foule arrêtée devant mon tableau : Quelle tête admirable! disaient-ils, que c'est beau! que c'est sublime!.... Et moi je disais : Ah! que c'est ressemblant!..... De riches étrangers m'entouraient, m'en offraient des trésors : leur vendre mon tableau, mon bien, mon bonheur! Dussent-ils le couvrir d'or, jamais! Mais du moins mes rêves sont réalisés; ce peu de gloire et d'honneur que je désirais, je l'ai obtenu, et je viens vous l'offrir. (Avec passion.) Mon guide, mon appui, mon ange tutélaire, seul arbitre de ma vie, prononcez maintenant !

MADAME DE BRIENNE.

Olivier ! ce n'est pas avec un cœur tel que le vôtre que je puis feindre plus long-temps. Je vous dois ma confiance, toute mon amitié, et je vous crois même assez généreux pour me pardonner le chagrin que je vais vous faire.

OLIVIER.

O ciel !

MADAME DE BRIENNE.

Ah ! j'en souffre autant que vous, car je vous plains, mon ami, je vous aime autant qu'une amie peut aimer ; ce n'est pas ma faute si je ne puis vous donner davantage !

OLIVIER.

Que dites-vous ?

MADAME DE BRIENNE.

Que ce cœur qui vous estime et vous admire... d'aujourd'hui, je vous le jure, serait à vous si déjà il n'était à un autre.

OLIVIER.

Que viens-je d'entendre ? un rival ? et quel est-il ? quel est son nom ? qu'a-t-il fait pour mériter un si grand bonheur ?

MADAME DE BRIENNE.

Au nom du ciel ! calmez-vous.

OLIVIER.

Qu'il en soit plus digne que moi, je le veux ! mais

ce bien qu'il m'enlève, il ne l'achètera du moins qu'au prix de son sang ou du mien!

MADAME DE BRIENNE.

Qu'allez-vous faire? c'est le compagnon, l'ami de votre enfance... C'est Poligni.

OLIVIER.

Grand Dieu! mon malheur me vient donc de tous ceux que j'aime! Vous m'avez porté le coup de la mort, mais vous n'entendrez de moi ni plaintes, ni reproches: Adieu madame.

MADAME DE BRIENNE.

Olivier, vous me quittez?

OLIVIER revient, s'approche d'elle, et après un moment de silence, lui dit douloureusement

Vous l'aimez donc?

MADAME DE BRIENNE.

Hélas oui!

OLIVIER.

Et beaucoup!

MADAME DE BRIENNE.

Plus que je ne peux dire, puisqu'un tel sentiment a pu résister à tant d'amour; mais je l'aimais avant de vous connaître. Comme vous nous fûmes bien à plaindre, comme vous nous avons souffert. Vous saurez tout; je ne veux plus avoir de secret pour vous. Mais, mon ami, mon meilleur ami, dites que vous ne m'en voulez pas, ou je serai bien malheureuse!

OLIVIER.

Vous, malheureuse! jamais! Moi, c'est différent:

c'est mon sort; grace à vous je suis habitué à souffrir. J'y suis fait; cela ne me coûtera rien.

MADAME DE BRIENNE.

N'est-il donc plus de bonheur pour vous? Quelle femme ne serait glorieuse de partager votre sort?

OLIVIER.

Non, ce serait la tromper; car je ne puis aimer que vous, jamais nulle autre que vous. Mais ne craignez rien : je m'éloignerai, je me tairai comme autrefois.

MADAME DE BRIENNE.

Ne vous verrai-je donc plus?

OLIVIER.

Qu'avez-vous besoin de moi? vous êtes heureuse. Mais si jamais les chagrins pouvaient vous atteindre, alors je reviendrai. Jusque-là adieu!

(Il sort par le fond)

SCÈNE II.

MADAME DE BRIENNE *seule*.

Ah! que je le plains! car celui-ci aimait réellement.

SCÈNE III.

MADAME DE BRIENNE, MADAME DORBEVAL,
arrivant vivement du grand salon

MADAME DE BRIENNE.

Eh mais! c'est Élise!

MADAME DORBEVAL, fort agitée.

Ah! te voilà! je te cherchais.... Viens à mon aide, viens à mon secours!

MADAME DE BRIENNE.

Qu'as-tu donc?

MADAME DORBEVAL.

J'ai besoin de ton appui, de tes conseils, ou c'est fait de moi. Tout à l'heure Cécile, ma femme de chambre, vient de me donner cette lettre.

MADAME DE BRIENNE.

Et de qui?

MADAME DORBEVAL.

Ne le devines-tu pas, au trouble où je suis?

MADAME DE BRIENNE.

De monsieur de Nangis?

MADAME DORBEVAL.

Oui, il est au désespoir, il veut mourir.

MADAME DE BRIENNE.

Calme-toi. Il me semble qu'il te doit être indifférent!

ACTE III, SCÈNE III.

MADAME DORBEVAL.

Et s'il ne l'était pas?

MADAME DE BRIENNE.

Que dis-tu, malheureuse!

MADAME DORBEVAL.

Ah! ne me trahis pas! (A voix basse et regardant autour d'elle.) Eh bien! oui; j'ai voulu le fuir, je l'ai banni de ma présence; je peux tout supporter, hormis sa douleur et son désespoir. Tiens, lis toi-même.

MADAME DE BRIENNE, prenant la lettre et lisant.

« La plus aimée, la plus adorée des femmes. » (S'interrompant.) Ah! je n'ai pas besoin d'achever, je comprends tes tourmens, car je les ai éprouvés.

MADAME DORBEVAL.

Ah! que tu devais souffrir!

MADAME DE BRIENNE, lui prenant la main, et la regardant un instant en silence.

Oui, tu es bien malheureuse, je le vois, mais tu le serais bien plus encore, si tu étais coupable. Le malheur réel, c'est l'oubli de ses devoirs.... Me préserve le ciel de m'ériger ici en moraliste, moi, ton amie, moi, qui suis femme et faible comme toi; d'autres s'armeront des maximes les plus sévères; je te parle, moi, de ton intérêt, de ton repos, de ton bonheur.

MADAME DORBEVAL.

Mais ce sacrifice que tu me demandes, ce n'est pas moi seule qui dois en souffrir. Lis seulement les dernières lignes, elles te concernent.

MADAME DE BRIENNE.

Oui, ici, au bas de la quatrième page. (Lisant.) « J'ap-

« prends l'arrivée de madame de Brienne, de cette
« amie qui vous est si chère; je sais dans ce moment
« les moyens de lui être utile; mais pour cela il faut
« que je vous parle à vous seule. Il y va de son sort,
« de sa fortune. »

MADAME DORBEVAL.

Eh bien ?

MADAME DE BRIENNE, souriant.

Si j'avais pu hésiter, voilà qui me déciderait sur-le-champ.

MADAME DORBEVAL.

Que dis-tu ?

MADAME DE BRIENNE.

Ecoute-moi, Élise; je connais monsieur de Nangis.

MADAME DORBEVAL.

Toi ?

MADAME DE BRIENNE.

Fort peu, il est vrai. Lors de la dernière ambassade, il vint à Saint-Pétersbourg, et je le rencontrai souvent dans le monde, où il obtenait des succès nombreux; car on le dit fort aimable, fort séduisant, et surtout n'aimant jamais qu'avec passion.

MADAME DORBEVAL.

Monsieur de Nangis !

MADAME DE BRIENNE.

C'est son système, et le meilleur pour réussir. Cet amant que vous apercevez à peine dans le monde n'a que le temps d'être aimable et de séduire; il ne se montre jamais que sous son beau côté; tandis que les maris que nous voyons toute la journée se montrent franchement tels qu'ils sont, distraits, ennuyés, de mauvaise humeur; ils ne dissimulent rien. Juge alors ce qu'ils gagnent à la comparaison! mais ces rivaux qu'on leur préfère, ces rivaux si passionnés, n'ont pas plus tôt usurpé les droits du mari, qu'ils en prennent les manières; tant qu'on refuse de les écouter, ils sont furieux, désespérés, (Montrant la lettre qu'elle tient.) ils écrivent quatre pages, ils sont prêts à mourir! Ils meurent, ma chère! Plus tard, calmes, tranquilles, indifférens, ils ne savent plus écrire, et se portent à merveille. Tous les hommes en sont là, et monsieur de Nangis sera comme eux.

MADAME DORBEVAL.

Tu pourrais supposer....

MADAME DE BRIENNE.

Je veux croire qu'il est de bonne foi; mais en t'aimant, il ne songe qu'à lui et aux intérêts de son amour; peu lui importe ton bonheur ou ta réputation! Cette lettre qu'il t'envoie ainsi ne pouvait-elle pas t'exposer?

MADAME DORBEVAL.

Non : point d'adresse ni de signature.

MADAME DE BRIENNE.

Mais Cécile, à qui il s'est confié, possède son secret, peut-être le tien : un pas de plus, et tu es compromise aux yeux du monde, tu exposes un bien qui ne t'appartient pas. Tu as des enfans, une fille, et ta réputation est la dot de ta fille.

MADAME DORBEVAL.

Grand Dieu ! (Froidement et revenant à elle.) Que me demandes-tu ? que veux-tu que je fasse ?

MADAME DE BRIENNE.

Que tu n'accordes point ce rendez-vous ; que tu renonces à monsieur de Nangis. Voilà ce qu'il faut lui écrire.

MADAME DORBEVAL.

O ciel ! une pareille réponse !

(Dans ce moment entre Dorbeval par la porte du fond.)

MADAME DE BRIENNE.

Ici même et à l'instant. Tiens, voici sa lettre.

MADAME DORBEVAL.

Tu le veux ; mais comment faire, mais que lui dire ? Ah ! que j'aurais besoin de conseils !

SCÈNE IV.

Les précédens, DORBEVAL.

DORBEVAL, entrant vivement.

Un conseil, madame, me voilà ! je suis à vos ordres !

MADAME DORBEVAL.

Dieu ! mon mari !

DORBEVAL.

Eh mais ! qu'avez-vous donc toutes deux ? et d'où vient cet effroi ? cette lettre en serait-elle cause ?

(Il prend la lettre que sa femme tient encore à la main.)

ACTE III, SCÈNE IV.

MADAME DORBEVAL, doucement

Monsieur.... de grace !

DORBEVAL.

Non pas ! c'est dans les affaires importantes que vous devez me consulter.

MADAME DORBEVAL, a part

Oh ! mon Dieu ! elle avait raison : le châtiment ne s'est pas fait attendre !

DORBEVAL, qui a deployé la lettre.

Voyons un peu.... (Lisant) « La plus aimée, la plus adorée des femmes.... »

MADAME DORBEVAL.

Monsieur, n'achevez pas !

DORBEVAL.

Et pourquoi donc, madame ? (Lisant) « Depuis trop « long-temps je suis séparé de vous ! je ne puis vivre « ainsi.... »

MADAME DE BRIENNE, s'élançant vers lui.

Arrêtez, et n'allez pas plus loin, monsieur : ce billet est pour moi.

MADAME DORBEVAL.

O ciel !

MADAME DE BRIENNE.

Vous avez mon secret, (Montrant madame Dorbeval) un secret que l'amitié seule devait connaître, mais je vous crois trop discret et trop galant homme....

DORBEVAL, reployant la lettre et la lui rendant

Pardon, pardon, madame.

MADAME DE BRIENNE, hesitant.

Cette lettre est de quelqu'un qui m'est fort indifférent, et à qui, certainement, je n'accorde aucune préférence.

DORBEVAL.

Je n'en doute pas.

MADAME DE BRIENNE.

Je ne pouvais l'empêcher de m'écrire ; mais je puis au moins me dispenser de lui répondre ; et quand vous êtes entré, je priais votre femme, qui est mon amie, qui possède tous mes secrets, je la priais de vouloir bien se charger de ce soin. (Passant près de madame Dorbeval) Oui, chère Élise, je t'en supplie : rends-moi ce service, ôte-lui tout espoir ; tu vois déjà les craintes, les inquiétudes que je prévoyais. On peut se trouver compromise.....

DORBEVAL, d'un ton de reproche

Ah ! madame !

MADAME DE BRIENNE.

Pas aujourd'hui, mais une autre fois, peut-être, je pourrais ne pas si bien rencontrer ou n'être pas aussi heureuse. (A madame Dorbeval) Qu'il n'en soit plus question ! Je compte sur toi. (Lui serrant la main) Je te recommande le repos et le bonheur d'une amie.

(Elle salue Dorbeval et sort par la porte à droite)

SCÈNE V.

DORBEVAL, MADAME DORBEVAL.

DORBEVAL, riant

L'aventure est impayable, et je n'en reviens pas ; ni toi non plus, car tu en es encore toute surprise. Mon amie, maintenant que nous sommes seuls, dis-moi donc la fin de la lettre.

MADAME DORBEVAL, vivement

Y pensez-vous ?

DORBEVAL.

Puisque je suis du secret, il n'y a pas de danger ; c'est pour voir seulement si j'ai rencontré juste : rien qu'à l'écriture j'ai cru deviner....

MADAME DORBEVAL, avec trouble

Quoi donc ?

DORBEVAL.

Ce n'était pas bien difficile : un instant auparavant je venais de recevoir un petit mot de monsieur de Nangis....

MADAME DORBEVAL.

O ciel !

DORBEVAL.

Qui, désolé de ne pas dîner avec nous, m'annonçait qu'il viendrait passer la soirée. Et moi qui lui savais gré de son empressement ! moi qui croyais qu'il venait pour moi ! Comme quelquefois nous sommes dupes! Et cette madame de Brienne, une femme aussi exemplaire, aussi prude!

MADAME DORBEVAL.

Monsieur, je la défendrai ; apprenez que c'est la vertu même.

DORBEVAL.

Je le veux bien ; mais une vertu qui reçoit de pareilles lettres est une vertu qui déjà prête beaucoup aux commentaires ; car enfin, chère amie, je l'ai lue: « la plus aimée, la plus adorée des femmes!.... » et ce qu'il y a surtout d'admirable, c'est ta vertueuse amie, qui à peine arrivée d'aujourd'hui.... Où diable se sont-ils vus?... Eh parbleu! m'y voilà : il a suivi le maréchal dans son ambassade en Russie, il y est resté six mois ; c'est là qu'ils se seront rencontrés. Deux Français, deux compatriotes?

A tous les cœurs bien nés..

MADAME DORBEVAL.

Quoi! monsieur, vous pourriez supposer?....

DORBEVAL.

Moi, je ne suppose rien ; je l'ai lu. D'ailleurs, si je me trompe, dis-lui de nous montrer cette lettre.

MADAME DORBEVAL.

Non, monsieur; mais pour vous prouver l'injustice de vos soupçons, je vais, comme elle m'en a priée, répondre en son nom et le bannir à jamais.

DORBEVAL.

A la bonne heure. Veux-tu que nous composions cette lettre ensemble?

ACTE III, SCÈNE V.

MADAME DORBEVAL, avec émotion

Ensemble.... volontiers. (Elle se met à la table et écrit.)

DORBEVAL, par-dessus l'épaule de sa femme

« L'honneur vous fait un devoir d'oublier celle « que vous aimez.... » Je mettrais là un point d'admiration. « Si son repos, si son bonheur vous sont « chers, elle vous supplie de ne plus paraître à ses « yeux, ni ce soir, ni jamais. » Voilà ce que je craignais, une lettre qui n'a pas le sens commun, et qui va le désespérer.

MADAME DORBEVAL, vivement

Vous croyez.... (Froidement.) Cependant je n'y changerai rien, et je vais envoyer....

DORBEVAL, la lui prenant des mains.

Y pensez-vous ? Je vous en épargnerai la peine. (Appelant.) Dubois, cette lettre à l'instant chez monsieur de Nangis, dont l'hôtel est voisin du nôtre.

DUBOIS.

Oui, monsieur. Mais monsieur de Poligni est là qui vous demande. Il est déjà venu s'informer deux fois si monsieur était de retour.

DORBEVAL.

C'est juste : qu'il entre. (A sa femme.) Eh bien ! vous nous quittez ?

MADAME DORBEVAL.

Oui, oui ; nous avons à sortir ce matin avec madame de Brienne.

DORBEVAL.

C'est différent.

MADAME DORBEVAL, suivant des yeux la lettre que tient Dubois.

Allons, j'ai fait mon devoir.

(Elle sort par la porte a droite, et en même temps Poligni entre par le fond, precede par Dubois qui l'introduit et se retire.)

SCÈNE VI.

DORBEVAL, POLIGNI, *entrant du fond.*

DORBEVAL.

Eh bien! mon cher ami, eh bien! monsieur l'agent de change, que devenez-vous donc? Je ne t'ai pas vu depuis ta nouvelle dignité.

POLIGNI, avec agitation

Ne pouvant te rejoindre, j'ai couru chez Lajaunais

DORBEVAL.

Et pour quoi faire?

POLIGNI, de même

Pour lui rendre sa parole, pour rompre notre marché. Il refuse, ou il veut des dédommagemens énormes; il parle de cent mille francs.

DORBEVAL.

Ah çà! je t'écoute et ne puis te comprendre: rompre le marché le plus avantageux! et au moment où je viens déjà de t'employer dans une affaire superbe! A qui en as-tu? pour quelle raison?

POLIGNI.

Ah! mon ami, je l'ai vue, et un seul mot d'elle a changé toutes mes résolutions. Je renonce à la fortune et à ses vaines promesses; madame de Brienne est tout pour moi.

DORBEVAL.

Il serait possible! Et tu es bien sûr au moins que celle à qui tu t'immoles ainsi mérite un pareil sacrifice?

POLIGNI.

Elle n'a jamais aimé que moi ; et pendant ces trois années d'absence, nul autre souvenir, nul autre hommage....

DORBEVAL.

Tu en es bien sûr?

POLIGNI.

Elle me l'a dit.

DORBEVAL.

Et si je te disais, moi... Mais au fait cela ne me regarde pas : fais comme tu le voudras.

POLIGNI, avec inquiétude.

Quoi? qu'est-ce que c'est? qu'est-ce que cela signifie?

DORBEVAL.

Rien... rien, mon ami; d'ailleurs, je ne puis, c'est un secret qui m'a été confié.

POLIGNI.

En as-tu donc pour moi, pour un ami?

DORBEVAL.

Si tu étais raisonnable, si j'étais sûr de ta discrétion... mais je te connais ; tu ne sais jamais prendre les choses modérément, ni d'une manière philosophique.

10.

POLIGNI.

Je me tairai, je te le jure!

DORBEVAL, a demi-voix

Eh bien! mon ami, madame de Brienne avait une liaison en Russie.

POLIGNI.

Quelle indigne calomnie! qui oserait la soutenir?

DORBEVAL.

Te voilà déjà! ne vas-tu pas te battre avec moi, parce que je veux te rendre service? si tu le prends ainsi, je ne te dirai rien.

POLIGNI, se modérant

Non, mon ami, je te remercie..... Mais, comment sais-tu? où as-tu vu?....

DORBEVAL.

Je le sais par ma femme, qui est son ancienne amie et sa confidente. Je l'ai vu par une lettre, que j'ai lue de mes propres yeux, ici, tout à l'heure, et qui est encore entre ses mains; est-ce clair? Une lettre adressée à madame de Brienne par monsieur de Nangis.

POLIGNI, furieux

Monsieur de Nangis!

DORBEVAL.

Oui, mon cher, une inclination commencée en Russie sous le règne du premier mari; et tu veux être le second, tu veux lui succéder!

POLIGNI.

Adieu!

DORBEVAL, le retenant

Où vas-tu ?

POLIGNI.

Chez monsieur de Nangis.

DORBEVAL.

Y penses-tu ? la compromettre par un éclat, quand tu lui dois des remercîmens et de la reconnaissance ! Tu allais te sacrifier pour elle, te ruiner à jamais, et elle t'offre le moyen de rompre ; elle te rend ta liberté, ta fortune ; je voudrais bien être à ta place : tu es trop heureux d'être trahi.

POLIGNI.

Oui, oui, je suis trop heureux ! mais je suis furieux, et elle saura du moins....

DORBEVAL.

Et voilà ce qu'il ne faut pas. Dans la bonne société, un galant homme qu'on trahit ne se plaint jamais ; sans cela, ce serait un bruit, on ne s'entendrait pas ! D'ailleurs, tu m'as promis.... La voici.... du silence ! et songe à ta parole.

SCÈNE VII.

POLIGNI, DORBEVAL, MADAME DORBEVAL, MADAME DE BRIENNE, *arrivant du grand salon; elles sont prêtes à sortir.*

POLIGNI, se contraignant, et toujours retenu par Dorbeval, qui lui fait signe de se taire

Il paraît que ces dames se disposent à sortir?

MADAME DE BRIENNE.

Oui, je ne connais plus Paris, et je m'apprête à admirer!

POLIGNI.

Il vous paraîtra peut-être moins agréable que Saint-Pétersbourg.

MADAME DE BRIENNE.

J'en doute, (Le regardant) car je ne trouverais pas à Saint-Pétersbourg ce que je peux voir ici. Monsieur est-il assez aimable pour nous accompagner?

POLIGNI, a madame de Brienne.

Tout autre cavalier vous plairait peut-être davantage; mais en son absence, je suis trop heureux de pouvoir m'offrir.

DORBEVAL, bas a Poligni

Prends donc garde!

MADAME DE BRIENNE, souriant.

De qui voulez-vous parler? je n'y suis pas.

POLIGNI.

Vous m'entendriez mieux, sans doute, si monsieur de Nangis était ici.

MADAME DE BRIENNE, étonnée

Monsieur de Nangis!

MADAME DORBEVAL, à part.

O ciel!

DORBEVAL, bas

Tu vas me compromettre.

POLIGNI, de même.

Eh! non, morbleu! ne crains rien..... (Haut.) Oui, madame, des personnes dignes de foi, et qu'il est inutile de vous nommer, m'ont assuré que vous, madame, qui, depuis trois ans, prétendiez avoir dédaigné tous les vœux, tous les hommages, vous n'aviez pas été insensible à ceux de monsieur de Nangis, que vous lui aviez même permis de vous écrire.

MADAME DORBEVAL, vivement

Lui! jamais! Qui a pu vous abuser ainsi?

MADAME DE BRIENNE, la retenant.

Y penses-tu?

DORBEVAL.

C'est étonnant comme les femmes se soutiennent entre elles! c'est même effrayant!

POLIGNI.

Je ne prétends point récuser le témoignage de madame; mais il est des gens qui, aujourd'hui même, assurent avoir vu entre vos mains....

DORBEVAL, voulant l'arrêter

Poligni!

POLIGNI, hors de lui

Et pourquoi feindre plus long-temps! Eh bien! oui, je sais tout, il m'a tout appris. Il faut que mon sort se décide, et il va dépendre d'un mot. Cette lettre à qui était-elle adressée?

MADAME DORBEVAL, prête à se trahir

A qui?

MADAME DE BRIENNE, l'arrêtant, et s'adressant à Poligni

A moi, monsieur.

POLIGNI.

Vous l'avouez enfin!

MADAME DE BRIENNE.

Et quand monsieur de Nangis m'aurait écrit, quand il m'aimerait, est-ce à dire pour cela que je partage ses sentimens, que je suis obligée d'y répondre? Y a-t-il rien qui puisse justifier cet éclat, ces emportemens auxquels j'étais loin de m'attendre, et dont je rougis pour vous?

POLIGNI.

J'ai tort, j'en conviens; mais il est un moyen bien simple de détruire mes soupçons, et de me réduire au silence. Ne puis-je voir cette lettre?

MADAME DORBEVAL, à part

Grand Dieu!

DORBEVAL.

Oui, sans doute, voilà qui concilie tout; car puisque malgré moi on m'a mis en jeu dans cette affaire, je ne suis pas fâché d'en être le médiateur. (A madame de Brienne.) Voyons, vous pouvez bien nous confier cet écrit, à moi du moins?

MADAME DE BRIENNE.

Ni à lui, ni à vous. Il n'existe plus; je l'ai déchiré.

ACTE III, SCÈNE VIII.

POLIGNI.

Et vous croyez que je me contenterai d'une pareille excuse? N'est-ce pas me dire, n'est-ce pas m'avouer clairement....

MADAME DE BRIENNE.

Permis à vous de l'interpréter ainsi. Aussi-bien mon cœur est froissé de ces débats; je suis humiliée de ce qui se passe, de ce que j'entends ici; il semble que vous désiriez, que vous souhaitiez ardemment me trouver coupable! Je vous le répète, monsieur, je n'ai point vu monsieur de Nangis, je ne le verrai jamais. Après cela, pensez de moi tout ce que vous voudrez, il ne m'importe même plus de me justifier.

SCÈNE VIII.

LES PRÉCÉDENS, HERMANCE.

HERMANCE, accourant du grand salon

Ma cousine! ma cousine! la singulière aventure! Vous ne devineriez jamais qui je viens de rencontrer dans votre salon?

MADAME DORBEVAL.

Eh! dis-nous-le tout de suite.

HERMANCE.

Monsieur de Nangis.

TOUS, avec une expression différente.

Monsieur de Nangis!

HERMANCE, les regardant

Eh bien! qu'avez-vous donc? Ce n'est pas là l'étonnant, car il vient souvent. Mais voilà qui va bien vous surprendre.

POLIGNI.

Parlez vite.

HERMANCE.

Il se promenait à grands pas, d'un air agité; et tenant un petit billet qu'il froissait entre ses mains, il répétait : Je saurai ce que cela signifie... je la verrai, il faut que je la voie....

POLIGNI.

Eh! qui donc?

HERMANCE.

Je n'en sais rien.... car quoi que je fusse en grande toilette, il ne s'était pas même aperçu de mon entrée. Je lui fais alors une grande révérence : pas un mot de plus. Il me regardait, mais sans me voir. J'étais d'une colère! Aussi, je suis sortie, et l'ai laissé immobile à la même place où il est encore. Est-ce étonnant !

DORBEVAL, regardant sa femme.

Eh non! c'est tout simple.

MADAME DORBEVAL.

Comment, monsieur!

DORBEVAL.

Après la lettre que madame vous a priée de lui écrire....

POLIGNI.

Quoi ! madame !

DORBEVAL.

Je vous disais bien que cette lettre produirait le

plus mauvais effet ; vous n'avez pas voulu me croire. En tous cas, ce n'est pas ma faute, et je vais lui expliquer....

MADAME DORBEVAL, l'arrêtant

Monsieur, vous voulez....

DORBEVAL.

Oui, madame, lui faire mes excuses en votre nom. (Regardant madame de Brienne.) N'en déplaise à certaines personnes, je n'entends pas me brouiller avec un homme que j'estime. (Appelant.) Dubois! dites à monsieur de Nangis que nous serons charmés de le recevoir.

POLIGNI.

Oui, qu'il entre !

MADAME DORBEVAL, bas, a madame de Brienne

C'est fait de moi !

MADAME DE BRIENNE, de même

Du courage !

MADAME DORBEVAL, de même

La moindre explication me perd !

MADAME DE BRIENNE, de même.

Je saurai l'empêcher. Dubois, arrêtez. (Faisant signe a Dubois, qui est déjà près de la porte, de s'arrêter et s'adressant a Dorbeval.) C'est à moi que monsieur de Nangis désirait parler, je vais le recevoir.

POLIGNI, a demi-voix, a madame de Brienne

Vous, madame ! et vos promesses de tout à l'heure ! Vous ne deviez jamais le voir, disiez-vous, et si vous quittez ces lieux, songez-y bien, tout est fini entre nous

MADAME DE BRIENNE, avec indignation

Ah! monsieur.. (Elle s'arrête, le regarde douloureusement) Ah! que je vous plains! (Elle serre la main de madame Dorbeval, jette un dernier regard sur Poligni) Adieu!.... (Elle sort par la porte à droite)

MADAME DORBEVAL, a part

Généreuse amie!...

(Elle sort par la porte a gauche, emmenant Hermance, qui pendant la fin de cette scène est restée devant la psyché a arranger les boucles de ses cheveux, et sans prendre part a ce qui se passe)

POLIGNI.

C'en est fait, tous nos liens sont rompus! (A Dorbeval) Mon ami, je ferai ce que tu voudras, je ne te quitte plus, je m'abandonne à toi.

DORBEVAL.

Et à la fortune!... et tu verras qu'elle n'est pas plus inconstante qu'une autre.

(Ils sortent par la porte du fond)

FIN DU TROISIÈME ACTE

ACTE QUATRIÈME.

SCÈNE PREMIÈRE.

MADAME DORBEVAL, HERMANCE,
entrant du fond

HERMANCE.

Oui, ma cousine, c'est comme je vous le dis, c'est votre mari, c'est mon tuteur lui-même qui vient de me l'annoncer : je vais me marier.

MADAME DORBEVAL.

Je t'avoue que je ne m'y attendais pas.

HERMANCE.

Ni moi non plus. Aussi cela produit un singulier effet.

MADAME DORBEVAL.

Tu as donc commencé enfin à réfléchir?

HERMANCE.

J'ai commencé par être enchantée. Jugez donc : moi, qui ai à peine dix-huit ans, c'est charmant; je serai mariée avant Victorine et Louise, mes amies de pension, qui sont presque majeures et qui ont de plus belles dots que moi ! Aussi, vous sentez bien que j'ai accepté sur-le-champ.

MADAME DORBEVAL.

Et tu sais quelle est la personne....

HERMANCE.

Oh! oui, je l'ai demandé tout de suite après.

MADAME DORBEVAL.

Tu connais son esprit, son humeur, son caractère?

HERMANCE.

Oui, ma cousine, il est agent de change; il vient d'acheter la charge de monsieur Lajaunais, celui qui donnait de si beaux bals.

MADAME DORBEVAL.

Monsieur Lajaunais ?

HERMANCE.

Je sens bien que, d'abord, nous ne pourrons pas faire comme lui; car nous n'aurons que trente ou quarante mille francs par an. C'est exister, mais il faut être bien raisonnable. Je ne donnerai que trois bals dans l'hiver, et nous n'aurons point de loges aux Bouffes la première année. Que voulez-vous? on vit de privations, quitte à s'en dédommager plus tard.

MADAME DORBEVAL.

Et ton futur?

HERMANCE.

Oh! si vous saviez comme cela se rencontre! c'est un bonheur admirable! Moi, je voulais un établissement, ce qu'on appelle un mari, et il se trouve que j'épouse quelqu'un qui me convient très-bien, un homme charmant, très-aimable.

MADAME DORBEVAL.

J'entends : c'est déjà une inclination !

HERMANCE.

Une inclination! oh! non, ce n'est peut-être pas celui-là que j'aurais préféré. Mais il ne faut pas y penser; on ne peut pas tout avoir.

MADAME DORBEVAL.

Tu as raison, et pourvu qu'il te rende heureuse....

HERMANCE.

S'il me rendra heureuse ! Mais j'y compte bien. Savez-vous que j'ai cinq cent mille francs de dot, et qu'il n'a rien que sa charge; ce qui est un grand avantage, parce qu'il n'aura rien à me refuser; il sera obligé de faire toutes mes volontés, ou, sans cela, dans le monde on crierait aux mauvais procédés, n'est-il pas vrai ? Moi, d'abord, je le dirais partout.

MADAME DORBEVAL.

Voilà déjà un commencement de bon ménage ! Et le nom du jeune homme, tu ne me l'as pas encore dit, est-ce que tu ne le saurais pas, par hasard ?

HERMANCE.

Si vraiment... c'est que mon tuteur m'avait défendu de vous en parler encore ; mais c'est égal.

MADAME DORBEVAL.

Je te remercie de cette marque de confiance.

HERMANCE.

Oh! oui, parce qu'il faut que ce soit vous qui vous chargiez de la corbeille; je vous dirai ce que je veux, pour que vous vous entendiez avec lui.

MADAME DORBEVAL, avec impatience

Et le futur? et son nom?

HERMANCE.

C'est vrai, je n'y pensais plus; je l'avais oublié; mais vous ne connaissez que cela, un ami de la maison, un ami de votre mari, monsieur de Poligni.

MADAME DORBEVAL.

Poligni?.... que dis-tu?

HERMANCE.

Qu'avez-vous donc?

MADAME DORBEVAL.

Ce n'est pas possible! ce n'est pas lui, tu te trompes!

HERMANCE.

Eh bien! par exemple, est-ce qu'on peut se tromper de mari?

DUBOIS, annonçant

Monsieur Poligni.

HERMANCE.

Et tenez, tenez! je suis sûre, ma cousine, qu'il vient vous faire la demande.

SCÈNE II.

Les précédens, POLIGNI, *habillé en noir, entrant du fond.*

POLIGNI, après avoir salué profondement d'un ton froid et solennel

Mesdames, l'objet de ma visite va sans doute vous surprendre, et de moi-même je n'aurais peut-être pas eu la hardiesse de me permettre une pareille démarche, si je n'y avais été encouragé et presque autorisé par Dorbeval, mon meilleur et mon plus ancien ami.

HERMANCE, à madame Dorbeval.

Vous l'entendez ! (Elle va pour sortir.)

POLIGNI.

De grace, mademoiselle, daignez rester. Vous pouvez, en présence de votre cousine, de votre tutrice, assister à une conversation dont vous êtes l'objet.

HERMANCE, baissant les yeux.

Monsieur, je ne comprends pas.

POLIGNI, gravement.

Je venais, mademoiselle, demander votre main.

HERMANCE, jouant la surprise.

O ciel ! que dites-vous ?

MADAME DORBEVAL.

Il est donc vrai ! vous, monsieur !

POLIGNI, froidement.

Oui, madame, j'ai l'honneur.... d'aimer mademoiselle, et de vous la demander en mariage.

(Un instant de silence.)

HERMANCE, bas à madame Dorbeval.

Mais, ma cousine, répondez donc !

MADAME DORBEVAL, regardant alternativement Poligni et Hermance.

Je vous avoue, monsieur, que je suis très-surprise, je veux dire très-flattée de votre recherche ; mais elle me semble un peu prompte. D'ailleurs l'âge d'Hermance, qui a à peine dix-huit ans....

HERMANCE, bas.

Et demi.... ma cousine.

MADAME DORBEVAL.

Enfin, je pensais qu'on ne pouvait mettre trop de réflexion....

POLIGNI.

Toutes les miennes sont faites, madame; il ne nous manque plus que l'aveu de mademoiselle; et s'il est vrai que ses sentimens....

HERMANCE, baissant les yeux

Monsieur, ce n'est pas moi, c'est ma famille que cela regarde, et ma cousine vous dira....

MADAME DORBEVAL, vivement

De ce côté-là, monsieur, je vous atteste que ses sentimens sont conformes aux vôtres, et que tout ce que vous éprouvez elle le partage.

POLIGNI, froidement

Alors rien n'égale mon bonheur, et j'aurai l'honneur de venir prendre jour avec madame, si toutefois cette alliance a aussi l'avantage de lui convenir.

MADAME DORBEVAL, avec ironie.

A moi, monsieur! comment ne me plairait-elle pas? Je connais depuis long-temps les brillantes qualités que l'on estime en vous. On me parlait aujourd'hui encore de votre franchise, de votre loyauté; une de mes amies, madame de Brienne....

POLIGNI.

Madame de Brienne!

HERMANCE,

Cette dame à qui monsieur de Nangis voulait parler, et qui a eu avec lui cette longue conférence....

POLIGNI, vivement

Ah! il est resté long-temps ici?

ACTE IV, SCÈNE II.

HERMANCE.

Plus de trois quarts d'heure, lui qui n'avait pas trouvé un seul mot à m'adresser, et il paraît qu'il n'avait pas tout dit, car vingt-cinq minutes après son départ un domestique à sa livrée a apporté ici une lettre.

POLIGNI.

Une lettre! en êtes-vous bien sûre?

HERMANCE.

Qu'est-ce que je dis une lettre? il y en avait deux : une pour madame de Brienne, et l'autre pour ma cousine. Vous savez, je vous les ai remises tout à l'heure, et vous les avez encore.

POLIGNI, avec ironie.

Il suffit. En remettant à madame de Brienne celle qui lui est adressée, je vous prie, madame, de vouloir bien lui faire part de mon mariage avec mademoiselle.

MADAME DORBEVAL.

Je n'y manquerai pas, monsieur. (Bas à Hermance.) Hermance, laissez-nous un instant.

HERMANCE, de même.

Est-ce que vous allez lui parler de la corbeille?

MADAME DORBEVAL, de même.

Oui, sans doute.

HERMANCE, de même.

Je voudrais bien rester.

MADAME DORBEVAL, de même.

Du tout, ce n'est pas convenable.

HERMANCE.

C'est cependant moi que cela regarde.

MADAME DORBEVAL.

Laisse-nous, te dis-je, je le veux.

HERMANCE, à part.

Je le veux! toujours je le veux! ah! le vilain mot! qu'il me tarde d'être mariée pour l'employer à mon tour!

(Elle fait à Poligni une grande révérence, et sort par le grand salon.)

SCÈNE III

MADAME DORBEVAL, POLIGNI.

MADAME DORBEVAL.

Rien ne peut-il donc changer votre résolution, et ce mariage, monsieur, est-il définitivement arrêté?

POLIGNI.

Ce n'est pas moi, c'est votre mari qui en a eu l'idée : il a ma parole, j'ai la sienne, sans vous parler ici d'autres engagemens que maintenant rien ne peut rompre; car ce soir après le dîner nous signons le contrat. Dorbeval que j'attends doit tout à l'heure m'en apporter les articles.

MADAME DORBEVAL.

O ciel! Mais monsieur, de bonne foi, est-ce que vous aimez Hermance?

POLIGNI.

Non, madame; vous savez mieux que personne

ACTE IV, SCÈNE III.

qu'il n'y avait au monde qu'une seule femme que je pusse aimer ; mais ce bonheur que je m'étais promis, il faut y renoncer.

MADAME DORBEVAL.

Et si vous étiez dans l'erreur, si vous vous abusiez?

POLIGNI.

M'abuser! moi! d'après ce que je viens d'entendre, ce serait lui faire injure que de douter de ses propres aveux ! et monsieur de Nangis....

MADAME DORBEVAL.

Eh bien ! monsieur, puisque je ne puis la justifier qu'en m'exposant moi-même, j'aurai le courage de faire pour elle ce qu'elle a fait pour moi. Vous êtes l'ami de mon mari, je le sais ; mais avant tout vous êtes un honnête homme, et quelque idée que vous ayez de moi, vous ne m'accuserez pas du moins d'avoir manqué à la reconnaissance, d'avoir sacrifié à mon repos le bonheur d'une amie.

POLIGNI.

Que dites-vous ?

MADAME DORBEVAL.

Que vous m'obligez à un aveu bien cruel ; que vous me forcez à m'abaisser, à m'humilier à mes propres yeux : eh bien ! j'accepte cette honte, cette humiliation ; qu'elle soit la première punition de mes torts. Cette lettre de monsieur de Nangis, surprise par mon mari, elle était pour moi ; elle m'était adressée.

POLIGNI.

O ciel!

MADAME DORBEVAL.

C'est pour me sauver que madame de Brienne s'est avouée coupable; et si vous en doutez encore, tenez, monsieur, voici cette lettre dont Hermance vous parlait tout à l'heure.

POLIGNI, refusant de la prendre.

Ah! madame!

MADAME DORBEVAL.

Non monsieur, lisez. Il faut que vous connaissiez celle que vous avez soupçonnée.

POLIGNI, lisant.

« Je vous aime et pourtant je m'éloigne : c'est ma-
« dame de Brienne, c'est votre généreuse amie, qui
« pour votre bonheur, qui au nom même de mon
« amour exige ce départ... Adieu donc! j'accepte une
« mission importante que j'avais d'abord refusée. »

MADAME DORBEVAL, à part et laissant échapper un soupir.

Ah!

POLIGNI.

Qu'avez-vous?

MADAME DORBEVAL.

Rien, monsieur, continuez.

POLIGNI.

« Si jamais je peux oublier mon amour, je deman-
« derai à vous et à madame de Brienne de m'admettre
« en tiers dans votre noble amitié. En attendant, don-
« nez-lui cette lettre qui lui prouvera que je me suis
« occupé de ses intérêts, et qu'avant de réclamer le
« titre de son ami, j'ai voulu d'abord en acquérir les
« droits. ADOLPHE DE NANGIS. »

Ah! que je suis coupable! comment implorer mon pardon? comment oser me présenter à ses yeux? Madame, je n'ai plus d'espoir qu'en vous: suppliez-la de m'accorder un instant d'entretien : surtout ne lui parlez pas de ces projets que j'abandonne, de ce mariage que je déteste et que je vais rompre.

MADAME DORBEVAL.

Qu'elle l'ignore à jamais! Vous ne savez pas comme moi de quelle fierté, de quelle énergie son ame est capable! L'honneur, le devoir..... voilà les seules règles de sa conduite : elle leur sacrifierait tout ; et perdre son estime, ce serait perdre son amour.

POLIGNI.

Ah! ne tardez plus, partez, courez près d'elle ; je vous confie mes plus chers intérêts.

MADAME DORBEVAL.

Oui, oui : c'est à moi de réparer le mal que j'ai fait!....

(Elle sort, et Poligni la reconduit jusqu'à la porte de son appartement.)

SCÈNE IV.

POLIGNI, *seul.*

Et j'ai pu la méconnaître! j'ai pu l'outrager! Moi l'oublier! moi renoncer à tant de vertus! non, c'est elle-même qui m'a tracé mon devoir.

SCÈNE V.

POLIGNI, *plongé dans ses réflexions*, DORBEVAL, *entrant gaîment et tenant des papiers à la main.*

DORBEVAL.

Toutes nos affaires sont terminées, le reste de la journée est maintenant au plaisir. J'ai invité ce soir, pour la signature du contrat, tous nos parens paternels et maternels, et je te promets de l'agrément. Pour le notaire, je l'ai retenu à dîner, il n'y a pas d'autre moyen de les avoir de bonne heure; quant aux articles que je t'apporte, nous les aurons bien vite examinés. Veux-tu lire?

POLIGNI, *se levant et lui prenant la main*

Dorbeval, ma conduite va te paraître bien bizarre, bien extraordinaire; c'est reconnaître bien mal ce que tu as fait pour moi; et au point où en sont les choses, tout autre qu'un ami ne verrait dans un pareil procédé qu'un affront impardonnable; mais je te connais: je sais que tu ne veux que mon bonheur.

DORBEVAL.

Je n'ai pas d'autre but.

POLIGNI.

Eh bien! mon ami, il ne peut exister pour moi dans ce mariage. Quelque brillant, quelque avantageux qu'il soit, il ferait le malheur de ma vie, car j'aime toujours madame de Brienne. (*Voyant qu'il veut parler*) Je devine les objections que tu vas me faire, et j'y répondrai d'un mot. Je suis certain qu'elle m'aime, qu'elle m'est fidèle. Peu importe comment j'en ai acquis la preuve, ma conviction me suffit ; et douter de sa vertu quand j'en suis persuadé, élever à ce sujet le plus léger soupçon, serait me faire une offense dont je demanderais compte à mon meilleur ami.

DORBEVAL.

Comme tu voudras, tu es le maître, et je ne dis plus rien.

POLIGNI.

Tu sens bien alors que je renonce à tous mes projets, à toutes mes espérances; que je ne peux plus être agent de change.

DORBEVAL.

Franchement, je commence à croire que tu feras aussi bien; car si tu dois toujours, comme aujourd'hui, changer d'idée à chaque instant, n'écouter que ton cœur ou ton imagination..... Ce n'est pas avec de l'imagination qu'on réussit à la Bourse.

POLIGNI.

C'est pour cela, mon ami, qu'il faut que tu viennes à mon secours. Voilà déjà trop long-temps que je suis agent de change, j'en ai assez, je me retire ; vends-moi ma charge, c'est le dernier service que j'attends de ton amitié.

DORBEVAL.

Puisque tu le veux absolument, je verrai, je chercherai : mais je ne te cache pas que le moment n'est pas favorable.

POLIGNI.

Il l'était ce matin !

DORBEVAL.

Pour acheter, mais non pour vendre. Que diable! tu te lances dans des spéculations inusitées : tu achètes le matin une charge pour la revendre le soir; ce n'est pas bien, mon cher : c'est de l'agiotage, cela surprend, cela effraie, cela peut faire baisser les charges.

POLIGNI.

Peu m'importe! j'y perdrai : cela m'est égal.

DORBEVAL.

Tu y perdras au moins un sixième, comme Lajaunais te le disait ce matin. Et puis nous avons aussi notre opération où je venais de t'associer, nos indemnités : ça perd aussi.

POLIGNI.

Comment?... déjà?

DORBEVAL.

Cela perd..... pour gagner. Tu n'entends pas la Bourse; et dans ce moment la différence à payer irait pour ta part seulement de cinquante à soixante mille francs; il faut donc ne pas se presser, et attendre les événemens

POLIGNI.

Attendre! Je ne le peux pas, je ne peux vivre ainsi ! Je veux tout quitter, tout revendre, aujourd'hui, à l'instant; à quelque prix que ce soit.

DORBEVAL.

S'il en est ainsi, si telle est ta résolution, je n'ai plus rien à répondre. Malheureusement tous nos fonds

ACTE IV, SCÈNE V.

sont engagés, et je ne puis venir à ton secours.... Il faut alors partir ce soir même.

POLIGNI.

Et pourquoi?

DORBEVAL.

Parce que c'est samedi, que tu as devant toi la journée de dimanche, et que lundi tu seras en Belgique.

POLIGNI.

Mais c'est une faillite que tu me proposes!

DORBEVAL.

Quand il y a force majeure, quand on doit cinquante à soixante mille écus, et qu'on n'a rien pour les payer.

POLIGNI.

Grand Dieu! Perdu de réputation! (Jetant les yeux sur sa boutonnière) Indigne de porter ce signe de l'honneur! Et Olivier! ses économies qu'il m'a confiées, et que je n'ai plus! Voilà donc où m'ont conduit le désir des richesses, ma cupidité, l'ambition! Mon ami, je n'y survivrai pas.

DORBEVAL.

Y penses-tu?

POLIGNI.

Oui, je me tuerai.

DORBEVAL.

Beau moyen pour payer ses dettes! Mais qu'as-tu à te désoler, à te désespérer? où est la nécessité de prendre des partis extrêmes? Reviens à toi un instant, réfléchis avec calme et sang-froid, examine un peu ta position : elle est superbe! Tu epouses ma pupille, tu touches ce soir, en signant le contrat, cinq cent mille francs comptant que je remets entre tes mains; tu t'acquittes envers Olivier, tu paies à Lajaunais la plus grande partie de ta charge; le temps et tes bénéfices feront le reste : demain, après-demain nos trois pour cent remontent; nous réalisons, et te voilà millionnaire! Tandis que de l'autre côté, errant, fugitif, forcé de t'expatrier, exposant un nom honorable aux reproches, au mépris....

POLIGNI.

Jamais. Laisse-moi, je ne veux plus t'écouter, et madame de Brienne !

DORBEVAL.

Dis-lui la vérité; veux-tu que je m'en charge ?

POLIGNI.

Non, non, ne t'en mêle pas; ne t'en mêle plus: moi-même, tu le vois, je ne sais que faire, que resoudre: par grace, laisse-moi quelques instans de réflexion, et après cela, je te le jure, ma résolution sera irrévocable.

DORBEVAL, froidement

Je te laisse : mais songe qu'il faut te décider, et que tu n'as plus qu'un moment. Adieu.

(Il sort par le grand salon)

SCÈNE VI.

POLIGNI, *seul, et regardant autour de lui avec effroi.*

Une faillite! ce mot retentit encore à mon oreille. Moi, avili, déshonoré, n'osant plus regarder un honnête homme! Jusqu'ici je n'avais vu de la fortune que ses brillans prestiges, je n'avais jamais pensé qu'elle dût conduire à la honte, à l'infamie! Car, il a raison, c'est le sort qui m'attend : mais ne puis-je m'y soustraire qu'en sacrifiant mon bonheur? N'ai-je donc point d'autres moyens de m'acquitter? Je vais devoir une somme énorme, soixante mille écus! mais en abandonnant tout ce que j'ai, tout ce que je possède, je puis encore les payer. Il ne me restera rien, il est vrai; mais avec mon travail.... Travailler vingt-cinq ou trente ans pour expier les folies d'une matinée, et être malheureux toute sa vie pour avoir été agent de change un seul jour! Non, je n'en ai pas la force, je n'en ai pas le courage. Doibeval a raison, il faut tout avouer à madame de Brienne. Quand elle connaîtra ma situation, elle ne pourra m'en vouloir, et je cours à l'instant même... (S'arrêtant) Mais comment lui expliquer cette situation? comment lui apprendre que je l'abandonne, que je renonce à elle? pourquoi? Pour un mariage d'argent, pour une femme que je n'aime pas! Comment lui dirais-je que je me vends moi-même, que je vends mon bonheur? et si elle demande combien!..... Ah! quel supplice de s'humilier devant celle qu'on aime! Si au moins elle pouvait ne pas me mépriser. (Vivement) Et pourquoi lui avouer que je fais ce mariage par intérêt? Si elle pouvait croire que j'ai cessé de l'aimer, je n'aurais point à rougir à ses yeux... On n'est pas maître de son cœur : depuis trois ans que nous sommes séparés, ce n'est pas ma faute si je suis infidèle, si j'aime Hermance..... Ah! le difficile est de me le persuader à moi-même, et surtout de le lui dire; mais il n'y a pas d'autre moyen : il le faut... On vient; c'est elle, je l'entends. (Tremblant) Allons, du courage! Dieu! quel bonheur! madame Dorbeval est avec elle; (Avec joie) grace au ciel, je ne puis encore lui parler, et mon supplice du moins est différé d'un instant.

(Il entre dans le cabinet à droite.)

SCENE VII.

MADAME DORBEVAL, MADAME DE BRIENNE,
entrant par le salon à gauche et causant vivement.

MADAME DORBEVAL.

Oui, ma chère amie, tu te laisseras fléchir, tu lui pardonneras!

MADAME DE BRIENNE.

C'est possible! mais dans bien long-temps.

MADAME DORBEVAL.

Non; aujourd'hui même, et sur-le-champ, car tu en as autant d'envie que lui!

MADAME DE BRIENNE, souriant

Qui te l'a dit?

MADAME DORBEVAL.

C'est que j'en ferais autant, et que je ne pourrais laisser attendre une grace que je serais décidée à accorder.

MADAME DE BRIENNE.

C'est bien ce que je me disais : c'est plus noble, plus généreux! Il y a cependant un certain plaisir à s'entendre appeler cruelle, inexorable, à se laisser prier, là, à genoux! C'est bien le moins qu'il prenne cette peine-là, et nous verrons. Je ne réponds de rien quand il y sera.

MADAME DORBEVAL.

A la bonne heure!

MADAME DE BRIENNE.

Mais tu es bien sûre au moins qu'il revient de lui-même, qu'il ne me croit plus coupable? C'était si mal à lui de m'avoir soupçonnée. Il est vrai que quand on aime bien.... et puis la présomption était si forte! Je lui soutenais moi-même que j'étais infidèle, et malgré cela, j'aurais désiré qu'il me soutînt le contraire, qu'il me le prouvât. En pareil cas, on n'est pas fâché d'avoir tort.

MADAME DORBEVAL.

Eh! mon dieu! pour une femme en colère je te trouve bien gaie!

MADAME DE BRIENNE.

C'est vrai, je ne m'en défends pas, et j'ai peine à

me taire : le bonheur est diffus, il cause beaucoup, si tu savais !

MADAME DORBEVAL, avec intérêt

Qu'y a-t-il donc?

MADAME DE BRIENNE.

Un grand secret! c'est-à-dire, non : c'est connu de tout le monde; mais un événement inattendu pour moi, un incident de roman, qui vient du ministère! Ces indemnités dont ton mari parlait ce matin, cela me regarde, j'y suis comprise; non pas moi, mais monsieur de Brienne dont je suis l'unique héritière.

MADAME DORBEVAL.

Il serait possible! lui qui n'avait rien!

MADAME DE BRIENNE.

Comment rien? Il avait un frère aîné et deux oncles, qui avaient eu le malheur..... non, je veux dire l'avantage de tout perdre à la révolution, et depuis leur décès, tous leurs biens, ou du moins la perte de ces biens appartient à mon mari, qui ne l'avait jamais réclamée, tu devines pourquoi? Mais aujourd'hui que cela rapporte, c'est bien différent! on a eu des malheurs, on les fait valoir. Moi, je n'y aurais jamais songé; mais monsieur de Nangis pense à tout : il me donne avant de partir les renseignemens, les instructions nécessaires; il s'est déjà entendu avec le premier commis, et je n'ose te dire à combien ils évaluent ce qui doit me revenir.

MADAME DORBEVAL.

Qu'est-ce donc?

ACTE IV, SCÈNE VIII.

MADAME DE BRIENNE.

Huit ou neuf cent mille francs.

MADAME DORBEVAL.

Une pareille fortune! quel bonheur!

MADAME DE BRIENNE.

Oui, tu as raison, quel bonheur de la lui offrir!

SCÈNE VIII.

Les précédens; POLIGNI, qui entre en rêvant.

MADAME DORBEVAL.

Tais-toi, le voilà!

MADAME DE BRIENNE.

Crois-tu que je ne l'aie pas vu?

MADAME DORBEVAL, bas.

Ne lui fais pas acheter trop cher son pardon; il a l'air si repentant, si malheureux!

MADAME DE BRIENNE, voulant courir a lui et s'arrêtant.

Malheureux! tu crois!

MADAME DORBEVAL.

Je vois que ma présence pourrait gêner ta sévérité, je vous laisse.

MADAME DE BRIENNE.

Ah! tu t'en vas? (Lui serrant la main.) Je te remercie.

(Madame Dorbeval sort)

SCÈNE IX.

Madame DE BRIENNE, POLIGNI.

MADAME DE BRIENNE, a part, le regardant.

Il hésite, il n'ose m'aborder... Élise a raison, il est trop malheureux! Allons à son secours. (Timidement) Poligni!...

POLIGNI, troublé et cherchant a se remettre

Ah! c'est vous, madame!

MADAME DE BRIENNE.

Oui, monsieur, c'est moi qui ai à me plaindre de vous, et c'est pour cela que je fais les premiers pas.

(Après un instant de silence allant à lui et lui tendant la main)

Mon ami, croyez-vous encore que je sois coupable?

POLIGNI.

Moi! conserver une pareille idée! ah! je ne me pardonnerai jamais d'avoir pu vous soupçonner un instant... Je sais tout : madame Dorbeval m'a tout appris.

MADAME DE BRIENNE, avec douleur

Quoi! monsieur, il vous a fallu son témoignage! ce n'est pas de vous-même! et cet entretien que vous m'avez demandé?...

POLIGNI.

Il était nécessaire pour un aveu, que depuis ce matin je n'ose vous faire, et qu'il ne m'est plus permis de différer.

MADAME DE BRIENNE.

Qu'est-ce donc? vous me faites frémir. Achevez...

POLIGNI, à part.

Allons ! pour mon bonheur, ayons le courage de la tromper.

MADAME DE BRIENNE.

Eh bien !

POLIGNI.

Eh bien ! ce matin à votre arrivée, mon trouble, mon embarras, ces combats intérieurs, ces tourmens que je n'ai pu vous cacher, tout doit vous dire assez qu'en proie aux regrets et aux remords, me rappelant mes sermens et votre amour, m'accusant moi-même, je lutte en vain contre un sentiment qu'il n'a pas été en mon pouvoir ni d'empêcher, ni de vaincre.

MADAME DE BRIENNE.

O ciel ! vous en aimez une autre !

POLIGNI, hésitant

Oui, madame.

MADAME DE BRIENNE, prête à se trouver mal

Ah ! je me meurs !

POLIGNI, courant à elle pour la soutenir

Amélie !

MADAME DE BRIENNE, revenant à elle.

Qu'avez-vous ? je ne me plains pas, je ne vous en veux pas; est-ce moi qui vous accuse ?

POLIGNI.

Ah ! c'est moi-même, c'est mon propre cœur qui vous chérit encore plus que je n'ose le dire !

MADAME DE BRIENNE.

Je le crois... (Avec tendresse.) moi je vous aimais tant! (Froidement.) Mais pendant mon absence, une autre a su vous plaire, cela ne dépendait pas de vous, vous n'avez pas voulu me tromper, vous avez agi en honnête homme, et je vous en remercie.

POLIGNI, prêt à se trahir.

Ah! si vous saviez!

MADAME DE BRIENNE.

Plus tard peut-être je pourrai vous entendre; mais dans ce moment, je ne veux rien savoir... rien... que son nom; par pitié, dites-le-moi.

POLIGNI.

C'est une personne... qu'ici même, je crois, vous avez déjà vue: la pupille de Dorbeval.

MADAME DE BRIENNE.

O ciel! c'est Hermance! un pareil choix.. Pardon; j'ai tellement l'habitude de m'occuper de vous, qu'il me semble que votre bonheur m'appartient encore, et je pensais que son caractère...

POLIGNI.

Il se peut, en effet, que son caractère... mais je l'aime.

MADAME DE BRIENNE.

Ah! vous dites vrai, voilà qui répond à tout! On ne raisonne pas avec son cœur, et ce matin encore, pour vous, j'ai rendu bien malheureux un honnête homme qui, plus que vous, méritait mon amour. Pauvre Olivier! le voilà vengé de mon injustice! mais je ne croyais pas que ce fût à vous de m'en punir.

POLIGNI.

Amélie !

MADAME DE BRIENNE

Epousez-la, soyez heureux ! et surtout que mes chagrins ne troublent point votre bonheur : je vous les pardonne ; ce que je n'aurais jamais pardonné, c'eût été de me tromper.

POLIGNI.

O ciel !

MADAME DE BRIENNE.

Maintenant, laissez-moi ! Plus tard, je l'espère, je vous reverrai ainsi qu'Hermance, ainsi que... votre femme. Je sais ce que prescrivent l'honneur et le devoir ; mais j'ai besoin de tout mon courage, et votre présence me l'ôte. Par pitié, par amitié, laissez-moi !

POLIGNI.

O fortune ! que je t'aurai payée cher !

(Il sort)

SCÈNE X.

MADAME DE BRIENNE, seule.

Ah ! je respire... me voilà seule ! J'espérais pleurer, et je ne le puis. Accablée, anéantie par ce coup imprévu, je n'ai pas même la force de me plaindre ; je ne sens plus rien, sinon que tout est fini pour moi !

SCÈNE XI.

OLIVIER, QUI ENTEND CES DERNIERS MOTS, ET QUI ENTRE VIVEMENT PAR LE FOND, MADAME DE BRIENNE.

OLIVIER.

Qu'avez-vous ?

MADAME DE BRIENNE, poussant un cri et courant à lui

Olivier !

OLIVIER.

Je partais, je venais prendre congé de vous; mais vous souffrez, je reste : je réclame mes droits, je réclame vos chagrins; parlez : qu'avez-vous ?

MADAME DE BRIENNE.

Olivier, je suis bien malheureuse : je perds tout; ma vie était en lui, et le perdre, c'est mourir !

OLIVIER.

Que dites-vous ?

MADAME DE BRIENNE.

Vous savez si je l'aimais ! vous le savez, vous ! eh bien ! il me délaisse, il me trahit !

OLIVIER.

Ce n'est pas possible ! vous vous abusez ! Qui vous aime une fois ne doit plus cesser de vous aimer !

MADAME DE BRIENNE.

Il me l'a dit; il a eu la franchise, le courage de me l'avouer, et je n'ai pas celui de l'oublier, et je le pleure, je le regrette encore ! Qu'allez-vous penser de moi ? n'allez-vous pas bien me mépriser ?

OLIVIER.

Moi !

MADAME DE BRIENNE.

Ne me condamnez pas cependant; le courage et la fierté me reviendront. Je l'oublierai, je vous le promets, je vous le jure; mais dans le premier moment, il est des sentimens dont le cœur n'est pas maître, dont on a honte, dont on rougit plus tard, et dans ce moment-là, on a besoin d'être seule, (Le retenant par la main) ou avec un ami; c'est ce que je voulais dire ! Oui déjà je me sens mieux, je suis plus calme, plus tranquille; aidez-moi de vos avis, de vos conseils, et d'abord, je vous en prie, qu'il n'en soit plus question entre nous.

OLIVIER.

Oui, vous avez raison.

MADAME DE BRIENNE.

Il en aime une autre ! il veut l'épouser !

OLIVIER.

L'épouser ! et qui donc ?

MADAME DE BRIENNE.

La pupille de Dorbeval.

OLIVIER.

Hermance ! il se pourrait ! qui vous l'a dit ?

MADAME DE BRIENNE.

Lui-même.

OLIVIER.

Rassurez-vous ? ce mariage ne se fera pas.

MADAME DE BRIENNE.

Que dites-vous? et comment? et qui pourrait l'empêcher?

OLIVIER, avec chaleur

Moi, qui suis votre ami, moi, dont le devoir est de vous consoler, de vous secourir! moi qui veux votre bonheur aux dépens même du mien!

MADAME DE BRIENNE.

Olivier!

OLIVIER.

Il ne s'agit pas de moi, mais de vous! il faut rompre cet hymen, et j'en ai les moyens! Si vous saviez avec quelle légèreté, quelle coquetterie!... Mais ne restons point dans ces salons, où la foule va se rendre. Venez, vous saurez tout, vous déciderez vous-même, vous parlerez à Poligni; et, après cela, j'ose le croire, il renoncera à ce mariage.

MADAME DE BRIENNE.

O le meilleur des amis! que vous êtes bon! que vous êtes généreux!

OLIVIER.

Non, je ne suis pas généreux, mais je vous aime, je ne vis que par vous, je souffre de vos chagrins, et les adoucir, c'est diminuer les miens! venez, madame; quittons ces lieux.

(Il rentre avec madame de Brienne dans son appartement.)

FIN DU QUATRIÈME ACTE.

ACTE CINQUIÈME.

SCÈNE PREMIÈRE.

DORBEVAL, POLIGNI; ILS ARRIVENT DU GRAND SALON.

DORBEVAL.

La bonne chose qu'un dîner ! surtout ceux d'à présent ! et quelle sublime, quelle admirable invention que celle du vin de Champagne !

POLIGNI, froidement

Oui, cela égaie, cela étourdit, cela fait tout oublier.

DORBEVAL.

Mais j'ai des complimens à te faire ; tu étais charmant auprès d'Hermance; tendre, galant, empressé. Est-ce que, par hasard, tu en serais amoureux ?

POLIGNI.

Eh ! morbleu ! il le faut bien, j'y suis forcé. Veux-tu que l'on croie que je ne l'épouse que pour sa dot ? Dans la position où je suis, aux yeux du monde, il n'y a qu'une grande passion qui puisse me justifier, et je m'essayais. Aussi j'avais besoin de respirer; si tu savais comme c'est terrible un amour d'obligation !

DORBEVAL.

Eh! mon Dieu! tu t'y feras; le mariage en lui-même n'est pas autre chose, et ce n'est pas parce que ta femme est riche que tu feras plus mauvais ménage. Il y a dans le monde une foule de préjugés bourgeois contre la fortune et même contre la beauté! Une jeune personne est-elle riche? ah! elle aura un mauvais caractère; est-elle jolie! elle sera coquette. Eh bien! moi, je connais des femmes laides qui n'avaient rien, et qui font enrager leurs maris; qui ne leur apportent dans leur ménage que des chagrins. Si elles avaient apporté une dot, la dot serait là; c'est une indemnité; car la fortune ne gâte rien et répare bien des choses. Je t'engage donc à prendre la tienne en patience, à t'y résigner, et à continuer ton système de passion, si cela te convient, si cela t'arrange.

POLIGNI.

Oui certainement. Il faut que mes amis, il faut que tout le monde me croie heureux; il y va de mon honneur. Mais ce qui m'inquiète, c'est ce soir, dans ton salon, ce contrat de mariage. Quand devant tout le monde on lira les articles, quand on connaîtra mon peu de fortune et la dot d'Hermance, qu'est-ce qu'on va dire? et puis, je crains qu'elle n'y soit.

DORBEVAL.

Qui donc?

POLIGNI.

Madame de Brienne! Grâce au ciel, elle a refusé d'assister à ce dîner; aussi, tu as vu comme j'y étais bien, comme j'étais à mon aise! Mais elle doit venir ce soir, et sa vue seule... Devant elle, je ne pourrai jamais signer.

DORBEVAL.

Quel enfantillage ! Mais il faut avoir pitié de ta faiblesse. Cette signature était fixée pour onze heures au salon, eh bien ! je vais trouver le notaire, et sans en prévenir le reste de la compagnie, je l'emmène là, (Montrant la première porte à droite.) dans mon cabinet, ainsi que ta future et nos témoins ; nous y lirons, nous y signerons ce contrat qui t'effraie, et d'ici à une demi-heure, tout sera terminé entre nous, et en comité secret. Es-tu content ?

POLIGNI.

A la bonne heure.

DORBEVAL.

Pour les autres signatures, qui ne sont qu'une vaine formalité, les donnera après qui voudra. Mais afin de procéder par ordre, voici d'abord des papiers qui désormais t'appartiennent, c'est la dot de ta femme, qu'en bon et fidèle tuteur je remets entre les mains de l'époux de son choix.

POLIGNI.

Eh quoi ! déjà ?

DORBEVAL.

Puisqu'en signant tu vas reconnaître les avoir reçus, il faut bien que je te les donne, et tu conviendras que c'est un beau moment que celui où l'on touche la dot ! c'est peut-être même le plus... (S'interrompant.) Malheureusement tu n'en jouiras pas long-temps, car là-dessus tu as des dettes à payer.

Lajaunais, qui ce soir est des nôtres, compte sur son argent.

POLIGNI.

Oui, mon ami, je sais que de mes mains ce portefeuille va passer dans les siennes.

DORBEVAL.

Pas tout-à-fait; prends bien garde : tu ne lui donneras que deux cent mille francs.

POLIGNI.

Et pourquoi ?

DORBEVAL.

Parce que les cent mille écus qu'il me doit, c'est à moi que tu les remettras; c'est convenu.

POLIGNI, riant

Ah! c'est à toi ! Mais alors tu pouvais les garder.

DORBEVAL.

Non, mon cher, parce qu'en affaire, la règle, l'exactitude... Mais quand j'y pense, ce Lajaunais que malgré lui je force à être honnête et à payer ses dettes !... (Riant) C'est très-gai.

POLIGNI.

Oui, sans doute !

DORBEVAL, riant

Tu n'en ris pas assez.

POLIGNI.

Si vraiment, c'est très-drôle.

(Il rient tous les deux)

SCÈNE II.

Les précédens, OLIVIER.

OLIVIER.

Eh ! mon dieu ! qu'avez-vous donc ? quels éclats de rire ! on vous entend du salon.

DORBEVAL, continuant de rire.

C'est ce Poligni qui est d'une folie, d'une gaieté !...

OLIVIER.

Quoi ! même avant le mariage ?

DORBEVAL.

Et quand veux-tu donc que l'on rie, si ce n'est dans ce moment-là ? on jouit de son reste.

POLIGNI, cherchant à s'echauffer.

Oui, vraiment, je suis si heureux aujourd'hui ! de bons amis, une femme charmante, un dîner... un dîner de ministre !... car, tu y étais, Olivier; mais tu n'as pas fait honneur comme nous au champagne qu'il nous a prodigué. Ce cher Dorbeval, cet excellent ami ! je serais bien ingrat si je ne l'aimais pas !

DORBEVAL.

Et moi donc !... Mais un bon dîner ne doit jamais nuire aux affaires, au contraire, et je vais penser aux nôtres. Olivier, est-ce que tu ne prends pas de café ?

OLIVIER.

Non.

DORBEVAL.

Et toi, Poligni ? Cela fait bien, cela dissipe les fumées.

POLIGNI, vivement

Non, non, Dieu m'en garde, je suis si bien ainsi !

DORBEVAL.

Alors, je vais prendre le mien. (A Poligni.) Tu sais que dans une demi-heure, je t'attendrai là dans mon cabinet ? *(Il sort.)*

POLIGNI.

Oui, mon ami, oui, je n'y manquerai pas.

SCÈNE III.

OLIVIER, POLIGNI.

OLIVIER.

Ton mariage a donc toujours lieu ?

POLIGNI, affectant une grande gaieté

Oui, mon ami, oui, sans doute; pourquoi me fais-tu cette question ?

OLIVIER.

Oh ! pour rien. (A part.) Allons, madame de Brienne ne lui a pas encore parlé; mais c'est elle que cela regarde.

POLIGNI, de même

Et si tu faisais bien, tu suivrais mon exemple, tu ferais comme moi un bon mariage, un mariage d'inclination : juge donc quelle brillante perspective ! une grande fortune qui, chaque jour, peut s'augmenter encore; de la considération, du crédit, le bonheur de recevoir mes amis; car vous viendrez tous! quelle ivresse! quelle suite de plaisirs! Nous n'aurons pas le temps de réfléchir, et déjà, d'avance, je ne puis te dire à quel point je suis heureux!

OLIVIER.

C'est singulier, cela n'en a pas l'air; le bonheur a un aspect plus tranquille. Mais cet amour pour Hermance t'est donc venu bien subitement?

POLIGNI.

Non, mon ami, je l'aimais et depuis long-temps, mais sans oser l'avouer à personne, parce que la disproportion de nos fortunes... la sienne qui est superbe, songe donc : cinq cent mille francs de dot!... on aurait pu croire... et jamais je ne me serais déclaré, sans Dorbeval, qui s'est aperçu de notre amour, qui l'approuve, qui consent à nous unir, et je lui dois ma fortune, mon bonheur, une jeune personne charmante, qui joint aux traits les plus séduisans le caractère le plus heureux!

OLIVIER.

Le caractère! le caractère! Il y a quelque temps cependant, tu me parlais de sa légèreté, de sa futilité.

POLIGNI, embarrassé

Hein! Je ne dis pas non, mais cela ne messied pas à une femme; j'aime mieux qu'elle soit futile que d'être pédante; et quand on réunit, comme elle, les qualités de l'esprit et du cœur...

OLIVIER.

Pour ce qui est de ses qualités, je t'ai entendu toi-même te plaindre de son humeur, de sa coquetterie.

POLIGNI.

Sa coquetterie! eh! mais pas tant; je ne vois pas cela. Je te jure, mon ami, que tu t'abuses sur son compte, ou que tu as des préventions contre elle.

OLIVIER.

M'en préserve le ciel! Moi, ce que j'en dis, c'est pour toi; et, si les avis, les conseils d'un ami peuvent t'éclairer...

POLIGNI.

Des avis! des conseils! Je n'en veux pas, je ne veux rien écouter. Si quelque illusion, si quelque erreur m'abuse, qu'on se garde de la disiper, qu'on me la laisse tout entière; je m'y plais, je veux y rester.

OLIVIER.

Mais si l'on te prouvait à toi-même que ce mariage ne te convient pas.

POLIGNI, hors de lui

Ce mariage! rien ne peut le rompre; il faut qu'il ait lieu. Sais-tu que maintenant c'est mon seul espoir? sais-tu que, s'il venait à manquer, ce serait fait de moi, de mon honneur, de ma vie, et que je n'aurais plus qu'à me brûler la cervelle?

OLIVIER.

Y penses-tu? c'est du délire, de la passion; tu l'aimes donc avec excès?

POLIGNI, avec un sourire amer

L'aimer... moi, l'aimer! crois-tu donc que la fata-

ACTE V, SCÈNE III.

lité qui me poursuit m'ait ôté le sens, le jugement, ait assez fasciné mes yeux pour me cacher la nullité de son esprit, la sécheresse de son cœur, la vanité, seul mobile de ses actions? Crois-tu que, tout à l'heure encore, je ne l'aie pas vue, dans le salon, entourée d'une foule de jeunes fats, dont son sourire sollicitait les hommages?

OLIVIER.

Et tu l'as souffert?

POLIGNI.

Et que m'importe à moi!

OLIVIER.

Qu'entends-je?

POLIGNI.

Je t'en ai trop dit pour te rien cacher. Aussi bien, je suis trop malheureux, et j'ai besoin d'un ami à qui confier mes peines. Oui, sans ce mariage, je suis perdu, déshonoré, obligé de fuir : à toi-même, je t'enlève le fruit de tes travaux!

OLIVIER.

Qu'importe! sois heureux!

POLIGNI.

Je ne le puis : je dois six cent mille francs!

OLIVIER.

Grand Dieu!

POLIGNI.

Et je ne te parle pas de mes inquiétudes, de mes craintes, de mes tourmens : voilà ce qui m'en coûte pour être agent de change.

OLIVIER.

Où en était la nécessité? toi qui avais une fortune honorable et indépendante, huit mille livres de rente, qui te forçait à les compromettre?

POLIGNI.

Qui m'y forçait? l'ambition, la vanité, le désir des richesses, le désir de briller.

OLIVIER.

Eh bien! tu es encore maître de ton sort, il ne dépend que de toi; plus d'égards, de vains ménagemens, il faut tout rompre.

POLIGNI.

Rompre! y penses-tu? et dans quel moment? Quand toute une famille est réunie pour signer ce contrat, quand il y a dans ce salon plus de deux cents personnes qui seraient témoins d'un pareil éclat! et de quel droit déshonorer une jeune fille qui n'a d'autres torts envers moi que de me sauver moi-même du déshonneur, de faire ma fortune, et à qui je ne peux pas même reprocher ses défauts, car je les connais, je les accepte; c'est à moi au contraire à la protéger, à la défendre : j'y suis engagé d'honneur, je suis lié par ses bienfaits, (A voix basse.) car déjà j'ai reçu sa dot : elle est là, j'en ai disposé d'avance, je l'ai presque employée. Je sais comme toi que j'y puis renoncer encore; je sais même qu'en vendant tout ce que je possède, je retrouve ma liberté au prix de l'indigence; mais te l'avouerai-je enfin, cette fortune dont j'ai déjà fait l'essai, cette fortune qu'on ne goûte pas impunément, est devenue pour moi le premier des biens. Plutôt mourir que de déchoir à tous les yeux ! et je sacrifierais à cette idée mon avenir, mon amour, madame de Brienne, et moi-même s'il le faut.

OLIVIER.

O ciel ! madame de Brienne ! tu l'aimerais encore !

POLIGNI.

Plus que jamais !

OLIVIER.

Et cependant, tu lui as dit...

POLIGNI.

Oui, parce que je tenais à son estime, parce que je veux bien rougir à tes yeux, mais non pas aux siens; et que, connaissant son ame noble et désintéressée, j'ai pensé qu'elle me pardonnerait mon inconstance plus aisément que ma fortune. Mais ce secret que je confie à toi seul, ne le trahis jamais : tu me le promets, tu me le jures; je suis méprisable à ses yeux, si je ne suis infidèle.

OLIVIER.

Ah ! ne crains pas que je te trahisse; tu sais que moi-même...

POLIGNI

Oui, je me rends justice. Tu la mérites mieux que moi, tu es plus digne de tant de vertus. Qu'elle soit heureuse, qu'elle m'oublie, qu'elle t'aime ! c'est ce que je veux, c'est ce que je désire, et cependant... Adieu, adieu, plains-moi, et si je te suis cher, garde bien mon secret.

(Il entre dans le cabinet à droite.)

SCÈNE IV.

OLIVIER, seul.

Et ce matin, je me croyais malheureux ! Il l'est cent fois plus que moi. Il aime, il est aimé; elle peut faire son bonheur, et il renonce à elle parce qu'elle ne peut faire sa fortune. Ah ! il avait raison : pour son honneur, gardons bien son secret !

SCÈNE V.

OLIVIER, madame DE BRIENNE.

OLIVIER.
C'est vous, madame? vous sortez du salon?

MADAME DE BRIENNE.
Oui, j'avais promis d'y paraître, j'y suis descendue un instant. Il y avait un monde, un bruit; ils parlaient tous de ce contrat; grâce au ciel, je n'ai rien entendu. (Avec inquiétude.) Il paraît que c'est ce soir à onze heures?

OLIVIER.
Oui, madame.

MADAME DE BRIENNE.
Tout entière à ses devoirs de maîtresse de maison, madame Dorbeval pouvait à peine approcher de moi

ou me parler; perdue au milieu de la foule, je n'apercevais ni ce que je désirais, ni ce que je craignais de rencontrer; car je ne voyais ni vous ni Poligni, et fatiguée de tout ce monde, je quittais le salon, je rentrais chez moi.

OLIVIER.

Sans parler à Poligni?

MADAME DE BRIENNE, avec insouciance

Je ne l'ai pas vu; d'ailleurs je n'avais rien à lui dire, j'y étais décidée.

OLIVIER.

Vraiment!

MADAME DE BRIENNE.

Depuis que vous m'avez quittée, j'ai réfléchi à ce que votre amitié, votre générosité m'avait confié, et j'ai trouvé indigne de moi d'en profiter. Oui, il ne m'est pas permis de compromettre une jeune personne, à laquelle, après tout, on ne peut reprocher que de l'imprudence, de l'étourderie; et nous avons toutes si besoin d'indulgence! Et puis cela empêcherait-il qu'il n'eût été infidèle? Il ne m'aime plus, il l'aime, il me l'a dit!

OLIVIER, à part

Grand Dieu!

MADAME DE BRIENNE.

Et si je les séparais, ils s'aimeraient davantage. (Vivement) Non, non, n'y pensons plus! Je ne suis plus telle que vous m'avez vue ce matin, sans énergie, sans force, sans courage. Ma raison est revenue, et avec elle ma fierté et l'estime de moi-même; (Avec fermeté) je n'ai point mérité mon sort, je n'ai rien à me reprocher, je perds celui que j'aime, mais je m'immole à son bonheur, mais je fais des vœux pour lui, je le force à me plaindre, à m'estimer, à me regretter. (Mettant la main sur son cœur) Je souffre encore, il est vrai ; mais je suis sans remords, et il en aura peut-être !

OLIVIER.

Ah ! combien je vous admire !

MADAME DE BRIENNE.

Vous restez à ce contrat ; moi je ne puis. Mais je vous verrai demain, n'est-il pas vrai ? Vous avez voulu mon amitié, elle va vous imposer bien des obligations, vous être bien à charge.

OLIVIER.

Ah ! madame !

MADAME DE BRIENNE.

Non, je ne le pense pas. Je vous dirai ce que j'attends de vous : quelques visites, quelques démarches indispensables, car vous n'ignorez pas ce qui m'arrive aujourd'hui ; je n'ai pas eu le temps de vous le dire je suis riche.

OLIVIER, avec effroi.

O ciel !

MADAME DE BRIENNE.

Oui, je suis comprise dans ces indemnités ; je m'en doutais déjà ; mais tout à l'heure, au salon, monsieur Dubreuil, un commis des finances, me l'a confirmé hautement, et si vous saviez comme les complimens, les félicitations m'ont sur-le-champ accablée, et combien je me suis trouvé d'amis que je ne soupçonnais

ACTE V, SCÈNE V.

pas! je ne savais que répondre, je n'y étais plus; c'est un mauvais moment pour être heureuse.

OLIVIER, trouble, et l'interrogeant en tremblant.

Mais cette fortune, je l'espère... je veux dire, je le pense, n'est pas une fortune bien grande?

MADAME DE BRIENNE, negligemment

Si vraiment; plus que je ne peux vous dire.

OLIVIER, de même

Cependant ce n'est pas aussi considérable, par exemple, que la dot d'Hermance?

MADAME DE BRIENNE.

Près du double.

OLIVIER.

Grand Dieu!

MADAME DE BRIENNE.

Qu'avez-vous donc?

OLIVIER.

Rien, rien, madame. (A part) Après tout, ne lui ai-je pas juré de me taire, de garder son secret. Mais le puis-je à présent sans faire leur malheur à tous deux? ah! je rougis d'avoir hésité, et c'est l'honneur lui-même qui m'ordonne de le trahir.

MADAME DE BRIENNE.

Que dites-vous?

OLIVIER.

Que le sort ne m'avait souri un instant que pour mieux m'accabler, et pour renverser toutes mes espérances. Apprenez que maintenant rien ne s'oppose à votre bonheur, à votre union; vous pouvez épouser Poligni.

MADAME DE BRIENNE.

Y pensez-vous? quand il en aime une autre!

OLIVIER.

Plût au ciel! mais il n'a jamais aimé que vous; il vous aime encore.

MADAME DE BRIENNE, avec joie

Il serait possible!

OLIVIER.

Ah! vous pouvez m'en croire : c'est moi, moi seul au monde qui possède son secret; il vient de me le confier... pour mon malheur!

MADAME DE BRIENNE.

Pourquoi alors ce mariage avec Hermance?

OLIVIER.

Ce mariage faisait son désespoir, mais il y était forcé. Cette charge qu'il vient d'acheter compromettait son avenir, et pour acquitter les six cent mille francs qu'il doit, il lui fallait une dot considérable, une femme riche, et maintenant il trouve tout réuni dans celle qu'il aime.

MADAME DE BRIENNE, à part, et lentement.

Que viens-je d'entendre? il m'aimait! il m'aime encore! et il en épousait une autre! Il m'abandonne pour une dot, pour un mariage d'argent! (Avec un sentiment de mépris) Ah! (Elle cache sa tête dans ses mains, et reste quelque temps absorbée dans ses réflexions, elle se relève et dit à Olivier) Olivier, ce secret qu'il vous a confié, vous seul en avez connaissance?

OLIVIER.

Oui, madame, je le crois.

ACTE V, SCÈNE V

MADAME DE BRIENNE.

Et vous avez tout sacrifié pour votre ami ! pour moi... (A part.) Ah ! quelle différence ! et que je rougis de moi-même ! (Cherchant à reprendre sur elle.) Allons, (Elle regarde la pendule et dit froidement.) Ce mariage est pour onze heures : il sera temps encore ; je veux lui écrire.

OLIVIER.

Ne voulez-vous pas le voir?

MADAME DE BRIENNE.

Non, dans ce moment sa présence me ferait mal.
(Elle se met à la table, écrit quelques mots, s'arrête, et écrit encore.)

OLIVIER.

Adieu, vous que j'ai tant aimée, et que je perds à jamais. J'ai eu la force de tout immoler à votre bonheur ; mais je n'ai pas celle d'en être le témoin. Adieu pour toujours !

MADAME DE BRIENNE.

Olivier, de grâce...

OLIVIER.

Non, madame, je ne puis.

MADAME DE BRIENNE.

J'ai pourtant un service à vous demander. Ah ! vous restez ; j'en étais sûre.

OLIVIER.

Que me voulez-vous?

MADAME DE BRIENNE.

Cette lettre doit être remise à Poligni à l'instant ; oui, à l'instant même ; car il faut que sur-le-champ il puisse y répondre. Dieu ! le voici.

SCÈNE VI.

Les précédens; POLIGNI, sortant du cabinet
à droite.

POLIGNI, à madame de Brienne qui veut s'éloigner

Ah! madame, ne me fuyez pas; que je puisse au moins vous voir... pour la dernière fois!

MADAME DE BRIENNE.

Je le voulais... je ne le puis... Mais cette lettre vous était destinée, je vous la laisse. (Elle lui donne la lettre.)

POLIGNI.

Un instant encore; d'après ce que je viens d'entendre, j'y dois une réponse.

MADAME DE BRIENNE.

Eh bien! lisez.

OLIVIER.

Ah! tout est fini pour moi.

POLIGNI, lisant

« Je sais que vous m'aimez encore; je sais les
« motifs qui vous forcent à épouser Hermance. »
(A Olivier) Ah! tu m'as trahi!

OLIVIER.

Oui, pour ton bonheur!

POLIGNI, continuant

« Ce mariage vous rendrait à jamais malheureux,
« et je dois l'empêcher, non pour moi, car l'amour
« est éteint dans mon cœur, je vous le jure, et vous

« savez si l'on doit croire mes sermens; mais mon
« amitié qui vous reste s'effraie de votre avenir, et
« je sais un moyen de sauver votre réputation sans
« compromettre votre bonheur : je suis riche, j'ai
« huit cent mille francs, disposez-en. Olivier m'aimera
« bien sans cela, et vous pouvez les accepter sans
« rougir de la femme de votre ami. »

OLIVIER, poussant un cri, et se jetant aux pieds de madame de Brienne

Ah! que viens-je d'entendre!

MADAME DE BRIENNE.

Olivier, levez-vous.

POLIGNI, se cachant la tête dans ses mains.

Ah! malheureux!

MADAME DE BRIENNE, a Poligni

Eh bien! vous ne répondez pas? Qui vous empêche d'accepter?

POLIGNI.

Je vous remercie de votre amitié, de vos offres généreuses qui désormais me sont inutiles. Mon sort est fixé, et je ne pourrais maintenant, sans me perdre aux yeux du monde, sans manquer à l'honneur, rompre des engagemens qui du reste comblent tous mes vœux.

SCÈNE VII.

Les précédens; madame DORBEVAL, HERMANCE, DORBEVAL, tenant Hermance par la main.

DORBEVAL.

Eh bien! où est donc le marié? on le demande de tous les côtés, et c'est moi qui lui amène sa femme.

HERMANCE.

Et, mon Dieu! oui, voilà tout le monde qui vient vous chercher.

POLIGNI, prenant un air riant.

Tout le monde! ah! c'est fort aimable! c'est charmant! je suis ravi, enchanté!

DORBEVAL.

Oh! ce n'est rien encore. Une de ces dames vient de se mettre au piano, et nous allons avoir un bal impromptu.

POLIGNI, affectant une grande joie.

Nous danserons! c'est délicieux! Tous les plaisirs à la fois! (Prenant la main d'Hermance.) Ma chère Hermance, venez, que je vous présente à mes amis. D'abord, à Olivier, mon camarade de collége.

HERMANCE.

Oh! je connais déjà monsieur, nous avons passé cet été quelques jours ensemble à Auteuil?

POLIGNI.

A... Auteuil!

ACTE V, SCENE VII.

HERMANCE.

Nous y avons joué la comédie.

POLIGNI, vivement

Le Mariage de Figaro?

HERMANCE.

Justement! je jouais Fanchette.

POLIGNI, s'efforçant de rire.

Fanchette! c'est charmant! c'est très gai!

DORBEVAL a madame de Brienne

Mais à mon tour, madame, permettez-moi de vous féliciter. On vient de m'apprendre votre fortune. Huit cent mille francs! Vous avez dû être ravie d'un pareil changement?

MADAME DE BRIENNE, regardant Poligni

Oui, je me réjouis du changement que j'éprouve, et auquel je n'osais croire.

DORBEVAL, a Poligni.

Mais, à propos, j'ai de bonnes nouvelles à t'apprendre; notre spéculation va à merveille! Dès demain, en réalisant, ta charge est payée, et, fin de mois, ta fortune est faite. Tu deviens un capitaliste, un riche propriétaire, et tu seras dans ton ménage aussi heureux que moi : maison de ville et de campagne, des chevaux, des équipages, de l'or, des amis; tu auras tout réuni.

MADAME DORBEVAL, a part

Excepté le bonheur!

FIN DU MARIAGE D'ARGENT.

LES MANTEAUX,

COMEDIE-VAUDEVILLE EN DEUX ACTES,

Representee, pour la première fois, à Paris, sur le théâtre du Gymnase dramatique, le 20 février 1826.

EN SOCIETE AVEC MM. VARNER ET DUPIN

PERSONNAGES.

BLUM, garçon tailleur.
Mademoiselle BRIGITTE, sa prétendue, couturière.
PLEFEL, intendant d'un riche seigneur.
MAURICE, soldat aux gardes, et amant de Louisa.
LOUISA, pupille de Plefel.

La scène se passe dans une ville d'Allemagne.

BLUM.

C'EST FAIT DE MOI.

Les Manteaux, acte II.

LES MANTEAUX.

ACTE PREMIER.

Le theâtre représente une chambre assez simplement meublée; une petite porte au fond, un peu à droite. A la gauche de l'acteur, sur le second plan, une autre petite porte. Sur le devant, une table avec du fil, des ciseaux, et autres différentes choses a l'usage d'une couturière.

SCÈNE PREMIÈRE.

PLEFEL, LOUISA; ILS ENTRENT PAR LA PORTE DU FOND.

PLEFEL.

Oui, mademoiselle Louisa, oui, ma chère pupille, voici désormais votre appartement. Monseigneur, dont je suis l'intendant, m'a permis de vous loger dans cet hôtel, et de vous donner au cinquième cette jolie petite chambre en garni, qui est vacante depuis hier.

LOUISA.

Ah! et pourquoi?... comme c'est triste! je vais m'ennuyer ici.

PLEFEL.

Pendant quelques temps; mais bientôt vous allez

être ma femme; je ne vous-quitterai plus; nous ne ferons qu'un.

LOUISA.

Tant pis; quand je suis seule, je m'ennuie. Pourquoi m'avoir fait quitter la maison de M. Kaufmann, mon parrain, où c'était si gai et si amusant, et où il venait tant de monde?

PLEFEL.

Parce que M. Kaufmann, qui est le premier traiteur de cette résidence, reçoit chez lui la ville et la cour, des militaires surtout, et je connais les militaires allemands.

Air du vaudeville de l'Homme vert

> Lorsque l'Allemand est a table,
> Aux belles il ne pense pas;
> Mais il devient plus redoutable
> Des que vient la fin du repas.
> L'amour chez lui ne songe à naître
> Que quand la bouteille a vécu;
> Et l'un ne commence a paraître
> Que lorsque l'autre a disparu.

On m'a d'ailleurs parlé d'un certain M. Maurice, soldat aux gardes.

LOUISA.

Ah! et pourquoi?

PLEFEL, à part

Ah! et pourquoi?... elle n'a jamais que cette question à faire. (Haut.) Il y a ensuite d'autres motifs, inutiles à vous expliquer; car ce soir, chez votre parrain, il doit se passer des choses...

ACTE I, SCÈNE I.

LOUISA.

Ah!

PLEFEL.

Que vous n'avez pas besoin de savoir.

LOUISA.

Vous me dites toujours cela, depuis quelque temps, et vous avez surtout un air sombre et mystérieux...

PLEFEL.

Voulez-vous bien vous taire, et ne pas répéter de pareils propos! Je vous ordonne, au contraire, de dire à tout le monde que je suis gai, très gai. Adieu. Je ne viendrai peut-être pas vous voir ce soir, parce que j'attends chez moi quelques amis à qui j'ai donné rendez-vous. Enfermez-vous ici, et n'en sortez pas.

LOUISA.

Ne pas sortir de cette chambre. (Elle aperçoit le fil et les ciseaux qui sont sur la table à gauche.) Mais elle est encore habitée, car je vois là, sur cette table, des ciseaux et du fil.

PLEFEL.

Comment, mademoiselle Brigitte est encore ici!... une petite couturière à qui j'ai donné congé depuis un mois... elle devait s'en aller hier matin... Péters, le portier, m'avait même assuré qu'elle était partie... et il m'a trompé.

Air : Un homme pour faire un tableau.

Oser tromper un intendant!
Ah! c'est aussi par trop d'audace!
Dans l'hôtel, d'un œil indulgent,
Je vois souvent ce qui se passe

A l'erreur, au tort le plus grand,
J'ai pu pardonner . et pour causes,
Mais attraper un intendant,
C'est renverser l'ordre des choses

LOUISA.

Ah ! et pourquoi ?

PLEFEL.

Pourquoi ? parce que je veux être obéi, et je vais renvoyer à l'instant même mademoiselle Brigitte, et de plus Péters, le portier.

LOUISA.

Quoi ! vous voulez sans pitié ?...

PLEFEL.

Est-ce que je ne suis pas intendant, intendant de monseigneur, et comme tel, responsable ?

LOUISA.

Et l'humanité !

PLEFEL.

Les loyers d'abord, l'humanité après, si cela se peut sans se gêner : voilà les principes d'un intendant. Et cette chambre qui ce soir devait être vacante ! (A part) Ah mon Dieu ! c'est ce qu'il nous faut. (Haut.) Je change d'idée. Pour ce soir vous prendrez mon appartement, parce que celui-ci... (A part.) est plus convenable pour notre conférence... au cinquième... sous les mansardes... deux sorties... deux escaliers... impossible qu'on puisse nous surprendre. Je vais prévenir ces messieurs.

ACTE I, SCÈNE I.

LOUISA.

Hé bien! qu'avez-vous donc encore? voilà votre air de mystère qui vous reprend.

PLEFEL.

Moi, du tout. Voyez cette petite sotte avec ses remarques.

Air Dieu tout puissant, par qui le comestible

Écoutez bien, c'est Brigitte, je pense.

LOUISA.

Il m'a semblé qu'on montait l'escalier.

PLEFEL.

Tant mieux, morbleu!

LOUISA.

Mais faites donc silence!
Je crois près d'elle entendre un cavalier.

PLEFEL.

Un cavalier! hâtons-nous de descendre,
Envoyons-leur un fondé de pouvoir,
Comme intendant, je suis là s'il faut prendre,

(Montrant son épaule.)

J'ai mon huissier dès qu'il faut recevoir.

ENSEMBLE

Éloignons-nous, car je crois que c'est elle,
Et descendons par $\begin{Bmatrix} \text{mon} \\ \text{votre} \end{Bmatrix}$ autre escalier.

$\begin{Bmatrix} \text{Je} \\ \text{Il} \end{Bmatrix}$ n'aime point affliger une belle

Alors qu'elle est près d'un preux chevalier.

(Ils sortent par la petite porte à gauche.)

SCÈNE II.

BRIGITTE, BLUM; ILS ENTRENT PAR LA PORTE DU FOND. BLUM A UNE VESTE, ET PAR-DESSUS UN MANTEAU QU'IL DÉPOSE EN ENTRANT. SOUS SON BRAS EST UN PAQUET ENVELOPPÉ DANS DE LA SERGE VERTE.

BRIGITTE, tenant un pan cra son bras

Oui, monsieur, j'étais chez ce bon Péters, le portier, à parler de vous. Venir aussi tard! Depuis cinq ans, c'est la première fois! Mais je me disais bien que cet amour-là ne durerait pas.

BLUM.

Vous êtes fâchée contre moi, mademoiselle Brigitte! mais quand vous saurez...

BRIGITTE.

Je le devine. Vous vous disiez : « Je n'ai pas besoin « de me presser. Je suis sûr que mademoiselle Brigitte « est là à m'attendre; parce qu'une couturière en « chambre, c'est sage et sédentaire, ça n'est pas « comme les garçons tailleurs. » Oui, monsieur, dans votre état, vous voyez tant de monde!

AIR de Oui et Non

Obligé de porter vos pas
Chez des gens de mœurs fort légères,
En leur prenant mesure, hélas!
Vous prenez souvent leurs manières

Et de plus d'un jeune élégant
Adoptant ainsi la méthode,
Monsieur Blum s'est fait inconstant
Afin de se mettre à la mode.

Et je remarque que depuis quatre ou cinq jours, surtout, vous devenez très léger.

BLUM.

Moi ! un Allemand !

BRIGITTE.

Oui ; mais il y a chez votre maître des garçons tailleurs français. Ce sont ceux-là qui vous perdront... Surtout depuis qu'on a établi dans cette résidence un magasin de modes à l'instar de ceux de Paris... et l'autre jour quand vous me donniez le bras, vous avez salué une des demoiselles de comptoir.

BLUM.

C'est par honnêteté. Vous savez que je salue toujours tout le monde. Pouvez-vous avoir des idées pareilles ? Moi qui vous aime depuis cinq ans, et qui attends de jour en jour l'instant de nous marier !

BRIGITTE.

Oui, mais on se lasse d'attendre.

BLUM.

Est-ce que vous vous lassez, mademoiselle Brigitte ?

BRIGITTE.

Je ne dis pas cela pour moi ; mais pour vous, monsieur Blum. Nous ne devions nous marier que quand nous aurions des économies. Et loin de cela nous avons des dettes ; témoin mon terme, qui n'est pas payé ; et sans M. Péters, le portier, qui, en l'absence de l'intendant, a bien voulu me laisser quelques jours de plus...

BLUM.

Sans doute; il faut de l'argent pour entrer en ménage, pour s'établir; et puis, quand nous serons mariés tous les deux, peut-être que nous deviendrons trois, quatre, cinq; qui sait? on ne peut pas prévoir. Il ne faut pas rougir pour cela, mademoiselle Brigitte; parce que c'est tout naturel, et que tout est possible dans l'ordre des choses.

BRIGITTE.

Je ne rougis pas, monsieur Blum. Mais je réfléchis, et je me dis :

Air Voilà huit ans qu'on ce village (de Léocadie)

Avant d' former cet hyménée ;
Nous prétendions, en bons parens,
Fixer d'abord la destinée
De notre.. ou bien de nos enfans,
Oui, le destin de nos enfans.
Matin et soir tenant l'aiguille,
Voilà pourtant cinq ans et plus
Que nous songeons à not' famille,
Et voilà cinq ans de perdus,
Tout en songeant à not' famille....
Oui, voilà cinq ans de perdus.

BLUM.

Hélas! oui; et ces années-là, mademoiselle Brigitte, ça ne se retrouve plus. Je me rappelle encore la première fois que je vous vis dans ce bal champêtre, j'avais vingt ans, et vous en aviez quinze. Quel gaillard je faisais! Comme je dansais deux fois plus vite que le violon; et un pied plus haut que les autres! On ne voyait que moi. Et vous donc?...

Même air

> Que vous étiez gentille et leste!
> Quell' grâce, quel joli minois!
> Votre taille souple et modeste
> Aurait tenu dans mes dix doigts.
> J' croyais voir la rose nouvelle.
> Quell' fraîcheur! quels traits ingénus!
> Vous êtes toujours fraîche et belle,
> Mais voilà cinq ans de perdus.

Aussi, j'ai pris un parti désespéré; et je suis venu pour vous le proposer.

BRIGITTE.

Ah mon Dieu!

BLUM.

Ne vous effrayez pas; voilà ce dont il s'agit. Il y a une vingtaine de jours, un monsieur que je ne connais point vint me trouver, non pas chez mon maître, mais dans ma chambre, où je travaille, et me demanda si, dans douze jours, je pourrais lui livrer douze manteaux bien confectionnés. Vous savez comme je couds vite, surtout quand je pense à vous. Je lui donnai ma parole; il m'apporta une pièce d'étoffe toute particulière, et comme je n'en avais pas encore vu; je me mets donc à l'ouvrage.

BRIGITTE.

Et vous faites les douze manteaux?

BLUM.

Mieux que cela; j'en fais treize; un de plus... rien qu'avec les morceaux... tout cela dépend de la coupe... ils n'y auront rien perdu, car ils ne s'en apercevront seulement pas : et moi j'y aurai gagné un vêtement bien chaud pour cet hiver.

BRIGITTE.

Mais ce n'est pas bien, monsieur Blum. Vous qui ne feriez tort à personne d'un denier.

BLUM.

Pour de l'argent! non, sans doute, je n'y toucherais pas; mais du drap, c'est bien différent. C'est l'usage chez les tailleurs; chaque corporation a ses priviléges, voyez les gens d'affaires, les marchands, les cuisinières; ce sont des grâces d'état; et la preuve, c'est que la pratique dont je vous parlais a été enchantée, et m'a donné, pour la façon des douze manteaux, douze frédérics.

BRIGITTE.

Vraiment!

BLUM, les lui donnant.

Oui, mademoiselle, les voilà; ce n'est pas grand' chose; mais j'ai idée que nous ne serons jamais plus riches qu'en ce moment; et si vous vouliez...

BRIGITTE.

Hé bien?

BLUM.

Hé bien! nous irions nous marier dès ce soir.

ACTE I, SCÈNE II.

BRIGITTE.

Comment, monsieur Blum, vous voudriez, comme ça à l'improviste, et sans réfléchir?....

BLUM.

Ma foi, oui. Un coup de tête. Il n'y a que cela pour en finir.

Air Le Luth galant

Luttant jadis contre l'adversité,
Nous souffrions chacun de not' côté

BRIGITTE.

Mais tous deux n'ayant rien, pour l'avenir je tremble

BLUM.

Moi je vois sans frayeur
L'hymen qui nous rassemble
Si nous somm's malheureux, nous le serons ensemble

BRIGITTE.

C'est presque du bonheur.

Mais il faudrait passer à la paroisse, prévenir le ministre, avertir des témoins.

BLUM.

Je vais m'en occuper. (On entend frapper à la porte du fond) Qui frappe là?

BRIGITTE.

Ce ne peut être que Maurice, mon cousin, qui est soldat aux gardes.

BLUM.

Ah! M. Maurice, votre cousin le Westphalien, un bon enfant, qui vous aime bien; mais c'est un luron qui est d'une vivacité.. comme tous les militaires allemands.

SCÈNE III.

Les précédens; MAURICE.

MAURICE.

Ah! bonsoir, cousine, ch' afré pas pu fenir ce matin, parce que ché être de carde chez le comte de Rinsberg, la favori du prince; c'étaient pas là des pékins... Ah! vous voilà, M. Blum; je suis pien aise de fous foir.

BLUM.

Et moi aussi, monsieur Maurice.

MAURICE.

Quoiqué vous m'havré fait mon ternier uniforme un peu chéné des entournures, fous êtes un homme de pon conseil; et je fenais vous consulter toutes les deux sur mes amours.

BLUM.

Comment! et vous aussi?

BRIGITTE.

Vous êtes amoureux?

MAURICE.

Ya, de la petite Louisa, la filleule de Kaufmann, le plus riche traiteur de la ville. J'étais distingué par le jeune personne; mais la parrain et la marraine ils foulaient point me recevoir.

BRIGITTE.

Comment alors faites-vous pour voir mademoiselle Louisa?

ACTE I, SCÈNE III.

MAURICE.

Jé allais poire chez la parrain.

Air *Elle a trahi ses sermens et sa foi*

Lorsque j'allais pour faire les doux yeux,
On me priait d' sortir de la boutique;
Le per' Kaufmann renvoie un amoureux,
Mais n'a jamais renvoyé de pratique.
C' n'est qu'en buvant que je pouvais la voir;
Et j' la voyais du matin jusqu'au soir

Mais j'ai eu aujourd'hui un mouvement de fifacité qui a fait du tort à ma passion. En temandant un' bouteille de vin, j'ai temandé mondemoiselle Louisa; on m'a répondu qu'elle avait un tuteur qui être fenu aujourd'hui l'emmener pour l'épouser. L'épouser! tartefif! la fifacité m'a pris, et j'ai levé le canne sur la parrain.

BLUM.

Vous l'avez levée ! il serait possible !

MAURICE.

Mieux que cela; elle afre retombé... à différentes reprises... mais pas bien fort. Son femme, la marraine de Louisa, elle est arrivée au secours; j'ai dit : « Mon- « tame, taisez-vous, taisez-vous, montame; » et comme elle se taisait pas, je havré encore eu une autre fifacité; ché foulu, de la main, la faire rasseoir sur son chaise, ché pas visé juste, et la matame elle s'est assise par terre, pouf, mais pas bien fort.

BLUM.

Ah ! mon Dieu !

MAURICE.

Air du vaudeville de Fanchon

Quand je suis amoureuse,
J'ai la main malheureuse.
Qui s' presente un empechement,
A grands coups je l'elague,
Car un militaire allemand
Ne connaît que la schlague
Et que le sentiment.

DEUXIEME COUPLET.

On dit qu' dans son menage,
Quand sa femme est peu sage,
L'Anglais
Se munit d'un proces,
L'Espagnol d'une dague;
Mais un bon epoux allemand
Ne connaît que la schlague
Et que le sentiment

BLUM.

Mais c'est fait de vous et de votre mariage.

MAURICE.

Ce être rien encore. Dans le fifacité des moufemens, ché afré tout cassé dans le boutique; le peuple il est fenu; les chens de loi afoir tressé un procès-ferpal; et si temain ché paie pas une amende de six frédérics, moi aller en prison.

BRIGITTE.

O ciel!

MAURICE.

Pour moi, ce être égal; mais ché fais tire; ché

poufoir plus poursuifre ce coquin d'intendant qui a enlevé montemoiselle Louisa, et qui fouloir l'épouser; alors, temain, ché pendre moi tout toucement par mon cou.

BLUM.

Et je le souffrirais! le cousin de mademoiselle Brigitte! non, corbleu!

BRIGITTE

Quoi! vous voudriez?..

BLUM.

Est-ce qu'entre parens on ne doit pas s'entr'aider? (A Maurice) Tenez, nous avions douze frédérics pour entrer en ménage; partageons, et ce soir vous serez de la noce; vous nous servirez de témoin.

MAURICE.

Il serait vrai? vous vous técidez enfin.

Air Amis, voici la riante semaine

Quoi! mon cousin' va cesser d'être fille!
Vous qui craigniez de tevenir époux.

BLUM.

Ça nous regarde.

MAURICE.

Et le petit' famille?

BLUM.

S'il en arrive, ils feront comme nous

BRIGITTE.

A l'espérance ici mon cœur se livre,
De leur destin pourquoi s'inquiéter?
Et pour savoir s'ils auront de quoi vivre,
Permettons-leur, avant tout, d'exister.

MAURICE.

C'est ça; che fais aller bayer le père Kaufmann, et tâcher en touceur d'afoir des nouvelles de montemoiselle Louisa et de son tuteur.

BLUM.

Je descends avec vous; car il faut que je passe au presbytère.

BRIGITTE.

Y pensez-vous? dans ce costume? votre veste de travail?

BLUM.

Je n'en ai pas d'autre; et, grâce à mon beau manteau neuf, que je mettrai par-dessus, j'aurai l'air d'un comte du Saint-Empire

BRIGITTE.

On ne se marie pas avec un manteau.

BLUM.

Vous avez raison; mais pour avoir un habit neuf, c'est trop cher. Attendez, j'ai ce qu'il nous faut. (Courant au paquet de serge verte) Voilà un beau frac bleu, que mon maître m'a dit de porter ce soir chez une pratique; je peux bien ne le lui porter que demain, et l'essayer en attendant; c'est un service que je lui rendrai.

BRIGITTE, a Blum.

Est-ce que c'est permis?

BLUM.

Tiens, par exemple ! il appartient à un grand seigneur qui en a bien d'autres, le comte de Rinsberg.

ACTE I, SCÈNE III.

MAURICE.

Le comte de Rinsberg, le favori du prince, chez qui j'étais de carde ce matin.

BLUM.

Est-ce un bon enfant ?

MAURICE.

Ya, pour le soldat: parce que lui se battre bien. Mais dans cette résidence, voyez-vous..

AIR Ce que j eprouve en vous voyant

Il afre a caus' de son credit
Des ennemis remplis d audace,
Qui voudraient lui prendre sa place.

BLUM.

Je ne lui prends que son habit (bis.)

MAURICE.

Et pourtant c'est un homme honnête
Qui voudrait combler tous les vœux.

BRIGITTE.

Alois, cela se trouve au mieux :
Car l'habit que ce soir il prête
Va servir a fair'deux heureux

(Blum ôte sa veste et met l'habit.)

BLUM.

Partons, partons, et vous, cousin, n'oubliez pas que nous vous attendons ici à dix heures, pour donner la main à la mariée.

MAURICE, à Brigitte

C'est tit, ché serai au boste. A propos, cousin,

voilà un papier que le concierge m'a dit de fous remettre fifement.

(Blum a pris son manteau, et sort avec Maurice par la porte du fond.)

SCÈNE IV.

BRIGITTE, seule.

AIR du vaudeville de la Somnambule.

Enfin, au gré de mon impatience,
Je vais ce soir former ce nœud charmant,
Dans les beaux jours de mon adolescence,
J'en conviendrai, j'y pensai bien souvent
    Je sais, m'rappelant mon aurore,
    Qu'on est curieuse à quinze ans,
Mais a vingt ans, on l'est bien plus encore,
Car on attend et depuis plus long-temps.

Et quand on est comme ça au moment, ça produit un effet qu'on ne peut pas rendre. Il est vrai que M. Blum est un garçon si doux, si honnête et si respectueux... c'est aujourd'hui, pour la première fois, qu'il s'est hasardé à me faire une telle demande. C'est singulier que ça ne lui soit pas venu plus tôt ; j'en ai eu souvent l'idée ; mais une demoiselle qui se respecte n'avoue jamais ces idées-là. Voyons ce papier que m'a remis mon cousin ; c'est peut-être quelque patron ; non, c'est de l'écriture, eh mais ! c'est de M. Plefel, l'intendant ! un ordre de lui remettre les clefs, et de partir ce soir, à l'instant même, sous peine d'y être contrainte, et par corps. Une contrainte par corps !

le jour de mon mariage! qu'est-ce que ça veut dire? Je ne peux pourtant pas partir sans payer; et je lui dois six frédérics, juste ce qui nous reste! de sorte que, pour entrer en ménage, nous allons nous trouver plus pauvres qu'auparavant; et il va falloir encore attendre! Ah mon Dieu! mon Dieu! attendre encore, quand on était au moment!... moi, d'abord, c'est fini... je n'ai plus de patience.

SCÈNE V.

BRIGITTE, BLUM.

BLUM, en dehors.

Mademoiselle Brigitte! mademoiselle Brigitte! (Il entre) Hé bien! qu'avez-vous donc à pleurer?

BRIGITTE.

Ce que j'ai? l'intendant, M. Plefel, me renvoie d'ici, à l'instant même, et il faut que je lui porte les clefs.

BLUM.

N'est-ce que cela? venez chez moi, et ne craignez rien, nous sommes riches maintenant.

BRIGITTE.

Que dites-vous?

BLUM.

Ah! de fameuses nouvelles! mais ça et les cinq étages, ça vous coupe la respiration. Je venais de chez le ministre luthérien qui est à deux pas, et tout est convenu pour ce soir à minuit; lorsqu'en passant près des murs du presbytère, je me sens arrêté par le bras.

BRIGITTE.

Ah mon Dieu ! je meurs de peur.

BLUM.

J'ai bien aussi commencé par là ; mais à la lueur du demi-clair de lune, je lève les yeux en tremblant, et vis-à-vis de moi, je vois un grand homme enveloppé d'un manteau pareil au mien. « Tiens, me dit-« il en me donnant un portefeuille... tout à l'heure, « au rendez-vous convenu... songe à tes promesses... « voici les nôtres... » et en achevant ces mots, il avait déjà disparu.

BRIGITTE.

Qu'est-ce que cela veut dire ?

BLUM.

Je n'en sais rien. Mais voilà qu'à la lueur d'un réverbère, j'ai regardé, et le portefeuille contenait des billets de banque, Banque d'Autriche : c'était écrit.

BRIGITTE.

Il se pourrait !

BLUM.

Il y en a pour huit cents florins. Les voilà, je vous les apporte, je vous les donne.

BRIGITTE.

Air des Amazones.

Il se pourrait ! quel bonheur, quelle ivresse !

ACTE 1, SCÈNE V.

BLUM.

J' suis millionnaire, ou je n'en suis pas loin

BRIGITTE.

J' n'y conçois rien, car toujours la richesse
Va chez les gens qui n'en ont pas besoin
En v'nant chez nous, ell' s'est trompé' de route,
J' n'espérais pas la connaître aussitôt..
Mais la fortune est aveugle.. et sans doute
Ell' nous a pris pour des gens comme il faut

Nous aurions huit cents florins !

BLUM.

Vous le voyez. C'est notre mariage qui nous a porté bonheur... Dieux ! quelle idée ! maintenant que nous voilà riches, nous pourrons, mademoiselle Brigitte, nous marier avec un peu plus d'éclat. Ce soir, chez moi, un petit repas de noce, une réunion de famille... notre cousin le soldat, quelques amis... puis au dessert, on rira: on s'embrassera, on boira à la santé des mariés, et puis ensuite, comme ce sont des amis, j'espère qu'ils s'en iront; alors, mademoiselle Brigitte, nous resterons seuls.

BRIGITTE, baissant les yeux

Oui, monsieur Blum.

BLUM.

Nous serons chez nous.

BRIGITTE.

Oui, monsieur Blum.

BLUM.

Nous causerons, comme de bons bourgeois, de no

richesses et de notre avenir; et puis, madame Blum... car enfin vous serez madame Blum.

BRIGITTE.

Il serait possible !

BLUM.

Tenez, mademoiselle Brigitte, si nous partions tout de suite?

BRIGITTE.

Et les clefs que je vais porter à M. Plefel... et ce souper dont vous me parliez... il faut y penser ! Je vais aux provisions; vous, pendant ce temps, allez avertir mon cousin; car il viendrait ici nous chercher à dix heures, comme c'est convenu.

BLUM.

Oui, Brigitte. Je vais y aller, je te le promets.

BRIGITTE.

Comment, monsieur, me tutoyer ! pour la peine, vous ne viendrez pas avec moi; (Tendrement) mais vous me trouverez chez vous.

(Elle sort.)

SCENE VI.

BLUM, seul.

Oui, mademoiselle Brigitte... oui, ma femme... C'est égal, je l'ai tutoyée... si elle ne s'était pas en allée, je crois que j'allais l'embrasser... il faut que la fortune donne de l'audace; car depuis que je suis riche, c'est étonnant comme je suis hardi. (Prenant son manteau)

Allons prévenir le cousin. (Tout en l'attachant) Quelle femme je vais avoir ! la sagesse, la sévérité même, car ici, excepté moi, elle ne voyait personne. (On tourne une clef dans la serrure de la petite porte a gauche.) Qu'est-ce que cela veut dire ? je croyais que cette petite porte-là était condamnée : du moins Brigitte ne l'ouvrait jamais, et n'en avait pas même la clef. (La porte s'ouvre, il paraît un homme enveloppé d'un manteau) Que vois-je ? (En tremblant.) est-ce que Brigitte aurait l'habitude de recevoir ce monsieur ?

SCÈNE VII.

PLEFEL, EN MANTEAU ; BLUM.

PLEFEL, à part en entrant, et en fermant la porte

On vient de me remettre la clef, et mademoiselle Brigitte est partie pour ne plus revenir ; nous serons tranquilles. (Apercevant Blum.) C'est bien ; en voici déjà un au rendez-vous. (Il s'approche de lui) Bonsoir, frère

BLUM, à part

Je crois que je peux toujours le saluer, pour le voir venir.

PLEFEL.

Monseigneur ne viendra pas ce soir.

BLUM, de même

Comment, il y a un seigneur qui vient aussi chez mademoiselle Brigitte ?

PLEFEL.

C'est moi qui le représente ; c'est plus prudent,

Vous savez, du reste, que tout s'arrange à merveille; le comte de Rinsberg soupe ce soir chez le traiteur Kaufmann avec trois seigneurs de la cour.

BLUM.

Ah! trois seigneurs!

PLEFEL.

Oui.

BLUM.

Trois autres ?

PLEFEL.

Apparemment.

BLUM.

Alors, ça n'est plus cela, et je n'y comprends rien.

PLEFEL.

Vous n'avez donc pas reçu ?...

BLUM.

Si, monsieur, un portefeuille.

PLEFEL.

C'est bien; mais la circulaire ?

BLUM.

Non, monsieur.

PLEFEL, lui donnant une lettre

En voici une.

BLUM, la prenant

(A part) Je peux toujours la mettre dans ma poche. (Il la met dans la poche a droite de son habit.) Mais il est sûr qu'on me prend pour un autre. (A Plefel) Monsieur, je suis Blum.

PLEFEL.

Silence !

ACTE I, SCÈNE VIII.

BLUM.

Je vous répète que je suis Blum, rue Cyprien, n° 10.

PLEFEL.

C'est inutile; nous n'avons pas besoin de nous connaître; moi qui vous parle, est-ce que vous me connaissez?

BLUM.

Non, monsieur.

PLEFEL.

C'est ce qu'il faut; notre entreprise en marche tout aussi bien, et n'en est que plus sûre.

BLUM.

Une entreprise! Ah mon Dieu! (On entend frapper à la petite porte à gauche, Plefel va ouvrir, et introduit plusieurs personnages en manteau, en leur disant. Entrez, messieurs. Blum, se retournant et les apercevant, dit avec effroi) Qu'est-ce que je vois là? un, deux, trois, quatre... encore des manteaux! Il paraît que ce soir il y en a partout.

SCÈNE VIII.

PLEFEL, BLUM, PLUSIEURS HOMMES EN MANTEAU.

Les hommes en manteau se rangent dans le fond, Plefel est près de la porte à gauche, et Blum est à la droite, ils saluent d'abord Plefel, qui leur rend le salut, ensuite ils se tournent du côté de Blum, qu'ils saluent de même, et qui leur rend le salut

PLEFEL, aux hommes en manteau et ensuite à Blum

Dans le trajet, vous n'avez rien vu? (Les hommes en manteau font signe que non, Blum répond par le même signe) Rien entendu? (Même réponse de la part des hommes en manteau et de Blum)

BLUM.

Je ne sais ce que cela signifie; mais voilà la peur qui me galope joliment.

PLEFEL, se mettant au milieu d'eux.

J'ai pensé que nous serions mieux ici qu'ailleurs; car, dans cette chambre isolée et sous les mansardes, on ne peut nous surprendre. Tous nos frères ne sont pas encore arrivés; mais en attendant nous pouvons toujours délibérer. Prenons place.

Ils vont prendre chacun une chaise au fond du théâtre et s'asseyent sur le devant ranges en demi-cercle Plefel occupe le centre, et Blum est place le dernier, a la droite de Plefel.

BLUM.

Je me croirais parmi des voleurs, sans les billets de banque... les huit cents florins... (Sur l'invitation de Plefel, il prend une chaise et s'assied a l'extrême droite, et lorsqu'il est assis, tâtant le manteau de son voisin, il dit à part.) Il n'y a plus de doute, ce sont mes manteaux, je reconnais l'étoffe.

PLEFEL.

Chacun doit parler à son tour. (Designant Blum) À vous, monsieur, commencez; vous avez la parole.

BLUM.

Dieux! que devenir!

PLEFEL.

Vous avez entendu.

BLUM, toussant et se preparant a parler

Monsieur... messieurs...

PLEFEL.

Plus haut, plus haut.

BLUM, continuant

N'ayant pas l'habitude de parler en public...

PLEFEL.

C'est égal, on ne vous demande que votre avis; chacun ici a le sien.

BLUM.

Certainement... j'ai aussi le mien... mais il est entièrement conforme au vôtre... je n'ai aucune objection... ainsi je cède la parole à celui qui voudra.

PLEFEL.

Non, monsieur, après vous, après vous. (On frappe a la porte du fond, ils se lèvent tous) Silence! c'est sans doute le reste de nos frères.

(Il fait signe a ses hommes de se rasseoir, et va regarder par le vasistas)

BLUM, à part.

Ah! mon Dieu! c'est fait de moi; dès que les douze y seront, ils verront qu'ils sont treize.

PLEFEL, revenant effraye, et a voix basse

Messieurs, un soldat, un soldat aux gardes.

TOUS, se levant

Un soldat!

BLUM, a part

C'est Maurice qui vient pour la noce.

PLEFEL, a ses hommes a voix basse

Messieurs, par cet escalier dérobé. (Désignant la petite porte a gauche)

MORCEAU D'ENSEMBLE.

Air Depechons, travaillons, (du Maçon)

Depêchons,
Descendons,

Ne faisons pas de bruit;
Descendons, et sans bruit,
Dans l'ombre de la nuit.

(Plefel leur fait signe de remettre les chaises au fond du théâtre.)

Et de peur de soupçon,
Quittons cette maison

(A part.)

Louisa, ma pupille,
Je ne puis pas ainsi,
Seule, dans cet asile,
La laisser aujourd'hui.
Que resoudre, que faire?

(Regardant Blum.)

Oui, je puis sans façon...
Car c'est le seul confrere
Dont je sache le nom.

(A la fin de cette reprise il parle bas a Blum. Pendant ce temps un des hommes a pris la lanterne qui etait sur la cheminee, il sort en faisant entendre a ses compagnons qu'il va voir si rien ne s'oppose a leur sortie.)

PLEFEL, et les autres.

Dépêchons,
Descendons,
Ne faisons pas de bruit;
Descendons, et sans bruit,
Dans l'ombre de la nuit,
Et de peur de soupçon,
Quittons cette maison.

PLEFEL, continuant a parler a Blum.

Je vais cette personne,
La remettre à ta foi.
Jusqu'à demain, j'ordonne
Qu'elle reste chez toi
Tiens ta bouche muette
Sur tout ce que tu sais,
Il y va de ta tête.

ACTE 1, SCÈNE VIII.

BLUM.

Quoi! vraiment?

PLEFEL.

C'est assez.

BLUM.

Vous voulez que chez moi...

PLEFEL, allant du côté de la porte

Tais-toi, tais-toi.

l'homme qui était descendu rentre, et annonce par ses gestes, à ses compagnons, qu'ils peuvent sortir librement, qu'il n'y a rien à craindre

ENSEMBLE.

PLEFEL, LE CHOEUR, BLUM, MAURICE.

PLEFEL ET LE CHOEUR.

Dépêchons,
Descendons,
Ne faisons pas de bruit,
Descendons, et sans bruit,
Dans l'ombre de la nuit;
Et de peur de soupçon,
Quittons cette maison.

BLUM, à voix basse

Écoutons,
Et tâchons
De r'mettre nos esprits.
Je suis pris et ne puis
Deviner où je suis
Eh! mais, que me veut-on?
J'en perdrai la raison.

MAURICE, en dehors

Ouvrez-donc!
N'est-il donc

Personne à la maison ?
Vous savez, en c' réduit,
Quel motif me conduit.
Ah ! tarteiff ! n'est-il donc
Personne a la maison ?

(Ils sortent tous par la petite porte a gauche Pfefel emmène Blum, qu'il entraîne presque malgre lui, tandis qu'a la porte du fond on entend Maurice qui frappe toujours.)

FIN DU PREMIER ACTE

ACTE DEUXIÈME.

Le théâtre représente la chambre de Blum : au fond, une grande armoire ; la porte d'entrée au fond, à la gauche de l'acteur. A droite et à gauche, sur le premier plan, porte de cabinet ; quelques chaises, quelques fauteuils, et deux petites tables.

SCÈNE PREMIÈRE.

BLUM, COUVERT DE SON MANTEAU, DONNANT LE BRAS A LOUISA.

BLUM.

Entrez, entrez, madame, ou mademoiselle. Vous êtes chez moi, ne craignez rien.

LOUISA.

Mais c'est que j'ai peur.

BLUM.

Là-dessus je vous en livre autant.

LOUISA.

Air C'est au feu qu'il faudra vous voir (du SECRÉTAIRE ET LE CUISINIER)

Daignez au moins me rassurer,
Où prétendez-vous me conduire ?

BLUM.

Quelqu'un a pu vous voir entrer
Dans le quartier que va-t-on dire?
Moi qui passais jusqu'à présent
Pour un garçon pudique et sage,
Je m' dérange, et c'est justement
L' premier jour de mon mariage

Ah! mon Dieu! Le plus terrible, c'est qu'elle est jolie. Et ce monsieur mon confrère, l'homme au manteau, qui me l'a confiée, sur ma tête, jusqu'à demain matin.

LOUISA.

Jusqu'à demain! ah! et pourquoi? qu'est-ce que ça signifie?

BLUM.

Je vous le demanderai.

LOUISA.

Dame! moi je vous dirai tout ce que je sais.

BLUM.

On ne peut pas en exiger davantage. Cette jeune personne est, comme moi, une victime innocente.

LOUISA.

Vous saurez, monsieur, que j'ai un amoureux.

BLUM.

Ah!

LOUISA.

C'est-à-dire, monsieur, j'en ai deux; mais il y en a un que j'aime.

BLUM.

C'est bien heureux qu'elle ne les aime pas tous deux.

LOUISA.

Et celui que je n'aime pas, qui est mon tuteur, m'a dit tout à l'heure : « Tu ne peux rester chez moi, « à cause du danger, et chez ton parrain c'est encore « pis. »

BLUM.

Des dangers! chez votre parrain! Votre parrain est sans doute un des premiers fonctionnaires de l'Etat?

LOUISA.

Monsieur, il est restaurateur.

BLUM.

Restaurateur! Je n'y suis plus.

LOUISA.

« Tu vas suivre un de nos frères, » a-t-il continué. C'était vous.

BLUM.

Oui, c'était moi.

LOUISA.

« Avant de venir nous rejoindre, il va te conduire « chez lui, et il t'expliquera tout. »

BLUM.

Ah! c'est moi qui dois vous expliquer?....

LOUISA.

Oui, monsieur. Ainsi vous allez me dire où je suis, et pourquoi vous m'avez amenée?

BLUM.

Hé bien! par exemple. (Ecoutant à la porte.) Ah mon Dieu! qui vient là? ce doit être ma prétendue; tâchez, de grâce, qu'elle ne vous voie pas.

LOUISA

Et qui donc?

BLUM.

Non..... vous pouvez rester hardiment. Me cacher ainsi d'elle, ce n'est pas bien... mais, d'un autre côté, si elle voit mademoiselle, il faudra bien lui expliquer... et le monsieur en manteau m'a dit : « Pas un « seul mot, il y va de ton existence. » (On frappe encore) Voilà, chère amie, ne vous impatientez pas. (A Louisa) Décidément, vous ne pouvez pas rester ici.

AIR de Voltaire chez Ninon

Cachez-vous pour quelques instans;
Dans ce cabinet entrez vite.
(Désignant le premier cabinet a droite)

LOUISA.

Ne m'y laissez pas trop long-temps.
(Elle entre dans le cabinet)

BLUM.

Dieux! que dira mamsell' Brigitte!
Depuis cinq ans, il m'en souvient,
Plein de l'ardeur qui me transporte,
J'attends l' bonheur, et quand il vient,
Il faut que j' le laisse à la porte.

SCÈNE II.

BLUM, BRIGITTE.

BRIGITTE.

C'est bien heureux, monsieur; j'ai cru que vous ne m'ouvririez jamais, depuis une heure que je suis à la porte.

BLUM.

J'etais là, dans ma cuisine. Un ménage de garçon, vous savez. Est-ce que vous avez eu froid? Est-ce que vous êtes enrhumée?

BRIGITTE.

Non pas, j'ai été si vite; j'ai toutes mes provisions pour le souper, et nous ferons un repas charmant. J'ai d'excellente choucroûte, un gâteau de pommes de terre, et une oie grasse que j'ai prise chez le rôtisseur. Et, pour tout cela, je n'ai pas été trop long-temps, car je n'ai pris que le temps de marchander et de leur raconter à tous l'histoire de notre mariage.

BLUM.

Ah mon Dieu! est-ce que vous avez parlé des huit cents florins, et de la manière dont ils nous sont arrivés?

BRIGITTE.

Sans doute.

Air du ballet des Pierrots

> J' n'y t'nais plus, j'avou' ma faiblesse ;
> Il m'a fallu par maint détour
> Si long-temps cacher ma tendresse,
> Et garder pour moi mon amour !
> Aussi, me vengeant à la ronde
> De cinq ans d' silence assidu,
> J'en parle, parle a tout l' monde
> Pour réparer le temps perdu.

BLUM.

He bien! ma chère amie, je vous dirai que vous

auriez dû... non pas que vous ayez mal fait; mais dorénavant, autant que possible, il faudra tâcher de vous taire.

BRIGITTE.

Comment, monsieur?

BLUM.

Pardon! ça m'est échappé. Je ne dis pas cela pour moi; car lorsque nous sommes ensemble, vous savez bien, chère amie, que vous parleriez toute la journée..... comme ça vous arrive quelquefois, que ça me serait tout-à-fait égal, dans ce moment-ci, surtout, où je n'écoute pas... parce que le trouble, l'émotion...

BRIGITTE

Hé bien! c'est comme moi; tout à l'heure, en frappant à votre porte, j'étais toute tremblante; car, voyez-vous, M. Blum..... (L'entrainant du coté du cabinet) je vous dis cela, parce que nous devons être mariés, et que nous sommes seuls ici

BLUM, regardant le cabinet

Ça se trouve bien.

BRIGITTE

Mais ce moment, que j'éloignais et que j'avais l'air de craindre.... (Baissant les yeux) je le désirais autant que vous

BLUM, s'avançant pour l'embrasser

Il serait vrai! (S'arrêtant tout à coup) Dieux! que c'est gênant un tête-à-tête où l'on est trois.

BRIGITTE, étonnée de ce qu'il s'arrête

Hé bien! qu'avez-vous?

####### BLUM.

Rien, rien, mademoiselle..... (On frappe à la porte) c'est que, voyez-vous.... on frappe.

####### BRIGITTE.

Oui, sans doute; mais tout à l'heure on ne frappait pas.

SCÈNE III

Les précédens, MAURICE.

####### MAURICE.

Fife le joie et le gaieté! Chez fous, à la bonne heure, on peut entrer; mais chez le cousin..... ché afoir frappé pendant deux heures; ce n'est pas être bien de laisser sa famille tehors.

####### BRIGITTE.

M. Blum ne vous avait donc pas prévenu?....

####### BLUM.

Eh mon Dieu, non; je n'ai pas pu, et puisque le voilà, ça revient au même.

####### MAURICE.

C'est chuste : me voilà pour le mariage.

####### BLUM.

Air du Menage de Garçon

Au petit goûter qui s'apprête
Cousin, nous osons vous prier
####### BRIGITTE.
Avec nous souper tête-a-tête,
Cela va bien vous ennuyer.

MAURICE.

Non, ça va pas me ennuyer.
J'afoir un appétit de diable!
J'aime, avec moi, dans un repas,
Que les amoureux soient à table;
Les amoureux ne mangent pas

Mais avant de souper, ché tirai à fous qu'on temande en bas le marié.

BLUM.

Ah mon Dieu! qui donc? (En tremblant) Un homme en manteau?

MAURICE.

Non, un garçon en feste, qui fient de la part de la maître tailleur. Le comte de Rinsberg havre envoyé temanter son habit, pour ce soir aller souper en file.

BLUM.

Est-ce ennuyeux! toutes les contrariétés! comment faire maintenant?

BRIGITTE.

Le lui renvoyer sur-le-champ.

BLUM, ôtant son habit.

Elle a raison. Dépêchons... je vais le porter à l'hôtel du comte, c'est à deux pas; mais les laisser ainsi. (Il ploie l'habit dans la serge, prenant Maurice à part) Cousin, un seul mot: tâchez que Brigitte ne dérange rien, ne regarde rien dans mon appartement, ni dans mes armoires, parce qu'un mobilier de garçon.... il y a toujours du désordre.

MAURICE.

Ya, ché conçois; les anciennes amourettes.... les pillets doux.... le restant d'affaires....

BLUM.

Précisément. Je reviens dans l'instant.

(Il sort.)

BRIGITTE.

Vous, mon cousin, au lieu de causer, vous feriez mieux de me donner des couteaux et des serviettes, si toutefois il y en a.

MAURICE.

Ché fais foir dans son petit cuisine.

(Il entre dans un petit cabinet à gauche.)

SCÈNE IV.

BRIGITTE, *seule*.

C'est si mal administré un ménage de garçon! heureusement quand j'y serai, ça sera sur un autre pied. D'abord, je ne veux pas qu'on mette ainsi des assiettes sur mes chaises, et sur mes fauteuils, pour me les abîmer. Et cette chambre.... comme elle est en désordre! pendant que je suis seule, faisons un peu l'inventaire de son mobilier.... (Elle va de tous côtés, regarde partout, et s'approchant de la porte du cabinet où Louisa est enfermée elle ouvre a disant) et voyons donc ce qu'il y a chez un garçon. (Elle aperçoit Louisa, et pousse un cri) O ciel!

SCÈNE V.

BRIGITTE, LOUISA.

MORCEAU D'ENSEMBLE.

Air : *Pardon, car je crois voir* (duo du Maçon)

BRIGITTE.

En croirai-je mes yeux !
Une femme était dans ces lieux !
Ah ! c'est indigne ! c'est affreux !
Qui le croira jamais ?
Avant l'hymen me fair' des traits !
Dieux ! que sera-ce après !

ENSEMBLE.

LOUISA, BRIGITTE.

LOUISA.

Mais un instant, madame, apaisez-vous ;
Daignez, daignez m'écouter sans courroux

BRIGITTE.

Ah ! c'en est trop, d'ici retirez-vous,
Craignez, craignez d'exciter mon courroux.

SCÈNE VI.

Les précédens, MAURICE.

MAURICE, *sortant du cabinet a gauche, et tenant un plat qu'il depose sur la table*

Vous le voyez, j'y mets du zèle

BRIGITTE, *allant a lui*

Apprenez donc que mon mari
Aimait encore une autre belle,
Et qu'elle etait cachée ici

MAURICE.

Cachée ici !
Je reviens pas de mon surprise
Quoi ! son maitresse il être ici ?
Foyons s'il être bien choli

(*S'avançant et apercevant Louisa*)

Dieux ! qu'ai-je vu ? mamsell' Louise !
En croirai-je mes yeux !
Quoi ! ma maîtresse dans ces lieux !
Ah ! c'est indigne, c'est affreux !
Qui le croira jamais ?
Avant l'hymen me fair' des traits !
Dieux ! que sera-ce après !

BRIGITTE.

En croirai-je mes yeux !
Une femme était dans ces lieux, etc., etc.

LOUISA.

En croirai-je mes yeux !
Monsieur Maurice dans ces lieux !
Mais écoutez-moi tous les deux.
Oui, je vous le promets,
C'est par hasard, et j'ignorais
Dans quel endroit j'étais

ENSEMBLE.

MAURICE, BRIGITTE, LOUISA.

MAURICE.
Je réponds plus de mon fifacité,
Craignez, craignez l'excès de mon fifacité.

BRIGITTE, le retenant
Calmez, calmez votre vivacité;
Il faut toujours respecter la beauté.

LOUISA.
Mais écoutez au moins la vérité,
Calmez votre cœur irrité.

SCENE VII.

Les précédens, BLUM.

BLUM, entrant
A l'amour, au devoir fidèle,
Je reviens auprès de ma belle.

MAURICE, pendant que Blum ferme la porte.
Pour tout le monde, Dieu merci,
Celui-là va payer ici.

BRIGITTE, à part fusant le geste de le battre.
Non, sans l'respect que s'doit un' femme.

BLUM, arrivant près d'elle
J'arrive ici, plein de ma flamme.

BRIGITTE.
Je conçois cet empressement,
Car mademoiselle, ou madame,
Depuis une heure vous attend

ACTE II, SCÈNE VII.

BLUM, l'apercevant

Plus d'espérance.

MAURICE et BRIGITTE.

J'aurai vengeance.

ENSEMBLE.

LOUISA, MAURICE, BRIGITTE, BLUM.

LOUISA.

C'est fait de moi, grands dieux !
Monsieur Maurice dans ces lieux ! etc , etc

MAURICE et BRIGITTE.

Qu'en dites-vous tous deux ?
Une femme était dans ces lieux !
Ah ! c'est indigne, c'est affreux ! etc., etc.

BLUM.

En croirai-je mes yeux !
Que faire et que dire en ces lieux ?
Daignez m'ecouter tous les deux.
Loin d' vous faire des traits,
Je vous aime, je le promets,
Et bien plus que jamais.

MAURICE.

Ah ! c'en est trop, tarteiff' je suis jaloux,
Craignez l'excès de mon courroux.

BRIGITTE, a Louisa

Ah ! c'en est trop, d'ici retirez-vous,
Craignez l'excès de mon courroux.

BLUM et LOUISA.

Mais un instant, de grace apaisez-vous
Daignez calmer votre courroux

MAURICE.

Taisez-vous ; si j'afais mon sapre, je l'aurais déchà passé au travers de ton intifitu.

BLUM.

Par exemple.

BRIGITTE.

Faites donc l'étonné ; n'est-ce pas mademoiselle Louisa ?

BLUM.

Mademoiselle Louisa !

BRIGITTE.

La maîtresse de Maurice, ou plutôt la vôtre.

BLUM.

Vous pourriez supposer.... monsieur Maurice... mademoiselle Brigitte....

BRIGITTE.

Enfin, monsieur, comment mademoiselle se trouve-t-elle chez vous ?

MAURICE.

Repontez ; pourquoi est-elle ici ?

LOUISA.

Oui, monsieur, pourquoi y suis-je ? est-ce que je le sais ?

BLUM.

Hé bien ! et moi donc ? car à la fin, la patience m'échappe, et je m'en prendrai à tout le monde ; je demanderai s'il est possible de placer un citoyen honnête et paisible dans une suite non interrompue de situations équivoques, qui compromettent son honneur ou son existence. Que diable ! il faut que ça finisse, ou je me fâcherai aussi.

BRIGITTE s'élançant à Blum pour les séparer

O ciel! monsieur Blum !

LOUISA, s'élançant de même près de Maurice

De grace, monsieur Maurice....

MAURICE.

Finissons, car il être tard ; temain matin, à cinq heures, ché fiendrai avec deux sapres.

BLUM.

Pour quoi faire?

MAURICE.

Et temain, vous comprenez, l'un de nous teux, il ne décheunera pas.

BLUM.

O ciel !

MAURICE.

En attendant, matemoiselle Louisa, fous allez avoir la ponté de fair... que je contuise vous chez vos parens.

BLUM.

O ciel! et moi à qui on l'a confiée sur ma tête, je ne souffrirai pas....

BRIGITTE.

Taisez-vous, perfide; et vous, mon cousin, allez, qu'on ne vous revoie plus.

(Elle fait sortir Maurice, qui emmene Louisa, et elle empêche Blum de les suivre en lui ordonnant de rester dans la chambre.)

SCÈNE VIII.

BLUM, BRIGITTE.

BLUM.

Elle s'en va ! et l'homme au manteau, qui demain ou ce soir peut-être viendra me la redemander... Ah! Brigitte, qu'avez-vous fait ? Malheureuse Brigitte, qu'avez-vous fait ?

BRIGITTE.

Laissez-moi, monsieur, et ne me parlez plus. Tous les hommes sont des monstres ; et si je regrette quelque chose maintenant, c'est la fidélité que je vous ai gardée pendant cinq ans. Dieux ! que les femmes sont dupes ! aussi, certainement, si c'était à recommencer....

BLUM.

Brigitte ! la colère vous égare. Vous ne pensez pas ce que vous dites.

BRIGITTE.

Il suffit, monsieur. (Remettant son mantelet) Vous allez me reconduire chez moi ; car bien certainement je ne resterai pas un quart d'heure de plus avec un homme aussi immoral et aussi dangereux.

BLUM.

Quoi ! Brigitte ! vous me quittez ! et vous me quittez fâchée contre moi !

Air de Paris et le Village

Est-ce donc ainsi que devait
Se terminer cette soirée !

(A Brigite, qui reprend son mantelet.)
Vous reprenez ce mantelet...

BRIGITTE.

A partir je suis preparee.

BLUM.

Lorsqu'en entrant, je vous ai vue ici
L' deposer avec tant de grace,
Je me flattais que d'aujourd'hui
Il ne reprendrait plus sa place

BRIGITTE.

C'est votre faute, monsieur Blum.

BLUM.

Et si j'étais innocent, mademoiselle Brigitte?

BRIGITTE.

C'est impossible ; n'ai-je pas vu de mes propres yeux?

BLUM.

Alors je vois bien que vous ne m'aimez plus, mademoiselle Brigitte ; car vous croyez à ce que vous avez vu, plutôt qu'à ce que je vous dis.

BRIGITTE.

Mais comment se fait-il ?....

SCÈNE IX.

Les précédens, un homme *enveloppé d'un manteau.*

(Il est entré pendant que Blum parlait encore, il s'est avancé en silence, et au moment où Brigitte a fini de parler, il frappe sur l'épaule de Blum.)

BLUM, se retournant

Ah mon Dieu ! encore un ?

L'INCONNU.

Blum ! te voilà ; où est la jeune fille que je t'ai confiée il y a une heure ?

BRIGITTE, à part

Il serait vrai ?

BLUM, à part

C'est fait de moi. (Haut) Monsieur.... car à la voix il me semble...

L'INCONNU.

Silence !

BLUM.

Il me semble reconnaître la personne inconnue.

L'INCONNU.

Qui que je sois, tu dois taire mon nom. Où est cette jeune fille ?

BLUM.

Je ne sais comment vous dire.... vous saurez, monsieur, que, d'après vos ordres.... mademoiselle Louisa....

L'INCONNU.

Tu la connais donc ?

ACTE II, SCÈNE IX.

BLUM.

Oui, mademoiselle Louisa Kaufmann, la filleule du restaurateur.

L'INCONNU.

Silence! puisque tu sais son nom, tu devines le reste; et tu te doutes sûrement que, voulant du bien à cette petite, ou du moins lui portant quelque intérêt, je ne pouvais pas la laisser chez son parrain dans un pareil moment; elle y courait trop de dangers.

BLUM, a part

Ah mon Dieu! comment lui dire?.... (A l'Inconnu.) C'est qu'il n'y a qu'un instant, et sans que j'aie pu l'empêcher, elle vient d'y retourner.

L'INCONNU.

Chez son parrain! à la bonne heure, je n'aurais pu l'emmener dans ma fuite, et tu as aussi bien fait.

BLUM.

Vraiment, j'ai bien fait? (A part.) c'est sans le savoir. (Haut.) Vous n'êtes donc pas fâché?

L'INCONNU.

Eh non! tu sais bien qu'à présent, il n'y a plus rien à craindre, et que les dangers qui la menaçaient n'ont plus lieu.

BLUM.

Ah! ça n'a pas lieu! (A part.) Que diable ça peut-il être?

L'INCONNU, a voix basse

L'entreprise a manqué.

BLUM.

Il serait possible! quoi! cette fameuse entreprise?

L'INCONNU.

Tout le monde n'y a pas mis le même zèle que toi, ni surtout la même fidélité; mais ça m'est égal, grace au crédit de mon maître, je suis sûr de m'en retirer; mais c'est toi et les autres.

BLUM.

Ah mon Dieu!

L'INCONNU.

Du reste, à trois heures du matin, au bord du fleuve, il y aura une chaloupe amarrée.... Hé bien! est-ce que tu ne comprends pas?

BLUM.

Si, monsieur, une chaloupe amarrée.... Pourquoi me dites-vous cela?

L'INCONNU.

Pour que tu en profites, si tu veux.

BLUM.

Et si je ne voulais pas?

L'INCONNU.

Tu en es le maître; mais auquel cas je dois te prévenir qu'à sept heures tu seras pendu.

BLUM.

Pendu à sept heures!

L'INCONNU.

Peut-être plus tôt, peut-être plus tard; mais ça ne peut pas te manquer.

(Il s'éloigne.)

BLUM, l'arrêtant

Encore un mot.

L'INCONNU, *s'éloignant toujours, et avec mystère.*

Adieu. Oublie les relations que nous avons eues ensemble. A trois heures.... au bord du fleuve..... une chaloupe vous attendra. Adieu, adieu.

(Il sort.)

SCÈNE X.

BLUM, BRIGITTE; *ils se regardent quelque temps sans rien dire.*

BLUM.
He bien ?

BRIGITTE.
Je n'y comprends rien.

BLUM.
He bien, mademoiselle, depuis une heure, voilà comme je suis.

BRIGITTE.
Mais quels sont ces dangers qui vous menacent?

BLUM.
Est-ce que je sais? est-ce que j'ai le temps de m'y reconnaître? A trois heures, une chaloupe..... à cinq heures, Maurice qui doit me passer son sabre à travers le corps... à sept heures, être pendu... ça se succède avec une rapidité... je ne pourrai jamais suffire à tout.

BRIGITTE.
Pourquoi alors ne pas déclarer aux magistrats?....

BLUM.
He parbleu! j'y avais bien pensé, et j'aurais été sur-

le-champ tout leur révéler..... si j'avais su quelque chose.

BRIGITTE.

Quoi ! vous n'êtes pas au fait ?

BLUM.

Pas le moins du monde; car, excepté les huit cents florins de tantôt, ce maudit manteau ne m'a rapporté que des tribulations, sans compter celles que j'ai en perspective.

BRIGITTE.

Alors il faut vous cacher, il faut partir.

BLUM.

Partir! non morbleu, je veux connaître ce mystère.

BRIGITTE.

Et si vous êtes pendu?

BLUM.

On me dira pourquoi, et c'est un moyen de tout savoir : aussi je ne m'en irai pas, je tiens à être pendu, ne fût-ce que par curiosité.

BRIGITTE.

C'est fini, il a perdu la tête. Dieux ! mon cousin Maurice.

SCÈNE XI.

Les précédens, MAURICE.

BLUM.

Monsieur Maurice ! ah ça, il avance ; car il n'est pas l'heure.

ACTE II, SCÈNE XI.

MAURICE.

Non, monsieur Blum, je fenir point en ennemi; je être raccommodé afec montemoiselle Louisa; elle m'afoir tout raconté; ché ouplié mon fifacité pour saufer fous.

BRIGITTE.

Et au contraire; c'est le moment d'en avoir, et plus que jamais. De quoi s'agit-il?

MAURICE.

D'un éfénement qui fait tiaplement du bruit, et que jé afré appris en reconduisant montemoiselle Louisa. Deux ou trois personnes de qualité, qui prudemment restent derrière, hafré formé une conspiration contre le comte de Rinsberg, la favori du prince; ils hafraient fait entrer dans c'té complot sept ou huit personnes du peuple, des artisans, des ouvriers, à qui on hafré donné chacun huit cents florins.

BLUM tremblant

Dieux! nous y voilà.

MAURICE.

Mais voilà lé malice; ces gens-là ils se connaissaient pas même entre eux, et ils se distinguaient seulement à des signes de ralliement confenus; entre autres, à un manteau noir de forme particulière.

BLUM et BRIGITTE.

O ciel!

MAURICE.

Ya, le cousin savoir très-bien,

BLUM.

Moi, du tout; c'est que je ne savais pas; oh! non, je ne savais pas.

MAURICE.

Pien, pien, vous hafré raison de dire ainsi; mais on croira pas fous; la comte de Rinsberg, ell' defait souper ce soir, avec quelques amis, chez Kaufmann, le restaurateur; alors le dessein, il était pris, suivant les uns, de faire sauter lui à la fin du repas, avec de la poudre.

BRIGITTE.

Le faire sauter!

MAURICE.

Ya, au dessert, comme un' pouteille de Champagne, pouf, mais pas pien fort. Selon les autres, on tevait seulement enlever lui sur un chaloupe qui attendait, et le conture en pays étranger; mais la comblot, il fient d'être découvert.

BRIGITTE et BLUM.

Et comment?

MAURICE.

On n'en sait rien encore, mais on poursuit les gaillards. Ce coquin d'intendant, le tuteur de Louisa, il en était; et nous en foilà téparrassé pour notre mariage. Montemoiselle Louisa et moi nous connaissons une autre personne combromise, et vous aussi, mon cousine, (Regardant Blun.) et che suis fenu, sans manquer à mon consigne, pour lui tire en ami : Fa-t'en, toi, tout de suite.

BRIGITTE.

Je vous remercie, mon cousin, ainsi que mademoiselle Louisa; mais apprenez que Blum n'est pas coupable.

BLUM.

Non, sans doute; mais comment le prouver? est-ce que vingt personnes ne m'ont pas vu avec ce maudit manteau? est-ce que vous n'avez pas dit ce soir à toutes vos connaissances que j'avais reçu huit cents florins? Est-ce que je n'ai pas assisté à la séance qui s'est tenue?

MAURICE.

Ce être un homme pertu.

BLUM.

Et pendu! Il n'y a plus qu'un moyen..... vous savez....

BRIGITTE.

Et lequel?

BLUM.

Celui qu'on m'indiquait tout à l'heure, la chaloupe, c'est mon seul refuge.

BRIGITTE.

Quoi! M. Blum, vous me quittez?

BLUM.

Hélas! oui, mademoiselle Brigitte! et la nuit de nos noces! vous le disiez bien ce matin : il est impossible que jamais nous puissions être mariés.

BRIGITTE.

Dieux! quelle fatalité! et tout cela pour avoir fait douze manteaux.

BLUM.

Et un treizième par-dessus le marché; moi, qui ne m'étais jamais mêlé de politique.

Air Que d'etablissemens nouveaux

Adieu! separons-nous
BRIGITTE.
O ciel!
Combien cet adieu m'est pénible,
BLUM.
Ah! c'est un moment bien cruel!
MAURICE.
Oui, c'être tiaplement sensible.
BRIGITTE.
De l'hymen nous faisions l'essai.
BLUM.
Le destin ne veut pas permettre.
Vous m'écrirez, n'est-il pas vrai?
BRIGITTE.
Oui, mais qu'est-c' que c'est qu'une lettre!

(Ils tirent tous trois leurs mouchoirs et se mettent a pleurer)

MAURICE.

Allons, cousin, bartez! tout de suite.

BLUM.

Dieux! l'on vient. Il n'est plus temps.

BRIGITTE.

Que vois-je! mademoiselle Louisa.

MAURICE.

Montemoiselle Louisa!

SCENE XII.

Les précédens, LOUISA.

LOUISA.

C'est moi-même; on m'a permis de venir; et je suis accourue chercher M. Blum.

BLUM.

Me chercher !

LOUISA.

Eh oui! vraiment. Le comte de Rinsberg vient d'arriver pour souper chez nous avec plusieurs jeunes seigneurs. « Messieurs, a-t-il dit en entrant, il paraît « qu'on voulait interrompre notre repas: raison de « plus pour le faire splendide. »

MAURICE.

Tarteiff! ce être bien.

LOUISA.

Alors on s'est mis à table.

MAURICE.

Ce être encore mieux.

LOUISA.

Or, vous savez que je les servais, parce que le comte de Rinsberg veut toujours que ce soit moi.

MAURICE.

Ce être plus aussi bien.

LOUISA.

On lui a demandé alors comment il avait découvert

le complot. « De la manière la plus bizarre, a-t-il ré-
« pondu. On m'avait apporté ce soir, de chez mon
« tailleur, un habit neuf, et en fouillant dans ma
« poche, j'y ai trouvé une lettre qui m'a à peu près
« tout dévoilé, et j'ai agi en conséquence. »

BLUM.

Dieux ! la circulaire de l'inconnu que j'avais laissée
dans la poche à droite.

LOUISA.

« J'ai pensé, continua le comte, que des gens qui
« ne pouvaient arriver jusqu'à moi, me faisaient pas-
« ser ce charitable avis; et j'ai envoyé chez mon tail-
« leur, qui n'avait aucune connaissance de l'aventure;
« car l'habit avait été fait et porté chez moi par un de
« ses garçons nommé Blum, que je ferai chercher
« demain pour le remercier du service qu'il m'a
« rendu. »

BLUM et BRIGITTE.

Il serait possible !

LOUISA.

Alors je me suis avancée et j'ai dit à M. le comte
que je connaissais votre demeure. « Hé bien ! petite;
« a-t-il répondu, fais annoncer à M. Blum que je le
« nomme mon tailleur; le tailleur de la cour. Et nous
« voulons qu'il vienne au dessert, pour nous raconter
« son histoire. »

BLUM.

Dieux ! que de faveurs à la fois ! je n' puis croire
encore.

BRIGITTE.

Tailleur de la cour! Ah! M. Blum!

BLUM.

Ah! mademoiselle Brigitte! nous serons donc mariés! (A Louisa) Et dites-moi, monseigneur avait-il l'air content de son habit neuf? lui allait-il bien?

LOUISA.

A merveille.

BLUM.

C'est ce qu'il m'a semblé en l'essayant : mademoiselle Louisa, mon cher Maurice, nous ne serons point ingrats; apprenez que nous avons huit cents florins, les dépouilles de l'ennemi, que je vais porter à monseigneur; et s'il me les laisse, nous partagerons.

LOUISA et MAURICE.

Dieux! quel bonheur!

BRIGITTE.

Vous allez donc tout lui raconter?

BLUM.

Oui, vraiment, toute la vérité, excepté l'histoire de la chaloupe, dont je ne dirai pas un mot.

BRIGITTE.

C'est juste, nous avons bien assez à nous occuper de notre mariage.

CHOEUR.

Air Il faut rire, il faut boire, (de la Dame blanche)

>Bénissons à la ronde
>L' sort qui nous unit tous,
>Le hasard en ce monde
>En sait plus que nous.

BRIGITTE, au public, montrant Blum

Air du vaudeville de l'Actrice

N'allez pas causer la disgrace
D'un innocent conspirateur ;
Quand on vient de lui faire grace,
Ne vous armez pas de rigueur ;
Laissez, dans cette circonstance,
Passer ses faut's incognito,
Et permettez à l'indulgence
De les couvrir de son manteau

CHOEUR.

Benissons à la ronde, etc., etc.

FIN DES MANTEAUX

LA MANIE DES PLACES,

ou

LA FOLIE DU SIÈCLE,

COMÉDIE-VAUDEVILLE,

Représentée pour la première fois, a Paris, sur le Théâtre de Madame, le 19 juin 1828.

En société avec M. Bayard

PERSONNAGES.

M. DE BERLAC.
M. DE NOIRMONT, ancien inspecteur-général.
FRÉDÉRIC DE RINVILLE.
M. DUFOUR, employé au Mont-de-Piété.
GEORGES, commis de l'hôtel garni.
Madame PRESTO, tenant un hôtel garni.
JULIETTE, sa fille.
JOSEPH, domestique de l'hôtel.
Un Domestique

La scène se passe a Paris, rue de Rivoli, dans l'hôtel garni tenu par madame Presto.

Mme PRESTO.

PRESTO, CUISINIER ITALIEN...

La Manie des Places, Sc. VII.

LA MANIE DES PLACES.

Le théâtre représente une grande salle de l'hôtel ; porte au fond, et deux portes latérales sur les derniers plans. — Sur le premier plan, à gauche, et a droite, portes d'appartemens au-dessus desquelles sont des numeros ; la porte à gauche de l'acteur, qui est celle de M de Berlac, doit porter le n° 54. — A droite, sur le devant, une table et tout ce qu'il faut pour ecrire ; on doit y voir un grand livre où sont inscrits les noms des voyageurs.

SCÈNE PREMIÈRE.

FREDERIC, GEORGES.

GEORGES.

Comment ! vous ici, M. Frédéric de Rinville ?

FRÉDÉRIC.

Eh ! mon pauvre Georges, par quel hasard dans un hôtel garni ? et premier garçon, à ce qu'il me semble ?

GEORGES.

Du tout, monsieur, premier commis, ce qui est bien différent ; et puis la situation fait tout ; un hôtel, rue de Rivoli ! ce n'est pas déroger. On ne reçoit ici que des ducs, des marquis, des princes étrangers. Nous avons manqué avoir les Osages.

FRÉDÉRIC.

Je ne sais pas alors si moi, qui ne suis ni prince, ni marquis, ni Os....

GEORGES.

Vous avez 50,000 liv. de rente; c'est reçu partout; et puis, vous avez des amis qui vous sont dévoués. Élevé près de vous, ayant presque fait mes études, en vous voyant faire les vôtres, je pouvais solliciter comme tout le monde; mais, dans cette maison, j'ai pris d'autres idées.

AIR de Marianne

Ici, je deviens philosophe....
Nous logeons des solliciteurs
Dont j'ai vu mainte catastrophe
Emporter toutes les grandeurs
    Je veux souvent
    Suivre en avant
Les gens heureux que protège un bon vent;
    Ils sont montés...
    A leurs côtés
Je rêve aussi des rangs, des dignités;
Mais qu'une tempête survienne,
Je les vois revenir confus,
Pleurant les places qu'ils n'ont plus,
    Et je reste à la mienne.

Aussi, je n'ai pas d'autre ambition que de rester ici, et de m'y marier.

FRÉDÉRIC.

Je comprends; tu aimes l'hôtesse.

GEORGES.

Pas tout-à-fait; j'aime sa fille sérieusement, et je

serais déjà son mari sans un procès que nous suscite un concurrent; car je suis malheureux, moi! il y a toujours de la concurrence. Mais vous avez l'air préoccupé, inquiet, et moi qui vous ennuie de mes affaires.

FRÉDÉRIC.

Ecoute: tu es un garçon actif, discret, intelligent: j'ai toujours eu besoin de ton zèle, et maintenant plus que jamais.

GEORGES.

Parlez, monsieur Frédéric. Faut-il courir? Faut-il vous suivre?

FRÉDÉRIC.

Dis-moi; n'avez-vous pas dans cet hôtel un voyageur arrivé depuis peu; tête poudrée, air enjoué, œil vif, même un peu hagard, toujours allant, venant, parlant de son crédit, et jetant à tort ou à travers des espérances, des cordons et des places?

GEORGES.

Si, monsieur; il y en a ici beaucoup, nous en voyons tous les jours, parce que, comme je vous disais tout à l'heure.... la situation.... vis-à-vis des Tuileries et à côté d'un ministère....

FRÉDÉRIC.

Eh! ce n'est pas de cela qu'il s'agit, mais de quelqu'un que tu as dû voir chez moi; tu le connais, M. de Berlac.

GEORGES.

Non, non; mais Julien, votre valet de chambre, m'en a souvent parlé. Attendez donc; vous aimiez sa fille?

FRÉDÉRIC.

Oh! je l'aime plus que jamais. Le jour du mariage était fixé, j'allais être heureux, lorsqu'aux dernières élections il prit fantaisie à mon beau-père de se porter candidat. J'avais quelque influence; il comptait sur moi; il avait raison; j'aurais tout fait pour lui, excepté d'en faire un député.

AIR de Julie

>Pour lui j'aurais donné ma vie;
>Mais il s'agissait, en ce jour,
>Des intérêts de ma patrie,
>J'oubliai ceux de mon amour.
>Oui, l'on doit, s'immolant soi-même,
>Préférer toujours, en bon fils,
>La mère qui nous a nourris
>A la maîtresse qui nous aime.

M. de Berlac ne doutait pas du succès; il faisait déjà des discours superbes qui nous ennuyaient à mourir; il commanda son habit qui devait servir à un autre (cela s'est vu quelquefois). Enfin, le jour fatal arriva; il n'eut pas une voix, pas même la mienne. Juge de sa colère. Dès-lors, plus d'amitié entre nous, plus de mariage; il me bannit de sa présence; il ne veut même pas que mon nom soit prononcé devant lui.

GEORGES.

Ma foi, monsieur, à votre place, je l'aurais envoyé à la Chambre; il ne penserait pas à faire sa fortune, puisqu'elle est faite, il est aimé, estimé; c'est ce qu'il faut, je crois.

FRÉDÉRIC.

Assurément, c'est un excellent homme, mais la tête....

GEORGES.

La tête?

FRÉDÉRIC.

Oui, oui, plus rien! c'est fini!

GEORGES.

O ciel! que dites-vous là? ah ça, il lui est donc arrivé quelque malheur?

FRÉDÉRIC.

Une maladie assez à la mode aujourd'hui, une ambition rentrée. L'échec qu'il venait de recevoir aux élections avait déjà donné à son esprit, un peu faible, un nouveau degré d'exaltation, lorsqu'un matin il lit dans le *Moniteur*, partie officielle : « M. de Berlac « vient enfin d'être nommé conseiller d'État. » Juge de sa joie, de son ravissement! Le jour de la justice est donc enfin arrivé! Il court chez tous ses amis, même chez moi, avec qui il était brouillé; il m'offre son crédit, sa protection; car le voilà en place, le voilà conseiller d'État. Il le fut en effet toute la journée; mais le lendemain, l'implacable *Moniteur* lui apprit sa destitution.

GEORGES.

Si tôt que cela?

FRÉDÉRIC.

Il n'avait pas été nommé : c'était par erreur.

GEORGES.

Du ministère?

18.

FRÉDÉRIC.

Non, de l'imprimeur; une faute d'impression, une lettre changée, M. de Berlac, au lieu de Gerlac : erreur bien permise entre deux mérites aussi inconnus l'un que l'autre. Mais vois à quel point une lettre, un jambage de plus ou de moins peuvent influer sur la raison humaine! Il a été accablé du coup, et son cerveau, déjà malade, n'a pu supporter la perte d'une place qu'il n'avait jamais eue.

GEORGES.

Je crois bien : on s'habitue si vite.... Si encore, en le destituant, on lui avait donné des consolations, des dédommagemens; enfin, une place supérieure, comme cela se pratique.... quelquefois.

FRÉDÉRIC.

De ce côté-là sois tranquille, rien ne lui manque; il s'est donné de lui-même des cordons, des dignités, des portefeuilles; il ne se refuse rien.

GEORGES.

Comment, monsieur?

FRÉDÉRIC.

C'est là sa folie. Aujourd'hui, il se nomme chef de division; demain, secrétaire général; après demain, ministre; et puis il recommence, toujours enchanté de sa nomination, qui, du reste, ne peut faire crier personne; car il est impossible d'exercer avec plus de probité; tout au mérite, rien à la faveur. Enfin, mon ami, comme je te le disais, une folie complète.

SCÈNE I.

<small>Air du Charlatanisme</small>

Partout il admet tour à tour
La justice et l'economie ;
Même on m'a dit que, l'autre jour,
Dans un beau moment de folie...
Trouvant le budget trop pesant,
Il s'est ôté son ministère..
Et, pour être moins exigeant,
Pour mieux sentir la valeur de l'argent,
Il s'est nommé surnuméraire

GEORGES.

Voyez-vous cela?

FRÉDÉRIC.

A cela près, un excellent homme; bon père, bon ami, causant de la manière la plus sage et la plus raisonnable sur tous les sujets, un seul excepté.

GEORGES.

Ce n'est pas possible.

FRÉDÉRIC.

Si vraiment. Semblable à Don Quichotte, qui n'extravaguait que lorsqu'il était question de chevalerie, M. de Berlac ne perd la tête que quand il s'agit de places ou de dignités. L'un prenait des auberges pour des châteaux, et celui-ci prend toutes les maisons pour des ministères.

GEORGES.

Je comprends, monsieur.

<small>Air de l'Artiste</small>

Don Quichotte moderne,
Il prendrait en chemin

Tel orateur qu'on berne
Pour l'enchanteur Merlin ;
Un ministre en disgrace
Pour quelque mécréant,
Et bien des gens en place
Pour des moulins à vent.

Et dans quelle maison, dans quel ministère est-il en ce moment ?

JULIETTE, en dedans

Georges ! Georges !

FRÉDÉRIC.

Chut ! quelqu'un.

SCÈNE II.

Les précédens ; JULIETTE, *sortant de la chambre du fond, à gauche.*

JULIETTE, accourant

Georges ! Georges ! Ah ! M. Georges.

GEORGES, bas à Frédéric

C'est elle, monsieur, la jeune personne....

JULIETTE.

Maman vous recommande les voyageurs qui sont arrivés cette nuit.

FRÉDÉRIC, vivement, allant à Juliette

Des voyageurs ! Permettez, mademoiselle ; qui sont-ils ? savez-vous ?

SCÈNE II.

JULIETTE.

Mais, M. de Noirmont, cet inspecteur-général qui est déjà venu l'année dernière.

FRÉDÉRIC.

Ah! ce n'est pas cela. (Il passe à la gauche de Juliette.)

GEORGES.

Moi qui ne suis ici que depuis six mois, je ne le connais pas, je ne l'ai pas vu.

JULIETTE.

Je crois bien. Cette nuit, on vous a fait appeler longtemps sans pouvoir vous réveiller. M. Georges a le sommeil très-dur. Eh bien! venez-vous? on vous attend.

FRÉDÉRIC.

Pardon, mademoiselle; j'ai deux mots à lui dire, et je vous le renvoie.

GEORGES.

Si c'est possible, mademoiselle Juliette.

JULIETTE, à part.

Il y a toujours des importuns. (Haut.) Comme vous voudrez. C'est que M. Dufour, que vous n'aimez pas, ni moi non plus, est là-bas près de maman, il lui parle, et....

GEORGES.

Vrai! M. Dufour, cet intrigant, cet imbécile, un commissaire au Mont-de-Piété! (A Frédéric.) C'est mon rival, monsieur.

JULIETTE.

Monsieur Georges!

FRÉDÉRIC.

Rassurez-vous, mademoiselle; je sais tout, et s'il y a des obstacles à votre bonheur, je les lèverai peut-être. Avez-vous confiance en moi?

JULIETTE

Dame! monsieur, ça commence à venir.

FRÉDÉRIC.

A la bonne heure. Cela dépend de Georges.

Air du Piege

S'il peut me servir aujourd'hui,
Je vous marie

JULIETTE.

Ah! quelle ivresse!
Monsieur, je vous réponds de lui.
Mais vous tiendrez votre promesse.

FRÉDÉRIC.

Comptez sur moi, s'il réussit.

GEORGES.

Parlez, monsieur; j'aurai, je pense,
Cent fois plus d'adresse et d'esprit
En songeant à la récompense

JULIETTE.

Maintenant, je n'ai plus peur de M. Dufour, et je vais faire prendre patience à maman. Adieu, monsieur, adieu. (Elle rentre dans l'appartement du fond à gauche.)

SCÈNE III.

GEORGES, FRÉDÉRIC.

GEORGES.

Est-elle gentille! et vous consentiriez....

FRÉDÉRIC.

A servir tes amours? mais certainement, si tu parviens à servir les miens.

GEORGES, riant

Moi, monsieur!

FRÉDÉRIC.

Oui, toi, si tu m'aides à retrouver M. de Berlac.

GEORGES.

Est-ce qu'il est comme sa raison? est-ce qu'il est égaré?

FRÉDÉRIC.

Eh! sans doute, voilà ce qui cause mon inquiétude; je suis à sa poursuite. Sa fille Émilie, qui vient d'arriver à Paris, me mande que, depuis six jours, son père a disparu, qu'il a quitté son château, sa province, en lui laissant la lettre que voici et qu'elle m'envoie. (Il lit) « Ma chère Émilie, je suis obligé de partir « à l'instant et sans t'embrasser. On vient de créer pour « moi un nouveau ministère. Viens donc me rejoindre « dès que tu pourras. Tu me trouveras à Paris, dans « mon hôtel.

« Mon excellence,
« DE BERLAC. »

GEORGES.

Je comprends, son excellence est perdue.

FRÉDÉRIC.

Précisément.

GEORGES.

Et où la retrouver? Dans la foule des excellences. Il y en a tant à Paris, d'anciennes et de nouvelles.

FRÉDÉRIC.

D'après les renseignemens que j'ai pris, une voiture de poste, à peu près semblable à la sienne, a passé hier dans ce quartier. Mais dans quel hôtel s'est-il arrêté?

GEORGES.

Je les connais tous; je verrai, je m'informerai.

FRÉDÉRIC.

C'est le service que j'attendais de toi; et si tu peux réussir, je te marie, je t'assure une place auprès de moi.

GEORGES.

Une place auprès de vous! Nous le trouverons, monsieur, nous le trouverons.

FRÉDÉRIC.

Mon bonheur en dépend. J'ai promis à Emilie de lui ramener son père; et pourtant je ne puis me montrer à ses yeux; car, s'il me reconnaissait, il ne voudrait pas me suivre. Il faut donc que ce soit toi seul qui paraisses, qui te charges de tout. Mais je te recommande, dans toutes tes mesures, les plus grands égards.

GEORGES.

Oui, monsieur, oui, je comprends.... comptez sur

moi. (On sonne) Mais pardon; on s'impatiente. On y va. Mon mariage et une place, n'est-ce pas?

FRÉDÉRIC.

Pour l'argent, ne l'épargne pas; et si tu as le bonheur de le retrouver, tâche, avec esprit, et sans violences, de ne plus le quitter, de t'en assurer, afin de le conduire à la maison dont voici l'adresse. (Il lui donne une adresse.)

GEORGES.

Soyez tranquille. (On sonne encore.)

SCÈNE IV.

FRÉDERIC, GEORGES, MADAME PRESTO.

MADAME PRESTO.

Eh bien! Georges, vous n'entendez pas?

GEORGES.

Si, madame, car je prenais les ordres de monsieur.

ENSEMBLE.

FRÉDÉRIC.

Air : La voila .. de frayeur (de Leonide)

Tu m'entends,
Je t'attends,
Je compte sur ton zèle,
Tu m'entends,
Tu comprends,
Vous serez tous contens

MADAME PRESTO.

Allez donc,
Partez donc,
On sonne, on vous appelle;
Allez donc,
Partez donc,
Quel bruit dans la maison !

GEORGES.

On y va,
Me voila;
Oui, comptez sur mon zèle,
On y va,
Me voilà,
On le retrouvera.

FRÉDÉRIC.

Je vais bien vite au ministère,
Où j'ai du monde a prévenir,
Dans la crainte que mon beau-père
Ne veuille d'abord y courir

MADAME PRESTO.

Mais allez donc, dans l'antichambre,
J'entends des députés sonner;
Ils demandent leur déjeuner
Avant de se rendre à la chambre.

(On sonne)

ENSEMBLE.

Reprise de l'air

FRÉDÉRIC.

Tu m'entends, etc., etc.

MADAME PRESTO.

Allez donc, etc., etc.

GEORGES.

On y va, etc

(Frederic sort par le fond, Georges entre dans la chambre du fond, a droite)

SCÈNE V.

MADAME PRESTO, *seule*.

Je ne sais pas où ce garçon-là a la tête. Quoi qu'en dise ma fille, ce n'est pas le gendre qu'il me faut ; il nous aime, et voilà tout ; tandis que M. Dufour.... il ne nous aime pas celui-là ; au contraire, il plaide contre nous.

<small>AIR Qu'il est flatteur d'epouser celle</small>

A nous poursuivre il se dispose ;
Je le ménage. A mon avis
On doit plus soigner, et pour cause,
Ses ennemis que ses amis.
Lorsque les beaux jours disparaissent,
Quand vient le malheur, on sait ça,
Les amis souvent nous delaissent,
Les ennemis sont toujours là.

Ah! voici M. de Noirmont, notre inspecteur-général.

SCÈNE VI.

MADAME PRESTO ; M. DE NOIRMONT, *qui entre en rêvant, par la porte du fond, à droite, et se dirigeant vers la chambre de M. de Berlac.*

MADAME PRESTO.

J'ai bien l'honneur de présenter mes respects à M. l'inspecteur-général.

M. DE NOIRMONT.

Ah! c'est vous, madame Presto?

MADAME PRESTO.

M. l'inspecteur est arrivé hier au soir si tard, que je n'ai pu avoir le plaisir de lui présenter mes hommages ; mais j'espère qu'on a eu les soins, les égards qui sont dus à M. l'inspecteur-général?

M. DE NOIRMONT, de mauvaise humeur

Monsieur l'inspecteur-général, monsieur l'inspecteur-général ; vous pouvez bien m'appeler M. de Noirmont. Il me semble que ce nom vaut bien l'autre, qui me choque, qui me déplaît ; je ne puis souffrir qu'on me le donne, surtout depuis qu'on me l'a ôté.

MADAME PRESTO.

Comment! monsieur ne serait plus inspecteur-général?

M. DE NOIRMONT.

Eh! voilà une heure que je vous le dis. Vous n'avez donc pas lu le *Moniteur?*

MADAME PRESTO.

Je m'y abonne, monsieur ; mais je ne le lis pas. Et monsieur a été destitué?

M. DE NOIRMONT.

Oui, ma chère amie ; voilà comme on récompense les services. Moi qui étais en place depuis vingt ans, sous tous les gouvernemens, sous tous les ministères! Aussi, je venais ici pour reclamer, et pour voir s'il n'y aurait pas moyen d'être dédommagé.

MADAME PRESTO.

C'est bien difficile maintenant.

M. DE NOIRMONT.

Moins que vous ne le croyez. (A voix basse) et vous-même, si vous voulez, vous pouvez m'être utile, me seconder.

MADAME PRESTO.

Moi, monsieur !

M. DE NOIRMONT.

Silence. Il y a ici, dans cet hôtel, un homme puissant, un grand personnage, un ministre, en un mot.

MADAME PRESTO.

Que me dites-vous là ?

M. DE NOIRMONT.

C'est moi qui l'ai amené dans votre hôtel.

MADAME PRESTO.

Je logerais une excellence !

M. DE NOIRMONT.

Je l'ai rencontré hier à Fontainebleau, où sa voiture venait de se briser. Il pressait les ouvriers, disant qu'il était attendu à Paris ; et, se promenant avec impatience, il laissait échapper les mots de *conseil de ministres*, *projets de loi*, *portefeuille*. Ces paroles mystérieuses, ce regard bienveillant, cet air de dignité, tout en lui me surprit, m'imposa. Je me hasardai à lui offrir dans ma chaise de poste une place, qu'il a daigné accepter ; et, tout en roulant, il m'a avoué lui-même qu'on le rappelait de sa campagne pour lui confier un portefeuille.

MADAME PRESTO.

Lequel ?

M. DE NOIRMONT.

C'est ce que j'ignore; car il parlait à la fois de finances, de la guerre, de la marine, et il se pourrait qu'il fût honoré de la présidence.

MADAME PRESTO.

Bonté de Dieu!

M. DE NOIRMONT.

Silence; il est là, dans cette chambre, n° 54.

MADAME PRESTO.

Et vous l'avez amené dans mon hôtel?

M. DE NOIRMONT.

Il n'en connaissait point, et je lui ai indiqué celui-ci.

MADAME PRESTO.

Quelle reconnaissance!

M. DE NOIRMONT.

Il ne tient qu'à vous de me la prouver. Autant que j'ai pu en juger, (Élevant la voix en se tournant du côté de la chambre de M de Berlac) c'est un homme intègre, impartial, qui vient ici avec des idées de justice et d'économie.

MADAME PRESTO.

Croyez-vous qu'il reste long-temps?

M. DE NOIRMONT.

Ah!... raison de plus pour se hâter. Mais vous sentez bien qu'avec un pareil homme, je me suis bien gardé de rien demander; de parler de moi ou de mes services. D'abord, il n'est pas dans mon caractère de solliciter ou d'intriguer; on sait ce que je vaux. Vous le savez, vous, madame Presto?

MADAME PRESTO.

Certainement.

SCÈNE VI.

M. DE NOIRMONT.

Eh bien, vous pouvez le dire à son excellence, lui parler des injustices dont j'ai été la victime, de tout le bien que j'ai fait, de cette brochure que j'ai fait faire, et surtout de cette place de receveur particulier qui est vacante à Paris, et que je sollicite pour mon gendre; et tout cela négligemment.... sans affectation... par manière de conversation, et comme choses de notoriété publique, le tout sans vous compromettre; car vous n'êtes pas censée savoir que c'est un ministre; vous ne voyez en lui qu'un simple particulier qui vient loger et déjeuner chez vous.

MADAME PRESTO.

Vous avez raison, moi qui n'y pensais pas! (Allant vers la porte du fond.) Le déjeuner de monseigneur!

M. DE NOIRMONT, l'arrêtant.

Silence donc, attendez au moins qu'il le demande, et surtout n'allez pas donner à ce déjeuner une dénomination ministérielle. C'est un déjeuner incognito.

MADAME PRESTO.

Soyez tranquille.

M. DE NOIRMONT, écoutant et regardant à la porte de la chambre de M. de Berlac.

On a parlé, il est levé. Oh! ma foi, je n'y tiens plus. (Il frappe à la porte.)

M. DE BERLAC, en dedans.

Qu'est-ce? qui est là?

M. DE NOIRMONT.

Monseigneur est-il visible?

M DE BERLAC, de même

Oui.

M. DE NOIRMONT.

Peut-on entrer?

M. DE BERLAC.

Entrez.

M. DE NOIRMONT.

Entendez-vous? Il a dit : Entrez.

MADAME PRESTO.

Il l'a dit!

M. DE NOIRMONT.

Quelle bonté! Mais surtout, madame Presto, de la discrétion, la plus grande discrétion. Il a dit : Entrez; j'entre.

(Il entre dans la chambre)

SCÈNE VII.

MADAME PRESTO, puis DUFOUR.

MADAME PRESTO.

Je ne puis revenir encore d'une semblable aventure, et il y aura bien du malheur si je n'en profite pas. (M Dufour entre par la porte du fond) Ah! M. Dufour, vous voilà!

M. DUFOUR.

Oui, ma belle dame, et je reçois à l'instant de mon avoué une lettre que je m'empresse de vous communiquer.

SCÈNE VII.

MADAME PRESTO.

Une lettre! votre avoué! vous savez bien qu'il n'y a plus de procès entre nous.

M. DUFOUR.

Comme vous voudrez; je suis en mesure. Je suis principal locataire; et en faisant rompre un bail que le propriétaire a fait en fraude de mes droits, je vous renvoie de cet hôtel, qui est déjà achalandé rue de Rivoli.... une exposition superbe.... et je vous ruine.

MADAME PRESTO.

M. Dufour

M. DUFOUR.

Ou je reste avec vous, comme votre associé, comme votre gendre : c'est à vous de choisir.

MADAME PRESTO.

Vous savez bien que mon choix est déjà fait.

M. DUFOUR.

Oui, mais à condition que vous donnerez à votre fille une dot proportionnée à mon amour; et vous savez que je l'aime beaucoup.

MADAME PRESTO.

Beaucoup trop; votre tendresse est d'une exigence.... Mais si, au lieu d'une dot assez modique, je vous faisais avoir une belle place?

M. DUFOUR.

Que dites-vous?

MADAME PRESTO.

Une place de receveur des finances à Paris?

M. DUFOUR.

Pas possible! moi!

MADAME PRESTO.

Si, j'en réponds !

M. DUFOUR.

Moi! M. Dufour, commissaire au Mont-de-Piété.

Air des Scythes

Moi, receveur ! quel bonheur ! quelle place !
Se pourrait-il ?

MADAME PRESTO.

Mais soyez notre ami

M. DUFOUR.

Parlez : pour vous que faut-il que je fasse ?
Neuf ans encor vous resterez ici.
Plus de procès entre nous, c'est fini
J'en perds l'esprit.

MADAME PRESTO.

Entrez dans ma famille

M. DUFOUR.

C'est un honneur que j'ai toujours cherché
Vite au contrat. J'adore votre fille,
Et vous aussi par-dessus le marché

De plus, j'épouse sans dot.

MADAME PRESTO.

C'est dit : touchez là, mon gendre.

M. DUFOUR.

Et quels sont vos desseins?

MADAME PRESTO.

Laissez-moi faire, et taisez-vous. Le voici.

M. DUFOUR.

Qui donc?

MADAME PRESTO.

Silence !

SCENE VIII.

M. DUFOUR, MADAME PRESTO, M. DE BERLAC, M. DE NOIRMONT.

M. DE BERLAC.

Oui, Monsieur, je diminue le budget; j'éclaircis les comptes; je les mets à la portée de tout le monde. Les voilà : regardez; vous n'y voyez pas encore? Approchez des lumières; n'ayez pas peur, ça ne mettra pas le feu. Des lumières partout; je ne les crains pas, je veux qu'on y voie.

MADAME PRESTO.

Comme Monsieur voudra; mais comme il fait grand jour...

M. DE BERLAC.

Grand jour! ma chère amie. Oui, vous avez raison; c'est un grand jour, le jour de la réconciliation, du bonheur général; car je veux désormais que tous nos administrés, que tous nos contribuables soient heureux. Quand une fois, par hasard, ils auraient de l'agrément pour leur argent, où serait le mal?

M. DE NOIRMONT, à part.

Voilà bien le ministre le plus original....

M. DE BERLAC.

Et puis quand je m'en irai, je leur dirai : « Mes en- « fans, me voilà. Rien dans les mains, rien dans les « poches. Regardez dans les vôtres, et comptez. Comme « cela, on se sépare bons amis; une poignée de main,

« et votre serviteur de tout mon cœur, je m'en vais
« déjeuner. » — Car nous déjeunons, n'est-il pas vrai?

(Il passe à la gauche du théâtre, madame Presto est à sa droite)

M. DE NOIRMONT.

Moi, c'est déjà fait; mais vous, n'est-ce pas madame l'hôtesse?

(Il avance un fauteuil pour M. de Berlac)

MADAME PRESTO.

Oui, Monsieur; oui, Monsieur.

M DE NOIRMONT, bas à madame Presto.

Commencez donc sur-le-champ, il n'y a pas de temps à perdre.

MADAME PRESTO.

N'ayez pas peur. (A M de Berlac avec volubilité) On va le monter à l'instant, un déjeuner soigné et délicat. Mon mari est en bas à la cuisine, qui a voulu s'en occuper lui-même, et mon mari est un homme....... c'est un homme, celui-là !

M. DE BERLAC.

C'est un cuisinier.

MADAME PRESTO.

Cuisinier par excellence. Quand je parle d'excellence, il y en a beaucoup qui auraient voulu l'avoir, et il a toujours refusé, à cause de l'indépendance de ses opinions. Celui qui aurait l'esprit de se l'attacher ne s'en repentirait pas.

M. DE BERLAC.

Vraiment ?

(Il tire un calpin de sa poche)

SCÈNE VIII.

M. DE NOIRMONT.

Il ne s'agit pas de cela; allez donc au fait.

MADAME PRESTO.

C'est une manière d'y arriver. (A M de Berlac) Et à un grand seigneur, à un ministre, par exemple, pour qui j'aurais de l'amitié, je ne souhaiterais point d'autre chef d'office que mon mari. (M de Berlac s'assied) C'est un cadeau que je lui ferais.

M. DE BERLAC.

Son nom?

MADAME PRESTO.

Presto, cuisinier italien.

M. DE BERLAC.

Cuisinier bouffe.

MADAME PRESTO.

Connu par la vivacité de son exécution; avec lui on n'attend jamais, et l'on dîne toujours de bonne heure. (A part) Et le déjeuner qui n'arrive pas.

(Elle va vers le fond)

M. DE BERLAC.

Ses titres?

MADAME PRESTO, revenant et s'approchant de M de Berlac, qui est assis

Auteur d'un Traité sur le macaroni; attaché au dernier conclave en qualité de restaurateur; employé au congrès de Véronne; et, dans les cent jours, il a refusé une place de cinquante napoléons, chez un chambellan dont la fortune était douteuse et les opinions suspectes.

M DE BERLAC, se levant

C'est bien: il aura quinze cents francs.

Air. Mon père était pot.

Oui, les dîners sont dans nos mœurs,
Chez moi, je veux qu'on dîne.
J'ouvre aux penseurs, aux orateurs,
Ma table et ma cuisine.
Mais,
Malgré mes mets
Et mes vins,
Divins,
Les lois, l'honneur, la charte,
Seront respectés,
Et nos libertés
Ne paîront pas la carte.

(Juliette entre, suivie d'un domestique qui porte un petit guéridon sur lequel se trouve le déjeuner.)

MADAME PRESTO.

Voici le déjeuner.

M. DE NOIRMONT, bas à madame Presto.

Mais parlez donc de moi.

MADAME PRESTO.

Nous y voilà. (M. de Berlac s'assied, Madame Presto est à côté de lui, à sa gauche Juliette et M. Dufour, à droite M. de Noirmont auprès de madame Presto.)

M. DE BERLAC.

Beau déjeuner! (Regardant Juliette.) Jolie fille. (Montrant Dufour.) Et celui-là, c'est votre mari, M. Presto, dont vous me parliez tout-à-l'heure?

JULIETTE.

Non, monsieur, ce n'est pas là mon père. N'est-ce pas maman?

MADAME PRESTO.

C'est un homme du plus grand mérite, un comp-

SCÈNE VIII.

table! un administrateur! et s'il y avait une justice au monde, il y a long-temps qu'il serait receveur.

M. DE BERLAC.

Comment cela?

MADAME PRESTO.

Il en a exercé les fonctions en secret, pour un homme nul et sans talens, qui en avait le titre et les appointemens, tandis que lui en remplissait la place, avec un zèle, une intégrité. C'est cette place de receveur particulier qui est maintenant vacante.

M. DE BERLAC.

Que me dites-vous là?

M. DE NOIRMONT, bas a madame Presto

Y pensez-vous! cette place que j'ai en vue pour mon gendre!

MADAME PRESTO.

Ecoutez donc j'ai aussi une fille à marier.

M. DE BERLAC.

Voilà qui n'est pas juste: et la justice avant tout; il aura la place. Son nom?

MADAME PRESTO.

M. Dufour, commissaire au Mont-de-Piété. (Bas a Dufour) Vous avez votre place.

M. DE NOIRMONT.

Madame Presto, voilà qui est bien peu délicat.

MADAME PRESTO, de meme

La famille avant tout.

M. DE NOIRMONT, a part

Je vois bien qu'il faut que je me soigne moi-même.

(Haut) Madame Presto, a-t-on apporté les exemplaires de mon dernier ouvrage?

M. DE BERLAC.

Un ouvrage! qu'est-ce que c'est? et de qui?

MADAME PRESTO.

De M. de Noirmont.

M. DE NOIRMONT.

Allez donc, allez donc.

MADAME PRESTO.

Un homme très-capable, et qui joint aux plus grands talens le plus beau caractère. Il a été inspecteur-général pendant vingt ans, et a donné sa démission pour cause d'économie publique.

M. DE BERLAC.

Il serait possible!

MADAME PRESTO.

M. de Noirmont! c'est connu, tout le monde vous le dira.

M. DE BERLAC, se levant de table.

Une injustice à réparer! c'est mon affaire, c'est mon état. (Allant à M. de Noirmont) Mon ami, j'ai besoin dans mon ministère d'un secrétaire-général. Touchez là, je vous nomme. Voilà comme je suis; c'est toujours cela en attendant mieux.

M. DE NOIRMONT.

Ah! monseigneur! une pareille faveur...

DUFOUR, à madame Presto.

Monseigneur! que dit-il?

M. DE NOIRMONT.

C'est le ministre lui-même.

SCÈNE VIII.

JULIETTE.

Un ministre dans la maison! moi qui n'en ai jamais vu.

MADAME PRESTO.

Ah! monseigneur! votre excellence me pardonnera-t-elle la liberté, la familiarité avec laquelle je vous ai parlé? Moi, d'abord, je dis tout ce que je pense.

M. DE BERLAC.

Il n'y a pas de mal. Qu'ils sont doux, qu'ils sont inappréciables les avantages de l'incognito! Un ministre doit tout entendre et tout voir par lui-même; c'est le seul moyen de connaître la vérité et de faire des choix estimables. M. Presto sera cuisinier du ministère, M. Dufour receveur des finances, et M. de Noirmont secrétaire général.

TOUS, s'inclinant

Ah! monseigneur!

M. DE BERLAC.

C'est bon; je n'exige rien, que votre estime, votre amitié, et une prise de tabac. En usez-vous?

DUFOUR, lui donnant une tabatière d'or

En voici, monseigneur.

M. DE BERLAC, prenant la tabatière.

C'est bien. (Il prend une prise et dit en rêvant) Je suis fâché d'être ministre, à présent; si je n'étais pas ministre, je me serais fait nommer directeur général des droits réunis.

M. DE NOIRMONT, s'approchant

Y pensez-vous?

M. DE BERLAC, froidement.

C'est agréable, on a toujours du bon tabac.

M. DE NOIRMONT.

Votre excellence veut rire?

M. DE BERLAC.

Je ne ris jamais; mais je ne vous en empêche pas. Je veux que le peuple s'amuse, je veux qu'il rie, fût-ce à mes dépens; cela vaut mieux que de le faire pleurer.

AIR Comme il m'aimait

Je le permets;
Ayez tous de l'indépendance :
Avocats, deputes, prefets,
Ayez ensemble desormais
De l'appétit, de l'eloquence,
Et même un grain de conscience,
Je le permets.

2e COUPLET.

Je le permets ;
Qu'un journal soit incorruptible,
Qu'un orateur parle français,
Que nos auteurs, dans leurs couplets,
Aient de l'esprit, si c'est possible,
Qu'un censeur même soit sensible;
Je le permets

Les journaux sont-ils arrivés?

MADAME PRESTO, allant a gauche

Ils sont en bas. Vite, petite fille, les journaux de monseigneur.

M. DE BERLAC.

Ne vous donnez pas la peine, je descendrai dans

SCÈNE VIII.

la salle des voyageurs les lire moi-même ; je ne suis pas fier. En même temps je prendrai mon café, et, de là, je me rendrai au ministère pour m'y installer. (À M. de Noirmont.) Vous m'y suivrez.

M. DE NOIRMONT, s'inclinant.

Monseigneur n'a pas d'autres ordres à me donner ?

M. DE BERLAC.

Si vraiment, cette note qu'il faut mettre au net, et envoyer au journal ministériel. Entrez là, dans la chambre. (Il le prend à part, et lui dit tout bas avec mystère.) Vous trouverez tout ce qu'il faut pour écrire. M. de Noirmont, conduisez-vous bien. (Lui glissant la tabatière qu'il a reçue de M. Dufour.) Je ne m'en tiendrai pas là. (Mouvement de Dufour.) Adieu, mes enfans, adieu.

AIR Au marche qui vient de s'ouvrir
(De la Muette de Portici)

TOUS.

Ah ! monseigneur, ah ! monseigneur !
Je suis à vous de tout mon cœur.

MADAME PRESTO.

Il sera notre bienfaiteur,
Nous lui devrons notre bonheur.

JULIETTE.

Il aurait bien mieux fait ici
De m' donner Georges pour mari.

DUFOUR.

Quel talent, quelle profondeur !
Ah ! quel grand administrateur.

M. DE NOIRMONT.

Celui-là fera, mes amis,
Le bonheur de notre pays.

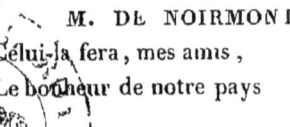

TOUS.

Ah ! monseigneur, ah ! monseigneur
Je suis bien votre serviteur.
Je suis à vous de tout mon cœur

M. DE BERLAC.

Que je jouis de leur bonheur !...
Je suis à vous de tout mon cœur.

(M. de Berlac entre dans la chambre du fond à droite, madame Presto dans celle du fond à gauche, M. Dufour sort par la porte du fond, et M. de Noirmont entre dans la chambre de M. de Berlac, n° 54.)

SCÈNE IX.

JULIETTE, puis GEORGES.

JULIETTE, seule

Ah ! mon Dieu ! qu'est-ce que je viens d'apprendre ? Il avait bien besoin d'arriver au ministère et de donner une place à M. Dufour. Pauvre Georges ! qu'est-ce qu'il va devenir maintenant ?

GEORGES.

Je n'en peux plus, j'ai couru tous les hôtels du quartier; ils n'ont pour locataires que des gens sages, raisonnables et sans ambition. Je n'aurais jamais cru qu'à Paris on eût tant de peine à rencontrer un fou.

(Apercevant Juliette qui a un mouchoir sur les yeux.)

Eh ! mais, Juliette, qu'avez-vous ? qui donc vous fait pleurer ?

JULIETTE.

C'est le ministre.

SCÈNE IX.

GEORGES.

Le ministre! Comment, mademoiselle Juliette, vous avez des relations avec le ministre?

JULIETTE.

Hélas! oui; il est venu chez nous.

GEORGES.

Pas possible.

JULIETTE.

C'est là sa chambre, n° 54; c'est moi qui l'ai servi à table; et je lui trouvais d'abord un air si doux, si bienveillant! et je me disais : Bon, ça promet. Après m'avoir dit qu'il me trouvait gentille, vous ne vous douteriez jamais de ce qu'il a fait.

GEORGES.

Quoi donc?

JULIETTE.

Il a fini par donner une place à M. Dufour, votre rival, qui est maintenant receveur des finances à Paris, et qui va m'épouser tout de suite.

GEORGES.

M. Dufour receveur! ce n'est pas possible. Ah, mon Dieu! quelle idée! Comment nomme-t-on ce ministre?

JULIETTE.

Monseigneur, et votre excellence : pas autrement.

DUO.

Air quand une belle est infidèle (des Maris garçons)

GEORGES

Son excellence!

JULIETTE.

Son excellence !

GEORGES.

Et sa puissance ?

JULIETTE.

Elle est immense ;
Il a de l'or et des emplois

GEORGES

Comment ! de l'or ?

JULIETTE.

Et des emplois,
Et pour tout le monde, je crois

ENSEMBLE.

GEORGES.

Ah ! l'aventure est piquante et nouvelle,
Si c'était lui, que dans mon zèle
Bien loin d'ici je voulais découvrir,
Et le hasard vient me l'offrir.

JULIETTE.

Ah ! l'aventure est pour nous bien cruelle,
L'occasion était si belle ;
Quand la fortune a nous semblait s'offrir,
Monsieur ne veut pas la saisir

GEORGES.

Et depuis quand est-il chez nous ?

JULIETTE.

De cette nuit

GEORGES.

Que dites-vous ?

JULIETTE.

Des voyageurs voyez le livre.

SCÈNE IX.

GEORGES, *allant à la table et ouvrant le livre*
De Noumont, de Berlac, c'est lui!....
A quel espoir mon cœur se livre !

JULIETTE.

Qu'avez-vous donc?

GEORGES, *repassant à la gauche de Juliette*
Je suis ravi.
Ne perdons pas de temps ; à Joseph allez dire
D'amener la voiture, et de monter ici.

JULIETTE.

Mais pourquoi donc?

GEORGES.

Plus tard, j'irai vous en instruire.
Ne craignez rien
Tout ira bien

REPRISE DU DUO.

Son excellence !

JULIETTE.

Son excellence !

GEORGES.

Est, je le pense,
En ma puissance ;
De notre hymen
Je suis certain.

JULIETTE.

Et ce rival?

GEORGES.

N'aura demain
Ni sa place, ni votre main

ENSEMBLE.

GEORGES.

Ah ! l'aventure est piquante et nouvelle !

Oui, c'est bien lui, grace a mon zèle,
Bientôt morbleu je saurai le saisir;
Notre projet doit réussir.

JULIETTE.

Ah! l'aventure est piquante et nouvelle!
Comptez aussi sur notre zele,
Si notre hymen par là doit réussir
Adieu : je cours vous obeir.

(Elle sort)

GEORGES, seul

Elle n'y comprend rien, elle a perdu la tête. Mais, en fait de tête, voici la meilleure de toutes; car c'est notre ministre, je l'entends; attention.

SCÈNE X.

M. DE NOIRMONT, GEORGES (*au fond*).

M DE NOIRMONT sort de la chambre de M de Berlac, il tient un papier a la main, et il a un portefeuille sous le bras

La note est recopiée, et pour une entrée au ministère il est impossible de voir une profession de foi plus positive, et des intentions mieux prononcées; il en arrivera ce qui pourra. — Et le journal ministériel auquel il faut l'envoyer; il n'y a pas un instant à perdre. Maintenant ça m'est égal; je tiens la faveur, je la tiens et je m'y cramponne.

GEORGES, avec compassion

C'est un accès qui commence.

M. DE NOIRMONT.

Ils me croyaient perdu; mais me voilà, je reviens,

SCÈNE X.

je rentre dans la carrière, prêt à les écraser tous; et malheur à qui se trouvera sur mon passage.

GEORGES, à part.

Pauvre homme! c'est du délire, de la rage! je ne le croyais pas aussi malade.

M DE NOIRMONT, s'asseyant auprès de la table, à droite

Je suis donc depuis un instant secrétaire-général. Secrétaire-général! c'est bien peu...

GEORGES, à part

C'est vrai, lui qui tout à l'heure était ministre; il paraît qu'il recommence.

M. DE NOIRMONT.

Mais on peut devenir conseiller-d'état, directeur-général; qui sait même? ministre; et pourquoi pas?

GEORGES.

Ça dépend de lui, quand il voudra.

M. DE NOIRMONT.

Et puis ça ne m'empêche pas d'avoir un titre; un titre, c'est utile, c'est même économique; ça tient lieu de tant de choses, et puis cela fait bien, surtout quand on ouvre les deux battans, et qu'on vous annonce. M. le baron... M. le vicomte... M. le duc... M. le duc! il y a pourtant des gens qui s'entendent appeler ainsi, des gens qui, devant leur nom, peuvent mettre ces trois lettres, D U C, le duc; sont-ils heureux! Je paierais un pareil mot de toute ma fortune, et du repos de ma vie entière.

GEORGES, à part

Si celui-là n'est pas fou! il me faisait peur tout à l'heure, il me fait pitié maintenant; M. Frédéric a raison, il est trop malheureux pour ne pas tâcher de le guérir.

JOSEPH, entrant

(Bas à Georges) Monsieur, la voiture est en bas, elle est prête.

GEORGES, regardant M. de Noirmont

C'est bien. Il se calme, il s'apaise, et le plus fort de l'accès est passé; profitons-en pour tâcher de l'emmener. (Saluant) Monsieur...

M. DE NOIRMONT.

Qu'est-ce que c'est?

GEORGES.

Je voulais parler à M. le secrétaire-général.

M. DE NOIRMONT.

C'est moi; que voulez-vous? qui vous envoie? de quelle part?

GEORGES.

De la part... de la part de son excellence.

M. DE NOIRMONT, se levant

Son excellence, c'est différent : qui êtes-vous?

GEORGES.

Je suis son secrétaire.

M. DE NOIRMONT, vivement

Son secrétaire! c'est moi.

GEORGES.

Oui, secrétaire-général; mais je suis moi du cabinet particulier.

M. DE NOIRMONT, avec envie

Secrétaire intime! une belle place que vous avez

SCÈNE X.

là, une place influente; et je ne sais pas si je n'aimerais pas mieux...

GEORGES, a part

C'est ça, il va me la prendre; il les lui faut toutes.

M. DE NOIRMONT.

Et que me veut son excellence?

GEORGES.

Elle vous attend.

M. DE NOIRMONT.

Pour aller au ministère?

GEORGES.

Précisément : la voiture est en bas, et vous n'avez qu'à y monter.

M. DE NOIRMONT.

Je mets un cachet à cette lettre, et je suis à vous.

(Il va a la table)

GEORGES, bas a Joseph

Il y a des cadenas aux portières.

JOSEPH, de même

Comme vous l'aviez dit.

GEORGES

Alors, fouette, cocher; et conduis-le à la maison de santé dont voici l'adresse. Dix écus pour toi.

JOSEPH.

Vous pouvez être tranquille.

M. DE NOIRMONT.

Monsieur ne vient pas avec nous?

GEORGES, a part

Pour aller à Charenton : merci. (Haut) Je ne prendrai point cette liberté. Vous avez sans doute à causer de graves intérêts, et je n'ai pas une tête comme la vôtre, (A part.) grace au ciel.

M. DE NOIRMONT.

C'est juste. Adieu, mon cher, adieu; nous nous reverrons. (A part) Secrétaire intime! à son âge! il y a des gens qui ont un bonheur insolent.

(Il sort par le fond Joseph le suit)

SCÈNE XI.

GEORGES, seul.

Air Du Neveu de Monseigneur

Il est en ma puissance,
Tous nos vœux sont remplis !
Bientôt de ma prudence
L'hymen sera le prix.
　J'entends ses cris,
　Le voila pris
　Serviteur,
　Monseigneur,
Partez ! votre excellence
En perdant sa grandeur,
Doit assurer mon bonheur

(On entend rouler la voiture)

2e COUPLET.

Pour vous plus de puissance,
Pour vous plus de credit.
Et mon bonheur commence
Ou le vôtre finit
Allez chercher votre maison
　A Charenton

· Serviteur,
Monseigneur
Il part, et son excellence,
En perdant sa grandeur,
Vient d'assurer mon bonheur.

SCENE XII.

GEORGES, FREDERIC.

FRÉDERIC.

Eh bien! quelles nouvelles?

GEORGES.

D'excellentes! j'ai trouvé votre homme; il roule maintenant, sous bonne escorte, dans une voiture qui va le conduire à la maison de santé dont vous m'avez donné l'adresse.

FRÉDÉRIC.

Ah! mon cher Georges, comment te témoigner ma reconnaissance! et quelle sera la joie de sa fille! je la quitte à l'instant, et elle ne croyait pas avoir sitôt le bonheur de revoir son père.

GEORGES.

Ce bonheur-là ne sera pas sans mélange; car je l'ai trouvé bien mal.

FRÉDÉRIC.

Vraiment?

GEORGES.

Oui, monsieur; le cerveau est bien malade, plus que vous ne croyez; il a même eu un accès de fureur concentrée.

FRÉDÉRIC.

Ah! mon Dieu! et tu n'as pas peur qu'il ne s'échappe?

GEORGES.

Impossible! un cadenas à chaque portière. Quand je me mêle de quelque chose...

(On entend M. de Berlac qui, en dehors, s'écrie)

Ce ne sera pas ainsi; je ne veux pas cela.

FRÉDÉRIC.

O ciel! c'est lui que j'entends.

GEORGES.

Non, monsieur, vous vous trompez.

FRÉDÉRIC, regardant à la porte de la chambre du fond à droite

Je le vois d'ici; il monte l'escalier, en causant avec madame Presto et ta prétendue. Regarde plutôt.

GEORGES.

Je le vois bien; mais ce n'est pas celui-là.

FRÉDÉRIC.

Eh! je te dis que si; je le connais bien, peut-être; c'est M. de Berlac lui-même.

GEORGES, étonné

M. de Berlac! Ah! ça, et l'autre?

FRÉDÉRIC.

Quel autre?

GEORGES.

L'autre fou. Il faut donc qu'ils soient deux.

FRÉDÉRIC.

Que le diable t'emporte, et l'autre aussi! Mais il ne faut pas qu'il m'aperçoive.

GEORGES, lui montrant la porte du cabinet à droite

Là, dans ce cabinet, où vous pourrez le voir et l'entendre.

AIR De sommeiller encor, ma chere

Comptez sur moi, je vous le jure,
Je suis là pour vous obeir;
(Seul)
Et l'autre qui roule en voiture,
Dieu sait ce qu'il va devenir.
Ce bon monsieur, quoique, helas! bien malade,
A se traiter ne songe nullement.
Et va, moi bleu! grace à mon escapade,
Être gueri par accident.

(Frederic est entré dans le cabinet à droite, et M. de Berlac entre par la porte du fond, à droite, avec madame Presto et Juliette.)

SCÈNE XIII.

GEORGES, JULIETTE, M. DE BERLAC, MADAME PRESTO.

M. DE BERLAC, à Juliette, qu'il tient par la main

Comment, ma chère amie! vous en aimez un autre?

MADAME PRESTO.

Je demande pardon à votre excellence, que cette petite fille a été étourdir de ses bavardages.

M. DE BERLAC.

Apprenez, madame Presto, que j'aime le bavardage des petites filles. Ça me rappelle la mienne, parce qu'un ministre qui est père de famille.... ça ne fait jamais de mal ; ça fait penser à être sensible, et on a si peu d'occasions ! Voyons, mon enfant, ne craignez rien.

GEORGES.

Qu'est-ce que disait donc M. Frédéric ? Celui-là est la raison même.

M DE BERLAC, a Juliette qui hesite

Eh bien, vous disiez donc ?...

JULIETTE.

Qu'on veut me faire épouser M. Dufour, un de vos employés, que je n'aime pas.

M. DE BERLAC.

Comment, madame Presto, votre fille n'aime pas M. Dufour ? et vous voulez qu'elle l'épouse ?

MADAME PRESTO.

Mais, monseigneur...

M. DE BERLAC.

Voilà comme on fait de mauvais ménages ! voilà comme les accidens arrivent ! comme les plus honnêtes gens du monde finissent par être... (*Prenant une prise de tabac*) par être vexés ! Et exposer M. Dufour, un employé à moi, à être un mari de ce genre-là ! Je ne le veux pas ; je ne veux pas qu'il y en ait un seul dans mon administration.

GEORGES à part

Air J'ai vu le Parnasse des dames

Allons, il s'y met, il commence.

M. DE BERLAC.

Je ne veux plus de tels maris,
Dans les bureaux d'une excellence

SCÈNE XIII.

MADAME PRESTO.

Ce n'est pas leur faute.

M. DE BERLAC.

Tant pis
Je les supprime, je les chasse,
C'est à ces dames d'y penser.
Ça leur fera perdre leur place.

GEORGES, a part

Jadis ça les faisait placer.

M. DE BERLAC.

Et vous qui les défendez, madame Presto; voilà votre époux que j'ai pris comme maître d'hôtel; si je savais qu'il fût...

MADAME PRESTO.

Du tout, monsieur.

M. DE BERLAC.

A la bonne heure; dès que vous en répondez... Et, au fait, elle doit le savoir mieux que personne. (A Juliette) Approchez ici. Vous n'épouserez pas M. Dufour; nous trouverons quelque autre employé, quelque surnuméraire, à qui il faille une jolie place.... et en attendant, voilà mon présent de noce. (Voulant lui donner un anneau)

JULIETTE, refusant

Oh! non, non, monseigneur.

M. DE BERLAC.

Allons donc, une misère comme celle-là, une bague de cinq ou six cents francs.

MADAME PRESTO, bas a Juliette

Apprenez, mademoiselle, qu'on ne refuse jamais un ministre.

JULIETTE.

J'aimerais mieux que monseigneur me donnât autre chose.

M. DE BERLAC.

Et quoi donc?

JULIETTE.

Une place à Georges, que voici; il devait la demander à votre excellence, et il paraît qu'il n'a pas osé.

M. DE BERLAC.

Une place?

GEORGES, à part.

Elle aurait mieux fait de prendre la bague; c'était plus sûr.

M. DE BERLAC.

Ah! il veut une place? (Il fait approcher Georges) Approchez. Quels sont vos titres?

GEORGES, passant auprès de M. de Berlac

Je n'en ai pas, monseigneur.

M. DE BERLAC.

Voilà, au moins, de la franchise, et c'est rare. C'est bien, mon garçon; c'est très-bien; et à quoi es-tu bon? que sais-tu faire?

GEORGES.

Rien.

M. DE BERLAC.

Je te nomme... à la barrière de l'Étoile, inspecteur des travaux... il n'y a rien à faire.

JULIETTE.

Quel bonheur!

SCÈNE XIII.

GEORGES.

Je vous remercie, monseigneur; mais je n'en veux pas.

M. DE BERLAC.

Qu'entends-je?

JULIETTE.

Comment! M. Georges, vous refusez?

GEORGES.

Oui, mademoiselle; je n'ai pas d'ambition; je ne tiens pas aux honneurs, aux dignités; je ne tiens qu'à vous.

JULIETTE.

A la bonne heure; mais ça n'empêche pas.

M. DE BERLAC.

Jeune homme, jeune homme, donnez-moi la main, l'autre. Ce n'est plus une place que je vous offre; c'est mon amitié, vous l'avez; et, par-dessus le marché, je vous nomme chef de division.

GEORGES.

Mais, monseigneur...

M. DE BERLAC.

Conseiller-d'Etat, directeur-général.

GEORGES.

Non, non; et cent fois non. Je n'accepte de tout cela que votre amitié.

M. DE BERLAC.

Mon amitié, soit; mais j'espère que vous prendrez quelque chose avec.

Air de Turenne

Venez toujours dîner au ministère,
Rien qu'en ami l'on vous y traitera;
Nous vous verrons y prendre goût, j'espère

GEORGES.

Je ne crois pas.

M. DE BERLAC.

Ça vous viendra,
Au ministère on connaît ça.
Tous ces dîneurs qui font les bons apôtres,
Sans avoir faim, prennent place au repas,
Et l'appétit vient.

GEORGES.

En mangeant.

M. DE BERLAC.

Non pas,
Mais en voyant manger les autres,
Rien qu'en voyant manger les autres

M. DE BERLAC.

Mais, à propos d'appétit, où est donc mon secrétaire-général, M. de Noirmont?

JULIETTE, s'approchant de M. de Berlac

Je n'osais pas en parler à monseigneur; car nous avons cru, en bas, que c'était par son ordre qu'il venait d'être arrêté.

M. DE BERLAC.

Arrêté! qu'est-ce que cela signifie?

JULIETTE.

Ah! mon Dieu oui; des cadenas aux portières et des hommes à cheval qui escortaient la voiture.

(Georges veut l'empêcher de parler.)

SCÈNE XIII.

M. DE BERLAC.

Et de quel droit priver un citoyen de ce qu'il a de plus précieux au monde, de sa liberté ! Holà ! quelqu'un !
Un domestique entre)

GEORGES.

Il y a sans doute des raisons.

M. DE BERLAC.

Des raisons ! il n'y en a pas ; il n'y a que la loi, la loi avant tout : je ne connais que ça : point d'arbitraire, je n'en veux pas.

GEORGES, regardant le domestique qui est entré.

Aussi, je vais envoyer.

M. DE BERLAC

Attendez ; il faut un ordre, je vais le signer.
Il va à la table, et prend du papier et une plume Pendant ce temps, Juliette passe à gauche, à côté de madame Presto) Quel honneur ! quel beau privilège ! une plume, un peu de papier, trois mots : *Mettez en liberté*, et vous sauvez un innocent, un opprimé, un honnête homme. *Mettez en liberté*. Allez.
Il donne le papier à Georges)

GEORGES, qui, pendant ce temps, a parlé à un domestique

Allez.

M. DE BERLAC, reprenant le papier

Un instant, que je lui donne l'adresse de mon ministère pour qu'il vienne m'y rejoindre de suite.
(Il écrit et donne le papier à Georges) Allez.

GEORGES, donnant le papier au domestique

Allez.

M. DE BERLAC, sur le devant de la scène

Je suis content ; une injustice réparée... ça fait bien

pour entrer en fonctions; et je puis maintenant me rendre à mon ministère. On doit aimer à faire le bien quand on a le temps; c'est si facile! moi, j'en ferai souvent; je n'aurai pas d'ennemis, je pardonnerai toujours, et d'abord ce pauvre Frédéric de Rinville... (Frederic paraît sur la porte du cabinet) Me voilà ministre; c'est le moment d'avoir de l'indulgence et de lui dire: « Mon ami, une poignée de main; rendez-moi votre « amitié, et prenez ma fille; je vous la donne avec « des gants blancs, un bouquet au côté... c'est bien, « c'est bien, point de remercîmens. (S'essuyant les yeux) « Pauvre enfant! rendez-la heureuse, et nous serons « quittes. »

GEORGES.

Ah! l'honnête homme.

M. DE BERLAC.

Qu'est-ce que c'est?

GEORGES.

Rien, monseigneur.

M. DE BERLAC.

J'ai dit à M. de Noirmont de me rejoindre au ministère. (A Juliette) Voilà votre mari. (A madame Presto) Vous congédierez Dufour. Moi, on m'attend; je vais à mon audience.

MADAME PRESTO.

Et la voiture de monseigneur.

M. DE BERLAC.

Point de voiture; il est beau d'entrer au ministère à pied, avec le parapluie à canne, et d'en sortir de même. Donnez-moi le parapluie à canne (Georges lui donne

SCÈNE XIII.

(le pa *pluie*), il est de rigueur; car, là aussi, il y a souvent des orages. Adieu, mes amis, je vous reverrai ici, après mon audience. Je reviendrai dîner.

MADAME PRESTO, accompagnant M. de Berlac qui sort

Ah ! quel honneur pour moi! Vous pouvez être sûr que le dîner le plus fin et le plus délicat... un dîner de ministre... rien que des truffes.

M DE BERLAC, revenant avec colere

Des truffes! Qui est-ce qui a dit des truffes? Point de truffes. Les malheureuses! elles ont causé dans l'Etat trop de désordre, trop d'abus, sans compter les indigestions; je n'en veux point sous mon ministère, je les destitue.

MADAME PRESTO.

Destituer les truffes! qu'allons-nous devenir?

M. DE BERLAC.

Je ferme la bouche aux mécontens, aux envieux.

GEORGES.

Ils l'ouvriront encore pour crier; c'est changer les idées reçues.

MADAME PRESTO.

Bouleverser tous les repas.

GEORGES.

Soulever contre vous tous les appétits de la grande propriété.

M DE BERLAC, rêvant

C'est possible. (A Georges) Vous me ferez un rapport là-dessus; (A part) au fait, il faut marcher avec le siècle, et nous vivons dans un siècle truffé. D'ailleurs, si je les destitue, qu'est-ce que je mettrai à leur place?

je ne vois que les... qui sont bien insuffisantes pour les besoins de la civilisation : j'y songerai. (A Georges) Le portefeuille. (Georges lui donne un portefeuille) Vous ferez votre rapport. (A madame Presto) Vous congédierez Dufour Adieu, mes enfans, adieu : j'y songerai. (Il sort par le fond, Juliette et madame Presto sortent avec lui)

SCÈNE XIV.

FREDÉRIC, GEORGES.

GEORGES, a Frederic qui sort du cabinet

Eh bien! monsieur, vous avez tout entendu; faut-il vous suivre ?

FRÉDÉRIC.

Non ; en l'écoutant, j'ai changé d'idée. — Cet excellent homme, qui me pardonne, qui me donne sa fille, parce qu'il est ministre; et je lui ôterais une place dont il fait un si bon usage! je l'empêcherais d'être heureux !

GEORGES.

Ce serait bien ingrat.

FRÉDÉRIC.

Qu'est-ce que nous gagnerions à le guérir? il rêve, c'est vrai ; mais ce sont les rêves d'un homme de bien, pourquoi le réveiller?

GEORGES.

Vous avez raison. C'est là de l'humanité, de la bonne philosophie ; laissons-lui son erreur et son portefeuille, et qu'il dorme tranquillement : c'est si rare quand on est ministre!

FRÉDÉRIC.

Je vais retrouver sa fille, lui faire part de mes nouveaux projets; et si elle les approuve, je viens sur-le-champ les mettre à exécution.

GEORGES.

Et je suis là pour vous seconder.

(Frédéric sort par la porte du fond, à droite.)

SCÈNE XV.

GEORGES, DUFOUR, *entrant avec* MADAME PRESTO ET JULIETTE.

DUFOUR.

Quoi! madame, refuser de signer ce bail et ce contrat?

JULIETTE.

C'est le ministre qui ne veut pas.

MADAME PRESTO.

Oui, le ministre ne veut pas.

Air Honneur, honneur et gloire. (De la Muette.)

JULIETTE.

Ici son excellence
Dispose de ma foi,
Et d'une autre alliance
Nous impose la loi

21.

ENSEMBLE

MADAME PRESTO.

Oui, c'est son excellence
Qui s'intéresse à nous;
George a la préférence,
Et sera son époux.

GEORGES.

Oui, c'est son excellence
Qui s'intéresse à nous;
J'obtiens la préférence,
Je serai son époux.

DUFOUR.

Quelle insolence et quelle audace !
Combien j'enrage ! c'est égal
Faisons, pour conserver ma place,
Des complimens à mon rival.

ENSEMBLE.

TOUS.

Oui, c'est son excellence
Qui s'intéresse à nous,
George a la } préférence,
J'obtiens la }
Et sera son }
       mon } époux
Je serai son }

DUFOUR.

Oui, de son excellence
Redoutons le courroux....
George a la préférence,
Il sera son époux

SCÈNE XVI.

Les précédens, M. DE NOIRMONT.

M DE NOIRMONT, *entrant par le fond*

C'est une horreur! c'est une indignité! se jouer de moi à ce point!

DUFOUR.

Qu'y a-t-il donc?

M. DE NOIRMONT.

D'abord un rapt, un enlèvement.

MADAME PRESTO.

Nous le savions; mais cela n'a pas eu de suites.

M. DE NOIRMONT.

Au contraire; me conduire dans une maison où l'on m'a donné des douches!

DUFOUR.

Des douches!

M. DE NOIRMONT.

Comme j'ai l'honneur de vous le dire, une, deux.

JULIETTE.

Et l'ordre de mise en liberté que monseigneur avait signé?

GEORGES.

Et que je me suis empressé d'expédier.

M. DE NOIRMONT.

Empressé! joliment! il n'est arrivé qu'à la troisième, et dans ma fureur, j'aurais tué tout le monde... si je n'avais eu peur de faire attendre son excellence, qui me donnait rendez-vous à son ministère. J'y cours, et là, ce que j'apprends est encore pire.

TOUS.

Qu'y a-t-il donc?

M. DE NOIRMONT.

Il y a que je suis compromis, que vous êtes compromis, que nous sommes tous compromis.

TOUS.

Expliquez-vous.

M. DE NOIRMONT.

Je monte d'abord au cabinet du secrétaire-général pour m'y installer; je le trouve occupé par un compétiteur, qui me demande ce que je voulais; parbleu! ce que je voulais, c'était sa place; mais en fonctionnaire obstiné, il refuse de s'en dessaisir, et c'est pour le mettre à la raison que je m'élance avec lui dans le cabinet du ministre.

TOUS.

Eh bien!

M. DE NOIRMONT.

Eh bien! voici bien un autre incident : le ministre n'était pas ministre.

TOUS.

Comment?

M. DE NOIRMONT.

C'en était bien un, mais ce n'était pas le nôtre.

TOUS.

O ciel!

GEORGES, à part

Voilà le réveil qui commence.

SCÈNE XVI.

M. DE NOIRMONT.

Troublé à cette vue, je me courbe jusqu'à terre, pour me donner une contenance ; et, balbutiant quelques mots d'excuse, je sors au milieu des chuchotemens, des éclats de rire, et des politesses de mon confrère l'usurpateur, qui me reconduit jusqu'à la porte pour la fermer sur moi.

M. DUFOUR.

Et l'autre excellence?

M. DE NOIRMONT.

L'autre excellence s'était moquée de nous ; je l'ai rencontrée dans un corridor, se disputant avec un garçon de bureau qui ne voulait pas le laisser entrer; vous entendez bien que j'ai filé sans le voir, et sans le saluer.

Air Le soleil va paraître (De la Muette de Portici.)

TOUS.

Ah! c'est affreux! une telle disgrâce
Compromet tous nos intérêts.

ENSEMBLE.

M. DE NOIRMONT.

C'est grace à lui que je me vois sans place,
Et c'est pour lui que je me compromets.

GEORGES.

Pauvre Dufour! il en perdra sa place.
Ah! s'il pouvait encor payer les frais!

DUFOUR.

C'est votre faute, et, si je perds ma place,
Nous plaiderons, et vous paierez les frais

MADAME PRESTO ET JULIETTE.
Tout est perdu, Georges perdra sa place
Nous plaiderons, et je paierai les frais.

MADAME PRESTO.
Ecoutez-moi.

DUFOUR.
Non; j'enrage.
Plus de bail, plus de mariage

GEORGES.
Quel reveil!

JULIETTE.
Quel dommage!

MADAME PRESTO.
Mais je le vois. Oui, c'est lui,
Il ose encor venir ici.

SCÈNE XVII.

Les précédens, M. DE BERLAC, *qui entre en rêvant.*

TOUS, allant au-devant de lui et l'entourant
Ah! c'est affreux! une telle disgrace
Menace tous nos intérêts:
C'est grace à vous que je me vois sans place,
Et c'est pour vous que je me compromets.

M. DE BERLAC, sortant de sa rêverie
Qu'est-ce que c'est? des regrets, des murmures,
des amis qui me plaignent, qui se désolent.

GEORGES.
Il voit tout en beau.

SCÈNE XVII.

M. DE BERLAC.

Vous êtes mécontens? pourquoi cela?..... Je ne le suis pas, moi, parce que je suis philosophe, c'est-à-dire destitué.

TOUS.

Destitué!

M. DE BERLAC.

Oui, mes enfans, j'ai été nommé; j'ai été ministre vingt-quatre heures, je ne le suis plus : cela peut arriver à tout le monde.

DUFOUR.

Et ceux que vous avez nommés? ceux que vous avez placés?

M. DE BERLAC.

Rassurez-vous ; ils partagent mon sort, ils partent avec moi.

M. DE NOIRMONT.

Partir! partir! comme c'est agréable! Et qui vous priait de me nommer secrétaire-général? Vous l'avais-je demandé?

DUFOUR.

Et moi, avais je besoin de votre recette? Quand on est indépendant par sa fortune et son caractère, on n'a que faire d'aller s'exposer. J'en perdrai peut-être ma place au Mont-de-Piété.

MADAME PRESTO.

Et moi, qui ai refusé une affaire superbe, un bail que monsieur me proposait ; je me vois obligée de plaider ; et c'est vous qui êtes cause de tout. (Ils se retirent tous au fond du théâtre, M de Berlac est seul sur le devant, Georges auprès de lui.)

M. DE BERLAC.

Les ingrats! ils sont tous les mêmes. Allez, vils roseaux que courbait le vent de la faveur, relevez-vous, le vent ne souffle plus; (a Georges) et toi? eh bien, tu restes là? tu ne t'éloignes pas?

GEORGES.

Non, monseigneur; je suis courtisan du malheur, je lui suis fidèle.

M. DE BERLAC.

Ce n'est pas un roseau celui-là, c'est un chêne qui prend racine dans le terrain de la disgrace; je n'oublierai pas ton dévouement; et si jamais je reviens aux grandeurs...

GEORGES.

Je serais encore le même.

M. DE BERLAC.

Tu as raison, tu n'as besoin de rien; seul et unique de ton espèce, tu n'as qu'à te montrer pour de l'argent, et ta fortune est faite, la mienne aussi; car je reviendrai aux honneurs; il me faut une place, j'emploierai mes amis, mon crédit.

MM. DE NOIRMONT ET DUFOUR.

Oui, il est joli.

MADAME PRESTO.

Je lui conseille de s'y fier.

SCÈNE XVIII.

Les précédens, FRÉDÉRIC.

FRÉDÉRIC.

M. de Berlac! M. de Berlac, où est-il?

M. DE BERLAC.

Frédéric de Rinville!

FRÉDÉRIC.

Lui-même, qui est impatient de vous embrasser.

M. DE BERLAC.

Ce matin, monsieur, j'étais puissant, j'étais ministre, je pouvais vous revoir et vous pardonner, mais maintenant...

FRÉDÉRIC.

Maintenant plus que jamais; il y a bien d'autres nouvelles.

M. DE BERLAC.

Il serait possible!

FRÉDÉRIC.

On vous a enlevé votre place de ministre, parce qu'on vous en destinait une bien autrement importante dans les circonstances actuelles, une place qui réclamait tous vos talens et votre adresse; on vous nomme ambassadeur à Constantinople

M. DE BERLAC.

Moi!

TOUS, s'approchant de M. de Berlac

Ambassadeur!

M. DE BERLAC.

Mon cher Frédéric, mes amis, mon gendre! ambassadeur! je m'en doutais; ambassadeur à Constantinople!

GEORGES.

Au moment où ils reviennent tous, au moment où la guerre est déclarée! voilà qui prouve la confiance que l'on a en vous.

M. DE BERLAC.

Elle ne sera pas trompée. Ambassadeur à Constantinople!

AIR Connaissez mieux le grand Eugène

Je pars : l'espoir me donnera des ailes;
La Grèce attend, et les Russes sont là :
Notre vaisseau franchit les Dardanelles;
A mon nom seul je vois fuir le pacha;
Jusqu'à *Stamboul* j'arrive : me voilà !

(Il fait un pas en avant, et se posant avec dignité.)

« Sultan Mahmoud, il faut que ça finisse;
« Résignez-vous, ou je repars soudain;
« Vous entendrez la raison, la justice,
    « Ou le canon de Navarin. »

FRÉDÉRIC.

Ma voiture est en bas; et il faut avant tout remercier le ministre qui nous attend, et qui n'a rien à refuser.

DUFOUR ET MADAME PRESTO.

Il serait possible! ah, monseigneur!

SCÈNE XVIII.

M. DE BERLAC, les regardant

La girouette a tourné, le vent de la prospérité souffle de nouveau, et le roseau reprend son pli. (Voyant qu'ils saluent) C'est ça, c'est ça, inclinez-vous; je devrais vous abaisser plus encore, mais ça n'est pas possible. Faites vos pétitions, je les présenterai.

DUFOUR ET MADAME PRESTO.

Ah! monseigneur! (M. Dufour et madame Presto vont à la table à droite, et écrivent leur pétition.)

M. DE BERLAC.

Et vous aussi, M. de Noirmont.

M. DE NOIRMONT.

Vous ne me connaissez pas, monsieur, et bientôt vous saurez ce que je pense.

M. DE BERLAC.

De la fierté; c'est bien.

M. DE NOIRMONT.

Je prie seulement votre excellence de jeter les yeux sur ce mémoire. (Ils se retirent un peu vers le fond, à gauche. Pendant que M. de Berlac parcourt le mémoire, Georges s'approche de Frédéric, et lui lit à voix basse.)

GEORGES.

Ah ça, monsieur, d'où nous vient cette ambassade?

FRÉDÉRIC, se touchant le front

De là; j'ai vu Émilie, elle consent à un projet qui fait le bonheur de son père et le nôtre. Le ministère a tout appris; il nous secondera, et au moment de nous embarquer à Marseille, nous serons nommés à d'autres ambassades, et de capitale en capitale...

GEORGES.

Je comprends, nous voyagerons ainsi gaiement en famille.

FRÉDÉRIC.

Tant que durera sa folie.

GEORGES.

Oui, le tour de l'Europe.

M DE NOIRMONT, a M de Berlac qui a fermé le memoire.

Vous y voyez, monsieur, que je ne veux rien, que je ne demande rien au ministre.

M. DE BERLAC.

C'est trop juste, et vous êtes sûr de l'obtenir.

M. DE NOIRMONT.

Mais vous allez courir des dangers; je demande à les partager, à ne point quitter l'ambassadeur.

M. DE BERLAC.

Un pareil dévouement vous rend mon estime et ma faveur; je vous nomme secrétaire d'ambassade.

M. DE NOIRMONT.

Ah! monseigneur!

GEORGES, bas a Frederic

Celui-là est incurable; les douches n'y feraient rien, et je vous conseille de le laisser aller à Constantinople.

MADAME PRESTO, se levant et présentant sa pétition a M de Berlac

Voici ma pétition.

DUFOUR, de meme

Voici la mienne.

M. DE BERLAC.

C'est bien; mais je vous ai entendu parler de pro-

SCÈNE XVIII.

cès; je n'en veux pas, je supprime les procès, les huissiers, les procureurs; il faut que tout le monde se donne la main. (A Dufour) Donnez la main à madame (désignant madame Presto) (A Georges) Vous, à mademoiselle (montrant Juliette) (A Frédéric et à M. de Noirmont) Et nous aussi, (Il leur donne la main) là...

FRÉDÉRIC, à Georges

Eh bien! quel est le plus fou d'eux tous?

GEORGES, les regardant

Je n'en sais rien : mais, à coup sûr, (montrant M. de Belhc) ce n'est pas celui-là.

CHOEUR FINAL.

Air Au marche qui vient de s'ouvrir.

TOUS.

Ah, monseigneur! ah, monseigneur!
Je suis à vous de tout mon cœur!

(Pendant ce dernier chœur, M. de Berlac s'éloigne tenant Frédéric sous le bras, et donnant la main à M. de Noirmont Georges, Juliette, M. Dufour, madame Presto le saluent avec respect LE RIDEAU BAISSE)

FIN DE LA MANIE DES PLACES

LES MORALISTES,

COMÉDIE-VAUDEVILLE,

Représentée pour la première fois, a Paris, sur le Théâtre de Madame, le 22 novembre 1828.

En société avec M. Varner.

PERSONNAGES.

M. SIMON, propriétaire.
M. CANIVET, son ami.
FRÉDÉRIC, son locataire.
SAINT-EUGÈNE, ami de Frédéric.
THOMASSEAU, chef d'office au café de Paris.
NANETTE, fille du portier de M. Simon.
JEUNES GENS, amis de Frédéric.
DAMES de la connaissance de M. Simon.
MUSICIENS.
GARÇONS DE CAFÉ.
DOMESTIQUES.

La scène se passe à Paris, chez M. Simon.

NANETTE.

ENCORE UNE PETITE FOIS.

LES MORALISTES.

Le théâtre représente une grande salle; porte au fond, deux portes d'appartemens à droite et à gauche de la porte du fond. Sur le second plan, des deux côtés, deux autres portes: la porte à droite de l'acteur est celle de l'appartement de Frédéric. Au fond, a gauche, une grande table dressée, prête à être servie, a droite, une autre petite table chargée d'assiettes, de verres, etc., etc.

SCÈNE PREMIÈRE.

M. SIMON, M. CANIVET, *sonnent à la porte du fond*; NANETTE, *sortant de la chambre de Frédéric.*

NANETTE, un plumeau a la main.

Qui est-ce qui sonne? Ah! c'est M. Simon, le propriétaire. Votre servante, monsieur.

SIMON.

Bonjour, petite. M. Frédéric, où est-il?

NANETTE.

Il est sorti, mais il ne tardera pas à rentrer; car il m'a bien recommandé de me dépêcher. Aussi, vous voyez, je suis là à faire sa chambre.

CANIVET.

Nous pouvons l'attendre ici, dans la salle à manger.

NANETTE.

Certainement, puisque vous êtes avec le propriétaire. Je vous demande pardon de ne pas vous tenir compagnie. (Montrant son plumeau) Vous voyez...... le devoir avant tout. (Elle rentre dans la chambre de Frédéric.)

SCÈNE II.

SIMON, CANIVET.

SIMON.

Que je suis heureux de recevoir à Paris ce bon M. Canivet, un homme aussi recommandable!

CANIVET.

Je suis vraiment confus.

SIMON.

Il y a long-temps que je vous désirais; mais vous aviez de la peine à vous arracher à vos travaux sédentaires, à vos œuvres méritoires. Vous ne manquez pas d'occupation....... administrateur général du bien des pauvres de la ville de Nantes.

CANIVET.

Je tâche de remplir mes devoirs avec zèle.

SIMON.

Je sais là-dessus quels sont vos principes. Aussi quand je vous ai proposé à nos actionnaires, pour être à la tête de cette grande entreprise que nous avons formée à Nantes, tout le monde a appuyé ma proposition. Pour la première fois, nous avons été d'accord; et l'on vous a nommé à l'unanimité.

SCÈNE II.

Air Voulant par ses œuvres complètes

Nos malheureux actionnaires
Qui, des long-temps, ne touchaient rien,
Ont vu tous vos mœurs exemplaires,
Ont vu votre amour pour le bien. .
Ont vu votre vertu si grande;
Et tout ce qu'ils ont vu chez vous
Leur a donné l'espoir bien doux
De voir enfin un dividende

CANIVET.

Je ne puis pas vous dire quelle importance j'attachais à cette place, que me disputait vivement notre receveur-général. D'abord, la considération personnelle, et puis, d'immenses intérêts particuliers qui y sont liés. Enfin, mon cher M. Simon, il faut qu'avant la nomination définitive vous me présentiez à ces messieurs.

SIMON.

C'est très-facile. Venez ce soir au bal que je leur donne.

CANIVET.

Comment, vous donnez un bal?

SIMON.

Oui, dans mon logement, ici dessus. C'est la première fois que cela m'arrive; mais j'y suis obligé. Il faut bien faire comme tout le monde. Sans cela, et si on n'avait pas, comme eux, l'air de se ruiner, on passerait pour un avare. Maintenant, la plupart des affaires se discutent au bal : ce qui fait qu'elles se traitent un peu plus légèrement.

CANIVET.

Que voulez-vous que j'aille faire à votre bal, moi qui ne suis pas homme de plaisir?

SIMON.

Soyez tranquille, dans ces réunions-là on ne s'amuse pas.

CANIVET.

Alors je viendrai; mais c'est un sacrifice.

SIMON.

Je vous annoncerai à nos actionnaires. Vous causerez; vous y ferez votre partie de piquet, si toutefois nous trouvons un adversaire de votre force; car vous avez, dit-on, une réputation.....

CANIVET.
Air Restez, restez, troupe jolie

C'est là le jeu de la sagesse.

SIMON.
Et vous le jouez savamment.

CANIVET.
Je suis, sans vanter mon adresse,
Le plus fort du département;
Mais c'est mon seul amusement.
Et la jeunesse moins frivole
De ce jeu devrait faire un cours;
Avec le temps l'amour s'envole,
Mais le piquet reste toujours

(*Regardant autour de lui*) C'est singulier, M. Frédéric ne rentre pas.

SIMON.

Ah ça! quel intérêt prenez-vous donc à mon jeune locataire?

CANIVET.

Un très-grand, que je puis vous confier. Ma femme et ma fille l'ont vu à Paris l'hiver dernier, chez vous, et dans d'autres sociétés. Ma femme en est enchantée, ma fille le trouve fort bien.

SIMON.

Et l'on voudrait en faire un mari pour elle?

CANIVET.

Tout le monde dit oui, moi je ne dis pas non; mais je veux savoir à quoi m'en tenir sur ses principes, sur sa moralité, parce que la morale avant tout.

SIMON.

Sans doute.

CANIVET.

Qu'est-ce que vous en pensez, vous, son propriétaire?

SIMON.

Tout le bien possible. Il paie son terme avec une exactitude... Je ne le vois guère que tous les trois mois; mais c'est égal, c'est avec peine que je renoncerais à ses visites.

Air de la Robe et les Bottes

Il a bon ton, bon goût, bonne manière,
Faisant toujours frotter son escalier.

CANIVET.

Sa conduite?

SIMON.

Elle est exemplaire;
Il a partout fait mettre du papier

CANIVET.

Son caractère?

SIMON.
Accommodant et sage,
N'ayant jamais, je dois le publier,
De disputes pour l'éclairage,
Ni pour les gages du portier.

Aussi je suis désolé que vous l'emmeniez, et qu'il ait mis écriteau.

CANIVET.

Tant mieux ; vous me faites un plaisir...

SCÈNE III.

SIMON, CANIVET, THOMASSEAU.

THOMASSEAU.

Pardon, messieurs, si je vous interromps, c'est qu'il faut que je commence à mettre le couvert. M. Frédéric n'est pas ici ?

SIMON.

Non. Qu'est-ce que vous lui voulez ?

THOMASSEAU.

Rien. C'était seulement pour lui demander une petite explication. Il a commandé au Café de Paris, où j'ai l'honneur d'être chef d'office, un dîner à trente francs par tête.

CANIVET.

Juste ciel! trente francs par tête!

THOMASSEAU.

Et je voudrais savoir... vous pourriez me dire cela... si c'est sans le vin...... parce que ça fait tout de suite une différence. M. Frédéric et ses amis sont si altérés !

CANIVET.

Qu'est-ce qu'il dit là?

SIMON.

Bah ! quelquefois, par extraordinaire, dans les grandes chaleurs.

THOMASSEAU.

Toujours une soif permanente; ils ne donnent pas dans le travers du siècle, dans l'eau rougie. Ils ne craignent pas les inflammations.

Air du vaudeville de l'Actrice

  Si tout le monde, en conscience,
  Leur ressemblait dans ce pays,
  On n'aurait pas besoin, je pense,
  De débouchés pour nos produits.
  Consommateurs par excellence,
  Et patriotes a l'excès,
  Ils avalent les vins de France
  Presque aussi bien que des Anglais ;
  Ils boivent mieux que des Anglais (*bis*)

Voyez plutôt la carte d'avant-hier : vingt cinq bouteilles de champagne ; c'est écrit en toutes lettres.

SIMON.

Qu'est-ce que ça prouve?

THOMASSEAU.

Ça prouve qu'il les doit. (A Simon) Et si c'est vous, (Simon lui tourne le dos) (A Canivet) ou vous, monsieur, qui êtes chargé de payer, je vous prierai de ne pas oublier le garçon. (Canivet lui tourne le dos, et Thomasseau commence à desservir la table.)

CANIVET.

Bonté divine! (A Simon) Ah! qu'est-ce que vous me disiez donc?

SIMON.

Je n'en savais pas davantage. En province on se connaît trop, à Paris on ne se connaît pas assez. D'ailleurs, il ne faut pas attacher à cela trop d'importance.

CANIVET.

Par exemple!

SIMON.

Ce jeune homme aime à bien traiter ses amis; il est généreux, ce n'est pas un défaut; et si on n'a pas d'autres reproches à lui faire...

SCÈNE IV.

SIMON, CANIVET, NANETTE, THOMASSEAU.

(Thomasseau et deux garçons commencent à disposer tout ce qu'il faut pour garnir la table.)

NANETTE, sortant de la chambre de Frédéric.

Tout est en ordre là-dedans, et l'on peut maintenant montrer le logement. (A Canivet) Monsieur vient sans doute pour le voir? il est à louer, meublé, ou non meublé, comme monsieur voudra.

CANIVET.

C'est possible. (Bas à Simon) Quelle est cette petite?

SCÈNE IV.

SIMON.

C'est la fille de mon portier.

CANIVET, à part

Bon, comme qui dirait la gazette de la maison; elle peut nous donner des renseignemens.

NANETTE.

C'est un appartement très-commode. (Bas à Thomasseau) Il faut en faire l'éloge devant le propriétaire. (Haut à Canivet) D'abord, une grande antichambre, où le matin il y avait quelquefois jusqu'à quinze personnes à attendre.

CANIVET.

A attendre! quoi?

THOMASSEAU.

De l'argent, comme moi tout à l'heure.

CANIVET, bas à Simon

Vous l'entendez?

NANETTE.

Quant à la salle à manger, vous y êtes. On peut y donner un repas de trente couverts.

THOMASSEAU.

Ils étaient trente-trois la semaine dernière, et bien à leur aise.

NANETTE.

Enfin, la chambre à coucher est charmante, un demi-jour; un lit de cinq pieds; deux sorties, ce qui est très-commode dans un appartement de garçon; et même, si monsieur est marié, quelquefois ça peut être utile.

CANIVET, se mettant les mains sur les yeux

Deux sorties!

SIMON, a Canivet

Non; la porte est condamnée, on ne s'en sert pas.

NANETTE.

Je vous demande pardon; car l'autre fois j'ai vu descendre par le petit escalier une fort jolie dame.

CANIVET.

O scandale!

NANETTE.

Du tout; personne, excepté moi, ne l'a aperçue. (A Thomasseau) N'est-ce pas? Il n'y a que quand elle a eu passé la porte cochère, un monsieur, qui se trouvait dans la rue, à faire antichambre, je ne sais comment, parce que, moi, j'avais dit qu'il n'y avait personne, s'est écrié : « Dieu, c'est elle! c'est indigne! c'est affreux! » Enfin un tas d'extravagances.

THOMASSEAU.

Des bêtises.

NANETTE.

Si bien que M. Frédéric et le mari se sont battus.

CANIVET.

Comment, un mari!

THOMASSEAU.

Un vrai mari.

CANIVET.

Un duel!

NANETTE.

Oh! allez, ce n'est pas le premier; et M. Frédéric s'en tire toujours gentiment, grace au ciel! car moi

SCÈNE IV

je l'aime, M. Frédéric, et ce n'est pas moi qui en dirai jamais du mal. Si monsieur veut entrer...

(Thomasseau va préparer la table, Nanette s'occupe à épousseter.)

CANIVET.

Non; j'attendrai son retour. (A Simon) Eh! bien, qu'en dites-vous?

SIMON.

Je dis.. je dis que ce n'est pas très-exemplaire; mais il n'a que vingt ans; il faut que jeunesse se passe.

CANIVET.

Une pareille absence de mœurs!

SIMON.

Il en a peut-être; cela n'empêche pas; mais en même temps, il a des passions; et voilà... quand on n'en a plus, quand on est comme vous et moi, on se trouve à son aise : il est bien plus facile d'être moral. Et puis, écoutez donc, tout cela est peut-être exagéré, on peut l'avoir calomnié.

CANIVET.

C'est égal; il faut que je voie par moi-même; la chose est trop importante. Dès que quelqu'un peut s'oublier un instant, je dis un seul instant, il n'a plus de droits à la confiance.

SIMON.

Vous reviendrez, je l'espère, à de meilleurs sentimens. Si, en attendant, vous voulez monter chez moi, Nanette vous avertira dès que ce jeune homme sera rentré. Tu entends, petite?

NANETTE.

Oui, monsieur.

SIMON, a Canivet

Air des Comédiens

Allons, mon cher, indulgence au coupable.

CANIVET.

En sa faveur, monsieur, ne parlez plus :
Loger chez vous un garnement semblable!

SIMON.

S'il ne fallait loger que des vertus,
Nous n'aurions plus, helas! de locataires,
Que quelques-uns, tout en haut, vers le ciel;
Et je connais bien des propriétaires
Qui ne pourraient habiter leur hôtel.

ENSEMBLE.

Allons, mon cher, indulgence au coupable,
Je vous promets qu'il n'y reviendra plus;
Daignez lui tendre une main secourable,
C'est dans son cœur rappeler les vertus.

CANIVET.

Jamais, jamais d'indulgence au coupable!
Quand tous les droits sont par lui méconnus,
Je dois toujours rester inexorable,
Et la rigueur est au rang des vertus.

(Ils sortent ensemble par le fond)

SCÈNE V.

NANETTE, THOMASSEAU, puis FRÉDÉRIC.

THOMASSEAU, arrangeant le couvert

Enfin, ils s'en vont. Mamselle Nanette, laissez donc un instant votre plumeau; vous ne m'avez encore rien dit aujourd'hui.

NANETTE, epoussetant

C'est que je ne suis pas en train de parler, quand on a de l'ouvrage à faire.

THOMASSEAU, mettant le couvert

Ça n'empêche pas le sentiment d'aller son train. Venez donc, mamselle Nanette. (Ils descendent ensemble sur le devant de la scène.) Quand est-ce donc que je serai à la tête d'un café pour mon compte, avec le titre de votre époux? je grille d'être marié; on ne pourra plus me dire : Garçon! Je serai mon maître, c'est-à-dire jusqu'à un certain point, puisque j'aurai ma femme.

AIR de Turenne.

Dans un endroit tout tapissé de glaces,
  Tandis que, placée au comptoir,
  Vous ferez admirer vos glaces,
Près des fourneaux, déployant mon savoir,
Je rôtirai du matin jusqu'au soir.
  Mais vers minuit, quittant l'office,
  D'amour alors seulement enflamme,
    Quand le restaurant s'ra fermé,
    Je serai tout a vot' service

NANETTE.

C'est bon, c'est bon, occupez-vous de mettre le couvert, car voilà monsieur qui rentre. (Thomasseau va a la table.)

FRÉDÉRIC, entrant par le fond

Vivat ! tout réussit au gré de mes vœux ; je suis le plus heureux des hommes.

NANETTE.

Que vous est-il donc arrivé ?

FRÉDÉRIC.

Je sors de chez mon adversaire, celui qui avait reçu un coup d'épée.

NANETTE.

Vous l'avez trouvé en bon état?

FRÉDÉRIC.

Je ne l'ai pas trouvé du tout ! il était allé se promener aux Tuileries; c'est bon signe; me voilà tranquille de ce côté-là ; et, comme un bonheur ne va jamais sans l'autre, j'ai reçu des nouvelles de celle que j'aime, de ma chère Sophie, de ma femme; car je vais bientôt lui donner ce titre. Au bas de la lettre de sa mère, elle m'a écrit trois lignes, les plus aimables, les plus tendres; je l'ai pressée mille fois sur mes lèvres ! Si ce mariage-là avait dû se différer encore six mois, je crois que j'aurais perdu la tête.

NANETTE.

Avec ça que vous auriez moins de peine qu'un autre. (Elle va chercher les lettres qui sont sur la table, et les donne a Frederic.) Car, sauf votre respect, il n'est déjà bruit dans le quartier que de vos extravagances.

SCÈNE V.

FRÉDÉRIC.

Tant mieux; il faut cela avant le mariage; c'est une dette à payer, c'est une garantie pour l'avenir; et, avec moi, ma femme aura toutes les garanties possibles.

NANETTE, a part

C'est juste; je ne suis pas assez sûre que Thomasseau ait été mauvais sujet.

FREDERIC, qui a ouvert plusieurs lettres

Ce sont les réponses à mes invitations. Quand il s'agit de dîner, les amis sont d'une exactitude...

NANETTE.

Ah! j'oubliais de vous dire qu'il se présente quelqu'un pour louer votre appartement.

FRÉDÉRIC.

C'est bon. S'il voulait en même temps m'acheter une partie de mes meubles, ça me rendrait service. Je ne peux pas les emporter à Nantes; tandis que l'argent, si j'en avais...

NANETTE.

Ce serait la même chose. J'ai idée que vous le laisseriez ici.

FRÉDÉRIC, lisant les dernières lettres

Tu crois? c'est possible. Ils acceptent tous. Il n'y a que Saint-Eugène qui ne m'ait pas répondu. (A Nanette) Il n'est pas venu en mon absence?

NANETTE.

Non, monsieur.

FREDÉRIC.

C'est singulier Voilà plus de quinze jours que je

ne l'ai vu. Il faut qu'il ait été malade. C'est que sa présence est indispensable dans une réunion où nous voulons nous amuser.

NANETTE.

Il est donc bien gai !

FRÉDÉRIC.

Air de Partie et Revanche

Sur le déclin de la jeunesse,
Profitant du temps qui va fuir,
Il n'apprécie, il n'aime la richesse
Qu'autant qu'elle mène au plaisir ;
Nul n'entend mieux l'art de jouir
Mais la fortune imprévoyante,
Qui, le créant, semblait le destiner
A dépenser vingt mille écus de rente,
N'oublia rien, que de les lui donner

NANETTE.

Monsieur, je crois que je l'entends.

FRÉDÉRIC.

Bonne nouvelle. (Allant au-devant de Saint-Eugène qui entre par la porte du fond) Eh ! arrive donc.

NANETTE, à part

Et nous, allons avertir le vieux monsieur.

(Elle sort)

SCÈNE VI.

FRÉDÉRIC, SAINT-EUGÈNE, *marchant d'un air grave, et à pas comptés.*

FRÉDÉRIC.

Je commençais à croire que tu étais mort.

SAINT-EUGÈNE, très-froidement

Mon ami, c'est à peu près comme si je l'étais.

FRÉDÉRIC.

Comment, à peu près? que veux-tu dire?

SAINT-EUGÈNE.

Que je suis mort pour le monde, que j'ai renoncé à ses plaisirs.

FRÉDÉRIC, avec incrédulité

Toi!

SAINT-EUGÈNE.

Oui, mon ami; je ne sors plus, je ne bois plus, et je ne ris plus.

FRÉDÉRIC.

Est-ce que tu es devenu fou?

SAINT-EUGÈNE.

Je suis devenu raisonnable, ce qui est beaucoup plus étonnant. On se lasse de tout sur cette terre; il m'a pris subitement un goût prononcé pour la retraite et l'économie; ça m'est venu juste au moment où il ne me restait plus rien.

FRÉDÉRIC.

C'est ce qui s'appelle saisir l'à-propos.

SAINT-EUGÈNE.

J'ai rompu avec la société. Je me suis enfermé chez moi avec Sénèque, Charron, Labruyère, La Rochefoucault, et autres bons auteurs ; je ne vois qu'eux, je ne lis qu'eux. Aussi je commence à avoir dans la tête une fort jolie collection de sentences et de maximes morales.

FRÉDÉRIC.

Si tu n'as pas autre chose à offrir aux huissiers...

SAINT-EUGÈNE.

Mon ami, la morale a toujours son prix, on a toujours quelque chose à gagner avec elle. Ma conversion a fait du bruit. Deux grandes dames, deux comtesses du faubourg Saint-Germain, en ont été vivement touchées ; elles ont résolu de me prendre sous leur protection, de continuer à me sauver, et, pour cela, de m'éloigner de Paris, de me faire obtenir un emploi en province, et elles en sont venues à bout.

FRÉDÉRIC.

Vraiment !

SAINT-EUGÈNE.

Oui, mon ami, me voilà placé, moi, et mes nouveaux principes ! Nous sommes nommés, dans le département de la Loire-Inférieure, sous-administrateurs du bien des pauvres.

FRÉDÉRIC.

Toi ! à ton âge !

SAINT-EUGÈNE.

Mon ami, j'ai maintenant l'âge que je veux.

SCÈNE VI

Air du Piège.

Dans mon cœur, de désirs épris,
    Je sens encore la jeunesse ;
Mais, sur mon front, j'ai là des cheveux gris
    Qui représentent la sagesse.
Aussi chacun se dit : c'est un Caton !
La multitude, aisement égarée,
Croit qu'on s'attache au char de la raison,
    Dès qu'on en porte la livrée.

FRÉDÉRIC.

A la bonne heure ; mais te placer parmi les pauvres !

SAINT-EUGÈNE, *frappant son gousset.*

Il me semble que j'y ai des droits ; c'est un emploi modeste, peu d'appointemens, mais beaucoup de bien à faire ; j'ai des projets superbes, je veux que tous les pauvres deviennent riches.

FRÉDÉRIC.

Ils ne demanderont pas mieux.

SAINT-EUGÈNE.

J'ai eu un de mes prédécesseurs qui y est devenu millionnaire, et il n'est sorti de l'administration que parce qu'il finissait par y être déplacé. Du reste, je vais habiter Nantes ; j'y serai sous les yeux et la surveillance de M. Canivet, administrateur en chef.

FRÉDÉRIC.

Qu'est-ce que tu me dis là ? M. Canivet ! quel bonheur ! moi qui épouse sa fille ! nous allons nous trouver réunis.

SAINT-EUGÈNE.

Tu te maries! à la bonne heure; car si tu étais resté garçon, nous n'aurions pas pu nous voir; et même encore maintenant tu pourrais me faire du tort, à moins que tu ne veuilles aussi te jeter dans la réforme.

FRÉDÉRIC.

Laisse-moi donc tranquille.

SAINT-EUGÈNE.

Il est temps de faire un retour sur toi-même, de renoncer à ces vains plaisirs qui ne procurent jamais qu'une fausse joie, une ivresse de quelques heures, trop souvent expiée par des années de regret et de repentir.

FRÉDÉRIC.

Diable! comme tu pérores! A quoi tend ce beau sermon?

SAINT-EUGÈNE.

Mon ami, je m'essaie.

FRÉDÉRIC.

Le moment est assez mal choisi; tu as reçu ma lettre?

SAINT-EUGÈNE.

Oui, mon ami.

FRÉDÉRIC.

Il s'agit d'un déjeuner de garcons.

SAINT-EUGÈNE.

Dieux! si mes comtesses du faubourg Saint-Germain venaient à le savoir! je serais perdu. Je me sauve.

(Fausse sortie)

SCÈNE VI.

FREDERIC, l'arrêtant

Y penses-tu! Ce serait trahir l'amitié. Je réunis tous mes intimes, et j'ai compté sur toi : c'est peut-être la dernière fois que nous dejeunerons ensemble.

SAINT-EUGÈNE.

La dernière fois! c'est bien tentant, et si j'étais sûr que la société fût...

FRÉDÉRIC.

Tout ce qu'il y a de plus mauvais sujets.

SAINT-EUGÈNE.

A la bonne heure; on peut essayer de les convertir; c'est un but qui justifie tout.

FRÉDÉRIC.

Tu acceptes?

SAINT-EUGÈNE.

Je me risque; je me dévoue à l'amitié.

FRÉDÉRIC, lui prenant la main

A merveille; je te reconnais là.

SAINT-EUGÈNE, d'un ton piteux

Le repas sera-t-il un peu soigné?

FRÉDÉRIC.

Je l'ai commandé au Café de Paris.

SAINT-EUGÈNE.

C'est bien; parce que, si je m'expose, je ne veux pas que ce soit pour rien. Aurons-nous du champagne?

FRÉDÉRIC.

Sans doute.

SAINT-EUGÈNE.

Aurons-nous des dames?

FRÉDERIC.

Non.

SAINT-EUGÈNE.

Tant pis, parce qu'on aurait été plus réservé; tu aurais dû en inviter quelques-unes, dans l'intérêt de la morale.

SCÈNE VII.

NANETTE, FREDERIC, SAINT-EUGÈNE,
peu après CANIVET.

NANETTE, accourant

Monsieur, monsieur, bonne nouvelle.

FRÉDÉRIC ET SAINT-EUGÈNE.

Est-ce le déjeuner ?

NANETTE.

Non, c'est ce monsieur qui vient pour louer votre appartement, il me suit.

FRÉDÉRIC.

C'est égal! tu es charmante, et pour ta peine...
(Il veut l'embrasser.)

SAINT-EUGÈNE, détournant la tête.

Mon ami, je t'en prie.

CANIVET, au fond.

M. Frédéric.

FRÉDÉRIC, embrassant Nanette

C'est moi, monsieur.

CANIVET, s'avançant entre Frederic et Saint-Eugène

A merveille! que je ne vous dérange pas. La fille de votre portier !

SCÈNE VII.

FRÉDÉRIC.

Où est le mal, quand elle est gentille?

NANETTE, sortant.

Il y a des dames du premier étage qui ne nous valent pas.

CANIVET.

Et vous n'avez pas de honte..

SAINT-EUGÈNE, à part et montrant Canivet

Il paraît que c'est un confrère en morale; maintenant on en trouve partout. (A Canivet) C'est ce que je lui disais tout à l'heure. Monsieur, n'est-il pas déplorable que la jeunesse actuelle?...

FRÉDÉRIC.

Ah ça! à qui en avez-vous donc? ne dirait-on pas, à vous entendre, que vous n'avez jamais jeté les yeux sur une femme?

CANIVET.

Je ne dis pas cela, monsieur; je ne veux pas me faire meilleur que je ne suis; j'ai les passions peut-être plus vives qu'un autre; mais je les raisonne. Quand je rencontre une jolie femme, je détourne les yeux, et je me dis : « Encore quelques années, et cette fraîcheur va disparaître; ces joues vont se flétrir; ce front, paré de grace, va se sillonner de rides. »

SAINT-EUGÈNE.

Monsieur a raison : plus de désirs, plus d'illusion: c'est la sagesse.

FRÉDÉRIC, passant entre Canivet et Saint-Eugène

Eh! monsieur, c'est la vieillesse! et dites-moi, par grace, messieurs les rigoristes...

AIR des Amazones

Depuis qu'on fait de la morale en France,
Et que par elle on veut se signaler,
Plus qu'autrefois, voit-on la bienfaisance,
La probité, les vertus y briller?
SAINT-EUGÈNE.
Elles viendront à force d'en parler.
Sachez, monsieur, qui criez au scandale,
Qu'on ne peut pas toujours faire le bien,
En attendant on fait de la morale, ⎱ (bis.)
C'est un à-compte et ça n'engage à rien, ⎰
Par bonheur, cela n'engage à rien. (bis.)

FREDERIC, à Saint-Eugène

Eh! laisse-moi tranquille. (A Canivet) Mais, pardon, Monsieur; nous voilà loin du but qui vous amène, car je présume que vous n'êtes pas venu seulement pour les principes.

CANIVET.

Non, sans doute; c'est par circonstance. Je suis capitaliste de mon état; on me nomme Saint... Saint-Martin.

FRÉDÉRIC.

M. de Saint-Martin! il y en a tant! serait-ce mon voisin, celui de la rue Taitbout?

CANIVET.

Précisément.

FRÉDÉRIC.

Enchanté de faire votre connaissance; voilà si long-temps que j'entends parler de vous; on vous cite

SCÈNE VII.

partout comme la Providence des jeunes gens à la mode.

CANIVET, à part

Il paraît qu'il me prend pour un usurier; tant mieux.

FREDÉRIC.

Nous n'avons pas encore fait d'affaires ensemble; mais nous commencerons aujourd'hui. Mon appartement, mes meubles, tout est à votre service; je suis accommodant; car j'ai besoin d'argent, j'ai un voyage à faire, des amis à régaler; je leur donne à déjeuner, un grand déjeuner, aujourd'hui à cinq heures.

SAINT-EUGÈNE.

Hélas! oui...

FRÉDÉRIC.

Pour leur faire mes adieux; aussi je ne veux rien épargner; fête complète! et que ce soir les pièces d'or roulent à l'écarté.

CANIVET.

Comment, monsieur, vous jouez? il ne manquait plus que cela; ce jeu qui ruine tous les jeunes gens.

FRÉDÉRIC.

Vous ne l'aimez pas, il va sur vos brisées; mais moi, je ne trouve rien d'amusant comme une partie un peu animée; quand on flotte entre la crainte et l'espérance, quand on peut tout perdre d'un seul coup, il y a vraiment de l'émotion et du plaisir.

SAINT-EUGÈNE.

O déplorable aveuglement! voilà pourtant comme je pensais, comme je penserais peut-être encore, si, par une faveur spéciale, la fortune ne m'avait pas ôté jusqu'à la dernière pièce. Qu'il est heureux l'homme qui n'a rien ! la fortune n'a plus de leçon à lui donner, à moins qu'elle ne les lui donne *gratis*, ce qui est toujours un avantage.

CANIVET, a Frederic

Monsieur, vous avez là un ami précieux.

FRÉDÉRIC.

Puisqu'il vous plaît, restez avec nous à déjeuner ; vous philosopherez ensemble tout à votre aise, au dessert, au vin de Champagne ; car vous en boirez.

CANIVET.

Moi !

FRÉDÉRIC.

Vous ne l'aimez peut-être pas ?

CANIVET.

Je ne dis pas cela, monsieur, je l'aime peut-être autant que vous ; mais je n'en bois jamais. Quand on m'offre le premier verre, je refuse, pour ne pas être tenté d'en prendre un second.

SAINT-EUGÈNE.

Il est sûr que c'est le meilleur moyen.

CANIVET.

Et puis je me représente les suites fâcheuses de l'ivresse.

SAINT-EUGÈNE.

Le sommeil de toutes les facultés.

CANIVET.

On ne sait plus ce qu'on dit, ce qu'on fait ; on devient colère, emporté.

SAINT-EUGÈNE.

C'est pour avoir bu trop de champagne, qu'Alexandre tua Clitus, qu'il brûla.... Persépolis !

FRÉDÉRIC.

Eh bien ! pendant que nous sommes à jeun, profitons de cela pour faire notre petit bail, notre acte de vente.

SCÈNE VIII.

Les précédens, **NANETTE, THOMASSEAU**.

NANETTE, à Frédéric.

Monsieur, voilà vos amis qui arrivent par le petit escalier.

THOMASSEAU.

Faut-il servir ?

FRÉDÉRIC.

Pas encore : les affaires d'abord ; car je les aime.

CANIVET.

Oui, vous aimez tout : le vin, le jeu et les dames.

FRÉDÉRIC.

Pour ce qui est de cela, je n'en aime qu'une, celle que je veux épouser.

CANIVET, montrant Nanette.

Témoin cette jeune fille que vous embrassiez tout à l'heure.

THOMASSEAU.

Qu'est-ce que c'est ? mademoiselle Nanette, ma prétendue !

NANETTE.

De quoi se mêle-t-il donc, celui-là ? est-il bavard ! s'il vient des locataires comme ça dans la maison, ça va faire un beau train. Une maison qui était si tranquille !

FRÉDÉRIC.

Allons, allons, ne perdons pas de temps.

Air du ballet de Cendrillon

Allons signer

CANIVET.

Qui, moi ? très-volontiers

FRÉDÉRIC.

Je vous aurai pour locataire.

CANIVET.

(A part)

Pour locataire, oui Mais, pour ton beau-père,
Tu peux rayer cela de tes papiers.

FRÉDÉRIC.

Le déjeuner, pour boire à mes amours

CANIVET, a part

Ses espérances sont précoces ;
Ce repas-là, morbleu, va pour toujours
Renverser celui de ses noces

ENSEMBLE.

FRÉDÉRIC ET SAINT-EUGÈNE.

Allons \} signer Le roi des usuriers
Allez /

Va devenir $\begin{Bmatrix} \text{mon} \\ \text{son} \end{Bmatrix}$ locataire,

C'est agréable, et c'est bien, je l'espère,
Le moyen d'être au mieux dans ses papiers

CANIVET.

Allons signer Je serai volontiers;
Votre très-humble locataire;

(A part.)

Mais, désormais pour être son beau-père,
Il peut rayer cela de ses papiers.

(Ludence entre avec M. Canivet dans sa chambre, qui est sur le premier plan à droite de l'acteur.)

SCÈNE IX.

SAINT-EUGÈNE, NANETTE, THOMASSEAU.

THOMASSEAU, à Nanette

Qu'est-ce qu'il a dit? qu'est-ce qu'il a dit?

NANETTE.

Tu le sais bien.

THOMASSEAU.

C'est égal, je veux...

NANETTE.

Tu veux que je recommence?

THOMASSEAU.

Eh bien ! par exemple.

SAINT-EUGÈNE.

Allons, ne vas-tu pas lui faire une scène, et laisser brûler notre dîner?

NANETTE.

Sans doute; allez veiller à vos sauces, à vos fricassées. Est-ce qu'un cuisinier doit avoir le temps d'être jaloux? ce n'est qu'à cause de ça que je vous épousais.

THOMASSEAU.

Quand j'entends parler ainsi, il me semble que je suis sur des fourneaux, que je suis sur le gril.

NANETTE.

Tais-toi donc, j'entends M. Simon, le propriétaire, et devant lui...

THOMASSEAU.

Qu'est-ce que ça me fait?

NANETTE.

Est-il bête! il va lui donner des doutes sur la fidélité de sa portière.

SAINT-EUGÈNE.

Eh! oui, vraiment, tu auras le temps d'être jaloux quand tu seras marié.

THOMASSEAU.

Je veux commencer maintenant.

SAINT-EUGÈNE.

Eh! va donc, va donc. (Il pousse Thomasseau dehors) Comme ce couvert est mis! pas seulement du vin sur la table. (Il s'occupe a placer des bouteilles)

SCÈNE X.

NANETTE, SIMON, SAINT-EUGÈNE, *au fond.*

SIMON.

Eh! bien, petite, où est donc ce monsieur que tu es venue chercher?

NANETTE, désignant la chambre de Frédéric

Là-dedans, avec M. Frédéric.

SCÈNE XI.

SIMON, à part.

Ensemble! tant mieux; gardons-nous de les déranger; il ne faut pas troubler l'explication entre le gendre et le beau-père. (Haut à Nanette) Tu lui remettras ce papier.

NANETTE.

Oui, monsieur.

SIMON.

C'est un projet d'acte, un papier; il sait ce que c'est.

NANETTE.

Oui, monsieur.

SIMON.

Et tu lui rappelleras qu'il faut absolument qu'il vienne à mon bal. Voilà qui est entendu. Maintenant, je remonte chez moi achever mes dispositions; quand on n'a pas l'habitude de recevoir, qu'il faut tout improviser..... Il y a dix ans que je n'ai fait de feu dans mon salon; aussi la cheminée fume: on sera obligé de laisser la fenêtre entr'ouverte. (En s'en allant, il salue Saint-Eugène qui est auprès de la table) Monsieur, j'ai l'honneur de vous saluer... Mais ce n'est pas un inconvénient, ça servira à renouveler l'air. (Il sort par le fond)

SCÈNE XI.

NANETTE, SAINT-EUGÈNE.

SAINT-EUGÈNE.

Tiens, le propriétaire qui fait aussi des affaires

avec M. de Saint-Martin : tout le monde s'en mêle.

NANETTE.

Qu'est-ce que ce papier-là ? c'est plié comme une assignation.

SAINT-EUGÈNE.

Laisse donc.

NANETTE.

Moi, je ne les connais que par celles de M. Frédéric; si c'en était encore, voyez donc.

SAINT-EUGÈNE, prenant le papier.

Y penses-tu ? (Y jetant les yeux, à part.) Dieu ! quel nom viens-je de lire ! M. Canivet, de Nantes... M. Canivet serait ici ! mon administrateur en chef, le beau-père de Frédéric !

Air : A soixante ans.

Oui, c'est bien lui. C'est facile à comprendre,
Sous un faux nom, sous un titre inconnu,
Il vient ici, pour connaître son gendre,
Pour éprouver ses mœurs et sa vertu ;
Pauvre garçon ! Ah ! le voilà perdu !
Moi, je suis fort ; car mon langage austère,
Car la morale a su me préserver ;
Grande leçon, qui doit bien nous prouver
Qu'à tout hasard il faut toujours en faire ;
On ne sait pas ce qui peut arriver.

Mais Frédéric, faut-il le prévenir du danger ? non ; il perdrait la tête, il gâterait tout ; il faut le sauver à son insu, à moi tout seul. Avec du sang-froid et de l'imagination... (Après un moment de réflexion.) C'est ça, rien n'est encore désespéré. Viens ici, Nanette ; viens ! j'ai

SCÈNE XI.

à te parler. Tu vas dire à Thomasseau de nous mettre ici des carafes, d'en mettre six sur la table.

NANETTE.

Des carafes! y pensez-vous! jamais ces messieurs n'en laissent paraître, et Thomasseau ne voudrait pas..

SAINT-EUGÈNE.

Et pourquoi?

NANETTE.

Parce que les marchands de vin ne fournissent jamais l'eau séparément.

SAINT-EUGÈNE.

Oui; mais tu lui diras de remplir celles-ci avec du vin blanc clair et limpide; que ce soit à s'y méprendre.

NANETTE.

C'est différent : avec du Châblis; c'est ce qui ressemble le plus à l'eau d'Arcueil. Je vais lui dire...

SAINT-EUGÈNE.

Écoute encore : ce n'est pas tout. Veux-tu être mariée?

NANETTE.

Est-ce que ça se demande? et quoique Thomasseau soit jaloux, si je pouvais l'épouser dès demain, je serais prête dès aujourd'hui; mais, pour cela, il nous manque...

SAINT-EUGÈNE.

Une dot.

NANETTE.

Pas autre chose. Si j'avais seulement mille ecus;

Thomasseau prétend qu'avec cela il trouverait soixante mille francs de crédit, et qu'il ne faudrait pas davantage pour établir un joli petit café dans un faubourg.

SAINT-EUGÈNE.

Air J'ai vu le Parnasse des dames

Eh bien! parlons avec franchise;
Tous ces rêves si séduisans,
Si tu veux, je les réalise.

NANETTE, etonnee

Comment, à moi, trois mille francs!

SAINT-EUGÈNE.

Oui; de toi dépend cette affaire

NANETTE.

Vous croyez que je les aurai?

SAINT-EUGÈNE.

Oh! tu peux y compter ma chère;
Ce n'est pas moi qui les paierai.

NANETTE.

A la bonne heure.

SAINT-EUGÈNE.

Mais il s'agit, pour cela, de nous rendre un grand service.

NANETTE.

Qu'est-ce que c'est?

SAINT-EUGÈNE.

Tu as vu cet étranger qui est là-dedans avec Frédéric?

NANETTE.

Ce nouveau locataire, que je n'aime pas du tout?

SAINT-EUGÈNE.

C'est égal; tâche d'obtenir qu'il consente à t'embrasser devant témoin, et les mille écus sont à toi.

NANETTE.

Y pensez-vous? il ne voudra jamais; il a l'air si sévère!

SAINT-EUGÈNE.

Cela te regarde.

NANETTE.

Et puis, il est bien laid.

SAINT-EUGÈNE.

Sans cela, où serait le mérite? c'est un acte de dévouement qu'on te demande. Je l'entends, c'est convenu.

NANETTE.

Mais, monsieur, comment donc faut-il que je fasse?

SAINT-EUGÈNE.

C'est entendu; le voilà, je te laisse. (Il entre dans la première chambre à gauche.)

SCÈNE XII.

NANETTE, puis CANIVET.

NANETTE.

C'est drôle, tout de même, qu'il me donne mille écus, pour qu'un autre... encore, si c'était lui, ce serait plus naturel. N'importe, faut que je tâche d'en venir à mon honneur; je ne sais trop comment m'y

prendre, je ne puis pas aller prier ce monsieur de...
je ne me suis jamais trouvée dans cette position-là.

(Dans ce moment Canivet sort de la chambre de Frédéric Nanette lui fait une belle révérence, mais il passe devant elle sans la regarder)

CANIVET, à part

Il est ravi de l'argent que je viens de lui donner, il le paiera cher. Dans l'excès de sa joie, il m'a renouvelé son invitation à ce déjeuner dînatoire, soit. (Il s'assied sur un fauteuil à droite) Je vais en apprendre de belles. Tant mieux : je me ferai connaître au dessert, j'aurai le plaisir de le confondre : voilà le bouquet que je lui prépare.

NANETTE, à part, regardant Canivet à gauche

Dieu! a-t-il l'air sévère de ce côté-ci! ce n'est pas de ce côté-là qu'il m'embrassera; voyons de l'autre. (Elle passe à la droite de Canivet) C'est encore pis... (Repassant à gauche Timidement et baissant les yeux) Monsieur...

CANIVET, avec brusquerie et sans se lever

Qu'est-ce que vous me voulez?

NANETTE, lui donnant le papier que lui a remis Simon

C'est un papier que l'on m'a chargée de vous remettre.

CANIVET, le prenant

Ah! c'est de la part de nos actionnaires! cet acte de société, si important pour moi. C'est bon, allez-vous-en.

NANETTE, à part

Est-il gentil! (Haut) C'est que j'aurais quelque chose à vous demander.

SCÈNE XII.

CANIVET.

Qu'est-ce que c'est?

NANETTE.

Air de l'Ecu de six francs

V'la justement le difficile;
Je n'ose pas, en verité.

CANIVET, lui tournant le dos

En ce cas, laissez-moi tranquille.

NANETTE, a part

Allons, le v'là de l'autre côté.
Comment alors fair' sa conquête?
Car, pour l'am'ner à m'embrasser,
Il m' semble qu'il faut commencer
Par lui faire tourner la tête.

(Haut) Monsieur...

CANIVET.

Encore?

NANETTE.

Eh quoi! vous refusez de m'écouter? vous qui paraissez si bon!

CANIVET, se levant

Puisqu'il n'y a pas moyen de vous faire taire, parlez, pourvu que vous vous dépêchiez.

NANETTE, avec une feinte emotion.

Hélas! vous voyez une personne bien embarrassée et bien chagrine.

CANIVET.

En vérité! Oh! à votre âge on ne manque pas de consolateurs; adressez-vous, par exemple, à M. Frédéric.

NANETTE.

Voilà justement comme vous êtes dans l'erreur, et il faut que je vous explique...

CANIVET.

C'est inutile; je vous crois sur parole.

NANETTE.

M'accuser sans m'entendre, refuser d'écouter une pauvre fille qui vous en supplie! je n'aurais jamais cru cela de vous, d'un homme si respectable!

CANIVET.

Elle a raison; au fait, je dois l'écouter.

NANETTE.

Ah! je suis bien malheureuse!

CANIVET.

Mais, qu'avez-vous donc, ma chère enfant?

NANETTE, a part

Il a dit : Ma chère enfant. (Haut, avec une douleur affectée) Ah!

CANIVET, a part

En effet; il est possible que cette pauvre fille soit honnête. (A Nanette) Voyons, parlez.

NANETTE, a part, avec satisfaction.

Le voilà qui s'approche. (A Canivet) Eh! bien, monsieur... (A part) Qu'est-ce que je m'en vais lui dire? (Haut) Eh! bien, vous saurez donc...

SCÈNE XIII.

Les précédens, THOMASSEAU.

THOMASSEAU, du fond

Mamselle Nanette, mamselle Nanette. (Canivet va se rasseoir)

NANETTE, à part

Ce Thomasseau qui vient nous déranger au moment où ça commençait! (Haut, avec impatience) Qu'est-ce que c'est?

THOMASSEAU, s'approchant de Nanette

Rien. Ce n'est certainement pas pour me racommoder avec vous. Mais enfin, on vous demande en bas. C'est le service, ce n'est pas moi.

NANETTE.

Je ne puis pas, je suis occupée.

THOMASSEAU.

Faut-il que je vous aide?

NANETTE.

Je n'ai pas besoin de toi, tu ne me servirais à rien; au contraire : je t'appellerai quand il faudra que tu viennes.

THOMASSEAU.

Ça suffit. On vous comprend, et on vous laisse; on s'en va. (Regardant Canivet) Avec celui-là, je n'ai pas peur... (Sur un signe d'impatience de Nanette) On s'en va, mamselle; on s'en va. (Il sort par le fond)

SCÈNE XIV.

CANIVET, NANETTE.

NANETTE, à part

C'est maintenant à recommencer.

CANIVET, froidement

Eh! bien, mademoiselle?

NANETTE.

Eh! bien, monsieur. (A part.) Il ne se rapproche pas. (Haut.) Vous saurez donc que j'allais me marier à un garçon, qui n'est certainement pas beau, vous venez de le voir; ni spirituel, vous l'avez entendu; mais enfin, en fait de mari, dans ce moment où tout est si rare, on prend ce qu'on trouve. Celui-ci m'aimait, et vous êtes cause qu'il ne m'aime plus.

CANIVET.

Moi?

NANETTE.

Sans doute; vous avez dit ce matin, devant lui, que M. Frédéric m'avait embrassée, car lui n'en aurait rien su; et quoique ce fût à bonne intention, lui qui n'a pas d'esprit, a vu ça du mauvais côté; il s'est fâché, et maintenant il ne veut plus m'épouser.

CANIVET.

Il serait possible!

NANETTE.

Oui, monsieur; et voilà comment vous êtes cause que je resterai fille.

SCÈNE XIV.

CANIVET, se levant et allant à Nanette

J'en serais désolé.

NANETTE.

Et moi aussi; ce n'est pas tant pour le mari que pour la réputation, et mon honneur; car j'y tiens : je vous en prie, monsieur, voyez un peu ce qu'il y aurait à y faire.

CANIVET.

S'il en est ainsi, c'est à moi de réparer mes torts. J'irai trouver ton prétendu... Car, au fait, cette jeune fille, elle a de bons principes.

NANETTE.

Oh! oui, monsieur.

CANIVET, la regardant attentivement

Et de plus, elle est tout-à-fait gentille.

NANETTE.

Vous êtes bien bon. (A part) Il y revient.

CANIVET.

Je le forcerai bien à te rendre justice.

NANETTE.

C'est tout ce que je demande, et... (Se jetant dans les bras de Canivet) Vous serez mon sauveur, mon père.

CANIVET, l'embrassant

Cette chère enfant!

NANETTE, a part

Faut-il qu'il n'y ait personne!

CANIVET.

Et de plus, je ferai quelque chose pour toi.

NANETTE.

Ah! je ne veux rien, monsieur; votre estime me

suffit ; j'étais si heureuse tout à l'heure, quand vous me traitiez comme votre fille! et tout ce que je vous demande, c'est que vous m'embrassiez encore.

CANIVET.

De grand cœur. (L'embrassant) Pauvre petite!

NANETTE.

Encore une petite fois. (Canivet l'embrasse encore.)

SCENE XV.

Les précédens, THOMASSEAU, puis SAINT-EUGÈNE.

(Au moment où Canivet embrasse Nanette, Thomasseau entre par le fond, tenant un plat de ses deux mains.)

THOMASSEAU.

Qu'est-ce que je vois là? Eh! bien, par exemple, à qui avoir confiance? fi! monsieur.

CANIVET.

A qui en a-t-il donc?

SAINT-EUGENE, sortant du cabinet à gauche

Quel est ce bruit? qu'est-ce donc?

THOMASSEAU.

C'est monsieur qui embrasse Nanette.

SAINT-EUGENE, à Nanette

Bien sûr?

NANETTE.

Certainement. Thomasseau était là.

THOMASSEAU.

C'est une horreur! C'est... si je n'avais pas peur de

SCÈNE XVI.

répandre... c'est la seconde fois d'aujourd'hui, sans compter ce qui arrive quand je n'y suis pas.

CANIVET.

Je vous atteste que cette jeune fille est un modèle de sagesse.

SAINT-EUGENE, bas à Canivet.

Vous avez raison de dire comme ça, c'est plus moral.

SCÈNE XVI.

LES PRÉCÉDENS, FRÉDÉRIC *sort de sa chambre, accompagné de plusieurs de ses amis, tandis que plusieurs autres convives entrent par le fond, et vont saluer Saint-Eugène.*

CHOEUR DE CONVIVES.

AIR Oh! la bonne Folie (du comte Ory)

Allons, allons à table;
La gaîté, le plaisir,
A ce banquet aimable
Viennent nous réunir.

(Pendant ce chœur, qui se chante sur le devant de la scène, les domestiques mettent la table au milieu du théâtre; et, à la fin du chœur, tout le monde prend sa place à table)

(Saint-Eugene engage Canivet à se placer à côté de lui, Canivet se place à l'extrémité de la table, à droite, auprès de Saint-Eugene Frederic occupe le milieu)

SAINT-EUGENE.

Quel beau silence!

UN DES CONVIVES de la gauche, a Frederic, en lui montrant Canivet.

Quel est donc ce monsieur?

FREDERIC, a demi-voix

C'est M. Saint-Martin, fameux capitaliste, qui demeure ici près, (Tous les convives se lèvent, et saluent Canivet) et j'ai pensé que c'était une connaissance utile à vous faire faire.

TOUS LES CONVIVES.

Oui, sans doute.

SAINT-EUGENE, a Canivet

Je me suis placé à côté de vous, pour que nous puissions causer' ensemble, et parler raison.

CANIVET.

Oui; que les principes trouvent au moins un refuge dans notre coin.

SAINT-EUGENE, a Canivet

Vous ne mangez pas?

CANIVET.

Je n'ai pas faim.

SAINT-EUGÈNE.

Ni moi non plus; mais il faut faire comme tout le monde.

CANIVET, presentant son assiette

En ce cas, donnez-moi quelques truffes.

FREDERIC, a Canivet

Vous ne buvez pas?

CANIVET.

Je n'ai pas soif.

SAINT-EUGÈNE.

Ni moi non plus; c'est égal, il faut faire comme tout le monde. (Il remplit son verre et celui de Canivet)

SCÈNE XVI.

CANIVET.

C'est donc pour vous obéir. (A part, vidant lentement son verre, et prenant une gorgée a chaque phrase.) Que dirait-on de voir un administrateur des deniers du pauvre, dîner à trente francs par tête, (Il boit) au milieu d'une troupe de jeunes insensés? (Il boit) Mais j'ai mon projet; cela me suffit, (Il boit) et comme ma conduite a un but moral... (Il boit)

FREDERIC, s'adressant à toute la société

Messieurs, je vous recommande cette bouteille, c'est un porto excellent.

SAINT-EUGENE, versant à Canivet

Vous devez vous y connaître; dites-nous ce que vous en pensez?

CANIVET, après l'avoir goûté

Parfait; mais je voudrais avoir de l'eau.

SAINT-EUGENE, à Thomasseau

Qu'on nous donne une carafe.

THOMASSEAU.

Voilà, voilà. (Il verse à Canivet Bas, à Saint-Eugène.) C'est l'eau en question.

CANIVET, après avoir bu, et présentant de nouveau son verre

Encore de l'eau. (Thomasseau lui en verse)

SAINT-EUGENE, à part

Il paraît qu'il y prend goût.

FREDERIC, à Thomasseau qui lui offre de l'eau

Fi donc! pas d'eau rougie, nous ne connaissons pas cela.

TOUS.

Ni nous non plus.

SAINT-EUGÈNE.

Air des Créoles (de Berton.)

PREMIER COUPLET.

Messieurs, silence! et pour cause;
Un seul instant, taisez-vous;
C'est un toast que je propose,
Il nous intéresse tous :
Oui, mes amis, faisant gloire
De vous ramener au bien,
Je vous propose de boire
A la morale

TOUS.

C'est bien

SAINT-EUGENE, a Frédéric

Pour accorder ma soif, que rien n'égale,
Avec la sobriété,
Verse, verse à la morale,
Je veux boire à sa santé.

CANIVET, et les autres convives.

Verse, verse à la morale,
Je veux boire à sa santé.

(Les domestiques emplissent les verres des convives)

SAINT-EUGÈNE.

Ici du champagne. (Prenant la bouteille, et s'adressant à Canivet)
Vous ne pouvez pas refuser un verre de champagne à la morale.

CANIVET, s'animant

Non, certainement; à la morale, messieurs.

TOUS.

A la morale.

SAINT-EUGÈNE.

Et pas d'eau cette fois.

SCÈNE XVI.

CANIVET ET TOUS LES AUTRES.

Pas d'eau.

SAINT-EUGÈNE.

C'est ça, la morale la plus pure.

TOUS, se levant et trinquant

A la morale.

SAINT-EUGÈNE.

A ses bienfaits.

TOUS.

A ses bienfaits.

CANIVET.

Faites mousser pour les bienfaits. (Ils boivent)

SAINT-EUGÈNE, se levant.

Messieurs, j'ai une seconde proposition à vous faire.

CANIVET, un peu en train.

Voyons la proposition.

SAINT-EUGÈNE.

C'est de recommencer.

TOUS, se levant.

Approuvé.

FRÉDÉRIC.

DEUXIÈME COUPLET.

Il faut que ce jour expie
Tous les méfaits d'autrefois;
Je bois à l'économie.

CANIVET.

A l'abstinence je bois.

SAINT-EUGÈNE

Quelle tiedeur est la vôtre !
La sagesse exige plus ;
Et je veux, l'une après l'autre,
Boire a toutes les vertus
Oui, pour rester ici jusqu'a l'aurore,
Et pour boire encore plus,
Verse, verse, verse encore,
Verse à toutes les vertus

CANIVET et les autres

Verse, verse, verse encore,
Verse à toutes les vertus ;
Je veux boire a la vertu.

(Les domestiques versent encore)

CHOEUR GÉNÉRAL.

Air Qu'il avait de bon vin,
Le seigneur châtelain (Du comte Ory)

(Musique arrangée et composée par M Hyp Desfonges)

Buvons, il a raison ;
Lorsque le vin est bon,
De boire on a raison.
Que la morale austere
Préside a ce festin ;
A sa santé si chere
Buvons jusqu'à demain.

SAINT-EUGÈNE.

Le bon vin ! combien je l'honore !
T'en reste-t-il beaucoup encore ?

FREDÉRIC.

Cent bouteilles

SAINT-EUGÈNE.

En vérite !
Je te les joue a l'écarte.

SCÈNE XVI.

TOUS.

C'est accepté, c'est accepté!

SAINT-EUGENE, a Canivet

Vous parirez de mon côté.

CANIVET.

Qui, moi? jamais d'un jeu semblable!
Je n'en sais qu'un de tolérable :
C'est le piquet.

SAINT-EUGÈNE.

Jeu très-savant,
Mais à la fois très-difficile.
Le jouez-vous passablement?

CANIVET, pique

Si je le joue?

SAINT-EUGENE, montrant un des convives

Eh! oui vraiment...
Car voilà, mon cher, un habile
Qui pourrait vous mettre en défaut.

CANIVET, d'un air de mépris

Monsieur!

SAINT-EUGÈNE.

Et vous faire capot.

CANIVET, s'échauffant

Je l'en défie.

LE CONVIVE.

Et l'on vous prend au mot.
Quinze louis comptant....

SAINT-EUGENE, à Canivet.

Il est à nous; nous les tenons;
C'est une victoire assurée.
    Nous trouverons
    Dans la chambre à côté,
Et le piquet et l'écarté.
Allez, amis, la lice est préparée

ENSEMBLE.

(Reprise du premier motif)

CANIVET.

Oui, de ce fanfaron,
J'espère avoir raison.

SAINT-EUGÈNE.

Quand le motif est bon,
L'on a toujours raison.

FRÉDÉRIC ET LE CHOEUR.

C'est nous qui jugerons
Entre les deux champions.

TOUS, *se levant de table*

Le talent, la science,
Fixeront le destin;
On peut ainsi, je pense,
Jouer jusqu'à demain.
Buvons, jouons, buvons jusqu'à demain.

(Pendant ce dernier chœur, les domestiques enlèvent la table. A la fin du chœur, Frederic, Canivet et tous les convives, entrent en désordre dans la chambre a gauche, dont la porte reste ouverte)

SCÈNE XVII.

SAINT-EUGÈNE, *seul.*

Bravo ! ça commence à s'animer ; les têtes s'échauffent, et la mienne aussi, par contre-coup. J'éprouve une satisfaction intérieure, je me sens à mon aise, je suis heureux ; j'étais né pour le désordre ; c'est malgré moi que je me suis jeté dans les bras de la morale.

SCÈNE XVII.

Air de Lantara

Malgré moi la raison austère
Sous ses lois prétend me ranger ;
Hélas ! transfuge involontaire,
J'ai dû passer dans un camp étranger,
Il m'a fallu passer à l'étranger.
Mais quand j'entends les cris de la folie,
Mon cœur tressaille ; ô délire nouveau !
C'est l'exilé revoyant sa patrie,
Le déserteur retrouvant son drapeau.

(Plusieurs garçons entrent.) Qu'est-ce que c'est que ces gens-là ? qu'est-ce que vous apportez ?

UN DES GARÇONS.

Ce sont les glaces que l'on a commandées pour le bal.

SAINT-EUGÈNE.

Il donne un bal ! il ne m'en avait pas parlé. (Plusieurs musiciens entrent avec leurs instrumens.) Plus de doute, voici l'orchestre : c'est délicieux. (Aux garçons de café) Etablissez-vous dans la petite pièce du fond. (Ils entrent dans la première chambre à droite. Aux musiciens) Vous, dans la grande salle ; il n'y a pas encore de danseurs ; c'est égal, jouez des contredanses pour vous amuser, (Les musiciens entrent dans la salle au fond, a droite) comme au bal de l'Opéra ; ça fera venir du monde.

SCÈNE XVIII.

SAINT-EUGENE, DAMES ET MESSIEURS *en costumes de bal.*

SAINT-EUGÈNE.

Qu'est-ce que je disais ? (S'approchant des dames auxquelles il donne la main) Donnez-vous la peine de passer dans le salon. (A d'autres dames qui arrivent) On vous attend avec impatience ; le maître de la maison va venir tout à l'heure. (D'autres dames entrent accompagnees de cavaliers) Oh ! encore ! Par ici, mesdames ; débarrassez-vous de vos schalls, vos manteaux. (Revenant sur le devant de la scène.) Toutes physionomies honnêtes, je n'en connais pas une. Et lui qui me disait encore ce matin qu'il n'y aurait pas de dames !

SCÈNE XIX.

NANETTE, SAINT-EUGÈNE.

NANETTE, accourant.

Monsieur, monsieur, ces dames qui viennent d'entrer demandent M. Simon.

SAINT-EUGÈNE.

Qu'est-ce que ça me fait ?

NANETTE.

C'est que je m'en vais vous dire, le propriétaire donne ce soir un bal, ici dessus ; et il paraît que ce sont de ses connaissances.

SCÈNE XX.

SAINT-EUGÈNE.

Vraiment. (Riant) Attends donc : je commence à comprendre ; on se sera trompé d'étage, et, sans le vouloir, nous lui aurons escamoté toute sa société. Tant pis; honnêtement nous ne pouvons pas les mettre à la porte. Le bal est commencé. (On entend à droite les premières mesures d'une contredanse, et à gauche, dans la salle de jeu, sur le même air, le chœur suivant)

> Amis, célébrons sans cesse
> Le jeu, le vin et l'amour;
> Et goûtons, avec ivresse,
> Tous les plaisirs en ce jour.

(La ritournelle continue.)

SAINT-EUGÈNE, parlant sur la ritournelle

Entends-tu les violons? et les joueurs d'écarté, comme ils s'en donnent! Dis qu'on leur porte des rafraîchissemens. (Nanette sort) Il faut entretenir le feu sacré. (Plusieurs garçons passent avec des bols de punch enflammé, des glaces, etc, et entrent dans le salon du bal et dans la salle de jeu) Quel coup d'œil enivrant! quel délicieux tapage!

SCÈNE XX.

SIMON, SAINT-EUGÈNE.

SIMON.

C'est incroyable le bruit qui se fait au premier ; tandis que chez moi, c'est d'un calme, d'un silence... je suis tout seul à me promener dans mon salon illuminé.

SAINT-EUGÈNE.

Ah! c'est vous, M. Simon! Nous ferez-vous l'honneur de passer ici la soirée?

SIMON.

Merci, je ne puis pas; je donne un bal.

SAINT-EUGÈNE.

C'est comme nous.

SIMON.

Vous sentez que, quand on attend du monde......

SAINT-EUGÈNE.

Ah! vous en attendez?

SIMON.

Beaucoup; j'ai même fait monter au grenier une partie de mes meubles, pour que l'on fût plus à son aise.

SAINT-EUGÈNE.

Vous avez raison. Dans les soirées d'aujourd'hui, on ne peut pas se retourner, on étouffe.

SIMON.

Ce ne sera pas le défaut de la mienne; je n'ai encore personne; je comptais au moins sur ce monsieur que j'ai laissé ce matin avec votre ami.

SAINT-EUGÈNE.

M. Canivet?

SIMON.

Il vous a dit son nom?

SAINT-EUGÈNE.

Parbleu! *in vino veritas*. C'est un diable qui, à table, a bu comme quatre.

SCÈNE XXI.
SIMON.
Ce n'est pas possible; un sage tel que lui!
SAINT-EUGÈNE.
Raison de plus. Quand ils s'y mettent une fois.....

Air du Vaudeville de l'Homme Vert

Un philosophe, un sage austère,
Comme un autre ne tombe pas;
Pour nous qui marchons terre à terre,
Lorsque nous faisons un faux pas,
La chute est à peine sensible.
Mais quand la sagesse en défaut
Vient à broncher, ah! c'est terrible!
Car elle tombe de plus haut.

SCÈNE XXI.

SIMON, SAINT-EUGÈNE, THOMASSEAU.

THOMASSEAU, sortant de la salle de jeu
(A Saint-Eugene.) En vérité, monsieur, c'est très-mal à M. Frédéric. Comment! il prend le dîner au Café de Paris, et les glaces chez Tortoni, qui est notre ennemi naturel! Au surplus, on ne fait pas grand honneur aux rafraîchissemens du confrère; ils sont trop occupés à jouer, surtout ce grand monsieur.
SAINT-EUGÈNE.
Oui. (Bas, a Simon) C'est encore M. Canivet.
THOMASSEAU.
Il paraît qu'il avait d'abord gagné ces messieurs au piquet; on lui a demandé une revanche à l'écarté,

qu'il a bien fallu accorder, et il a gagné encore plus de mille écus.

SIMON.

Mille écus !

SAINT-EUGÈNE.

Quelle horreur! moi qui suis de moitié avec lui.

THOMASSEAU.

Il faut que ce soit un joueur de profession ; il retourne toujours le roi, ce qui n'est pas naturel : aussi, ces messieurs, qui perdaient toujours, commençaient à se fâcher.

SIMON.

A lui de pareils défauts!

THOMASSEAU.

Des défauts! il les a tous : le jeu, il y est; le vin, il y était tout à l'heure; et les femmes! vous le savez, j'ai surpris mamselle Nanette en tête à tête avec lui.

SIMON.

Jugez donc les gens sur leurs discours! Moi qui étais sa caution, je n'en réponds plus; je m'en vais le faire entendre à nos actionnaires.

SAINT-EUGÈNE.

Et vous avez raison; car; à vos actionnaires,

Il faut des actions, et non pas des...

SIMON, regardant dans le salon du fond, à droite

Eh! mais qu'est-ce que je vois! les voici, ce sont eux; ils sont en train de danser. Comment se trouvent-ils ici? Peu importe, l'essentiel est de les avertir. M. Canivet se justifiera s'il le peut. (Il sort.) (L'orchestre reprend très fort.)

SCENE XXII.

SAINT-EUGÈNE, CANIVET.

CANIVET, sortant de la pièce ou l'on joue, et s'adressant a la cantonnade

Eh bien! nous verrons; il ne faut pas croire que, parce qu'on a cinquante ans... certainement, ce n'est pas vous qui me ferez reculer.

SAINT-EUGÈNE.

Qu'est-ce donc?

CANIVET.

Les soupçons les plus injurieux, que j'ai repoussés comme je le devais; d'ailleurs, dans la chaleur du jeu....

SAINT-EUGÈNE.

Et pourquoi jouer? pourquoi se livrer à cette passion dangereuse?

CANIVET.

Eh! monsieur, vous êtes de moitié avec moi.

SAINT-EUGÈNE.

Qu'importe, monsieur! Quand nous aurions gagné mille écus.... car c'est, je crois, mille écus que nous avons gagnés...... il n'en est pas moins vrai que le jeu....

CANIVET.

Je sais cela aussi bien que vous; mais est-ce ma faute si, en sortant de table, on se laisse entraîner? quand on a bu un peu plus qu'à l'ordinaire...

SAINT-EUGÈNE.

Et pourquoi boire, monsieur?

CANIVET.

C'est vous qui me versiez !

SAINT-EUGÈNE.

C'est vrai ; mais où serait le mérite, si on ne résistait pas. C'est ce que je disais tout à l'heure à M. Simon, qui vous attendait ici.

CANIVET.

Ah ! mon Dieu, c'est juste ! j'ai oublié son rendez-vous. Est-ce qu'il saurait?...

SAINT-EUGÈNE.

Lui ! il sait tout. Mais quand il a vu que vous étiez en partie de plaisir, et en train de gagner de l'argent, il n'a pas voulu vous déranger. Il est allé en causer avec ses actionnaires. (Pendant que Saint-Eugène parle, Frederic et tous les jeunes gens sortent de la salle de jeu, et se tiennent un instant derriere Canivet)

CANIVET.

Je suis un homme perdu : sortons. (Il veut sortir, Frederic et les jeunes gens l'arrêtent)

SCÈNE XXIII.

SAINT-EUGÈNE, CANIVET, FRÉDÉRIC
ET LES CONVIVES.

FREDERIC, a Canivet

Arrêtez, monsieur ; vous ne nous quitterez pas

SCÈNE XXIII.

ainsi, nous avons trop d'intérêt à savoir qui vous êtes.

CANIVET.

Que voulez-vous dire?

FRÉDÉRIC.

Vous vous êtes fait passer pour M. de Saint-Martin, le capitaliste; or, M. de Saint-Martin est là à côté, et en train de danser.

CANIVET.

O ciel!

FRÉDÉRIC.

Vous comprenez, monsieur, qu'on ne prend pas le nom et le titre d'un homme aussi recommandable, sans des motifs qu'il nous importe de connaître; et avant de donner notre argent, nous voulons savoir avec qui nous l'avons perdu.

CANIVET, a part.

C'est fait de moi.

SAINT-EUGENE, à demi-voix.

Pas encore; je suis là pour vous sauver.

FRÉDÉRIC.

Monsieur, il faut dire votre nom.

TOUS LES JEUNES GENS.

Oui, votre nom.

SAINT-EUGÈNE.

Son nom, jeunes gens! vous demandez son nom! il ne le dira pas, il ne peut pas le dire maintenant.

CANIVET, a part.

Est-ce que ce monsieur-là me connaît?

SAINT-EUGÈNE.

C'est tout à l'heure, en présence de tout le monde, qu'il se nommera.

CANIVET, bas à Saint-Eugène.

Mais, au contraire.

SAINT-EUGÈNE, bas à Canivet.

Laissez-moi donc! (Haut) Et à ce nom seul, jeunes imprudens, à ce nom respectable, vous tomberez tous à ses pieds. (A Frederic) Vous, monsieur, tout le premier.

FRÉDÉRIC ET TOUS LES JEUNES GENS.

AIR

Pour garder l'anonyme
A-t-il quelque raison?
S'il tient a notre estime,
Qu'il declare son nom!

ENSEMBLE.

LES DAMES, sortant de la salle de bal.

Quel courroux vous anime?
Quel bruit dans la maison?
Peut-on lui faire un crime
D'avoir caché son nom,
Son nom, son nom, son nom?

FRÉDÉRIC ET LES JEUNES GENS.

Pour garder l'anonyme
A-t-il quelque raison?
S'il tient a notre estime,
Qu'il déclare son nom,
Son nom, son nom, son nom!

SCENE XXIV.

Les précédens, SIMON, THOMASSEAU, NANETTE.

SIMON.

Son nom, son nom; parbleu, c'est M. Canivet.

CANIVET, se cachant la tête dans sa main.

Plus d'espoir.

FRÉDÉRIC étonné.

Mon beau-père!

SAINT-EUGÈNE.

Oui, jeune homme, votre beau-père, ce respectable administrateur de Nantes, qui, pour vous éprouver, pour vous donner une leçon, n'a pas craint de descendre lui-même à un pareil déguisement, et de paraître partager des excès dont il voulait vous faire rougir.

FRÉDÉRIC.

Comment, c'était une épreuve?

SAINT-EUGÈNE.

Oui, monsieur, et c'est moi qui étais son complice, Saint-Eugène, qui vient d'être nommé à la dernière place vacante, dans l'administration paternelle qu'il régit avec tant de talent.

CANIVET, bas à Saint-Eugène.

Quoi! vous seriez?..

SAINT-EUGÈNE.

Silence.

FREDERIC, a Saint-Eugene

Ainsi, tu nous avais trahis.

SAINT-EUGÈNE.

Momentanément, pour passer du côté de la morale.

SIMON.

Et moi qui ai été dupe d'une pareille ruse! qui ai pu croire un instant que c'était sérieusement; je ne sais plus où j'en suis.

FRÉDERIC, à Canivet

Ah! monsieur, comment désarmer votre colère? comment vous persuader de mon repentir? et qui pourrait désormais vous parler en ma faveur?

SAINT-EUGÈNE.

Moi, qui réclame, pour un ami, l'indulgence d'un beau-père irrité. (A Frédéric) Vous avez été bien coupable, jeune homme; mais monsieur sait, par bonheur, qu'aucun de nous n'est infaillible.

CANIVET, avec un soupir

C'est vrai.

SAINT-EUGENE, a Frederic

Et si vous promettiez de suivre notre exemple, de ne plus retomber dans de pareils excès...

FRÉDÉRIC.

Je le jure.

SAINT-EUGENE, a Frédéric.

Cela lui suffit. Votre beau-père vous pardonne.

CANIVET.

Que dites-vous?

SAINT-EUGENE, a Canivet

Oui, monsieur, vous ne vous refuserez pas à mes

prières. Si j'ai pu vous servir, tout ce que je vous demande c'est le bonheur d'un ami, c'est que vous fassiez pour Frédéric (A demi-voix) ce que je viens de faire pour vous-même. C'est de la bonne morale ou je ne m'y connais pas.

CANIVET.

Il a raison.

SAINT-EUGÈNE.

Et quant à l'argent du jeu, cet argent que nous avons gagné de moitié, nous en ferons un bon usage; car nous le destinons à doter l'innocence. Tiens, Nanette.

NANETTE, à part.

Je puis dire que celui-là n'est pas volé.

CANIVET.

Demain, mon gendre, nous partirons pour Nantes; l'air de Paris est trop dangereux pour les principes.

SAINT-EUGÈNE.

Oui, nous partirons tous trois, et nous marcherons de compagnie dans la bonne route, à moins que les circonstances..... car, en fait de morale, on en parle tant qu'on veut, mais on la met en action quand on peut.

VAUDEVILLE.

Air des Créoles

SIMON.
De quoi dépend le mérite ?
Maint philosophe vanté
A dû sa bonne conduite
A sa mauvaise santé

Tel ce sage cacochyme,
Que l'ordre du médecin
Vient de soumettre au régime,
Il tonne contre le vin :
Gens bien portans, ô vous que font sourire
Sa morale et ses discours,
Laissez, laissez, laissez dire,
Laissez dire, et buvez toujours

FRÉDERIC.

J'ai vu prêcher la décence
A d'antiques séducteurs,
Et j'ai vu blâmer la danse
Par de ci-devant danseurs
Qui jadis étaient ingambes,
Et dont le zèle moral
Veut, quand ils n'ont plus de jambes,
Nous interdire le bal
Jeunes tendrons, ô vous que font sourire
Leur sagesse et leurs discours,
Laissez, laissez, laissez dire,
Laissez dire, et dansez toujours.

SAINT-EUGÈNE.

Maint censeur atrabilaire
De nos maux semble accuser
Les beaux-arts, dont la lumière
Éclaire sans embraser
Selon eux, tout périclite,
Et l'on devrait garotter
Ce siècle qui va trop vite,
Et qu'ils voudraient arrêter
Guerriers, savans, artistes, qu'on admire,
Loin d'écouter leurs discours,
Laissez, laissez, laissez dire,
Laissez dire, et marchez toujours.

SCÈNE XXIV.

CANIVET.

Que de choses admirables
Dont ce siècle est l'inventeur !
Des habits imperméables,
Des *omnibus* à vapeur ;
Et puis des cloches de verre,
Si bien construites, qu'avec
Leur secours, dans la rivière,
On se promène à pied sec.
Bons Parisiens, faciles à séduire,
Loin de croire à ces discours,
Laissez, laissez, laissez dire,
Laissez dire, et nagez toujours.

THOMASSEAU.

Lorsque l'on donne une pièce,
Il est des gens pleins de goût
Qui vous disent : « Eh bien ! qu'est-ce ?
« C'est mauvais ; ça r'semble à tout.
« Oui, vous avez, dans la salle,
« Grand tort de vous divertir ;
« Par honneur pour la morale,
« On ne doit pas applaudir »
Ce soir, Messieurs, loin d'vous laisser séduire
Par de semblables discours,
Laissez, laissez, laissez dire,
Laissez dire..

(Faisant le geste d'applaudir.)

et faites toujours

FIN DES MORALISTES

MALVINA,

ou

UN MARIAGE D'INCLINATION,

COMÉDIE-VAUDEVILLE EN DEUX ACTES,

Représentée pour la première fois, à Paris, sur le Théâtre de Madame, le 8 décembre 1828.

PERSONNAGES.

M. DUBREUIL, riche négociant.
MALVINA, sa fille.
MARIE, sa nièce.
ARVED DUBREUIL, son neveu.
M. DE BARENTIN, ami de la maison.
CATHERINE, femme de charge et gouvernante de Dubreuil.

La scène se passe aux environs de Nantes, dans une maison de campagne appartenant a M. Dubreuil.

DUBREUIL.

JE SAIS TOUT;

Malvina. Acte II. Sc. 1.

MALVINA.

ACTE PREMIER.

Le théâtre représente un grand salon; porte au fond; deux portes latérales

---

SCÈNE PREMIÈRE.

CATHERINE, MARIE, *assise sur le devant, à gauche, est occupée à dessiner.*

CATHERINE, entrant

Comment? mademoiselle Marie, vous êtes restée à la maison toute seule à travailler? vous n'êtes pas à la promenade du matin?

MARIE.

Non; mais je les ai vus partir. La cavalcade était magnifique: mon oncle était dans la calèche; Malvina, ma cousine, était à la portière, et elle a tant de grace à cheval; elle monte si bien!

CATHERINE.

Joli talent, pour une demoiselle!

MARIE.

Et où est le mal?

CATHERINE.

Les convenances avant tout, mademoiselle, les convenances; et quand je pense aux accidens...

MARIE.

Il n'y avait rien à craindre, puisque M. de Barentin, ce jeune élégant, qui est l'ami de la maison, caracolait à ses côtés, sur son beau cheval anglais.

CATHERINE.

Son cheval, qui appartient à monsieur votre oncle.

MARIE.

Comme il s'en sert toujours, c'est le sien.

CATHERINE.

A ce compte, cette maison de campagne serait aussi la sienne.

Air du menage de garçon

Sans façon, et deux ans de suite,
Il est venu loger ici.

MARIE, quittant son dessin, et allant auprès de Catherine.

C'est un jeune homme de mérite,
Un philosophe sans souci,
Un sage, qui n'a rien à lui.

CATHERINE.

Je conçois bien cette sagesse;
Car il peut, grace a son à-plomb,
Se passer toujours de richesse,
Tant que les autres en auront
Il peut se passer de richesse,
Tant que les autres en auront

MARIE.

Toi qui, l'année dernière, l'avais vu arriver avec tant de plaisir!

ACTE I, SCÈNE I.

CATHERINE.

Sans doute, le premier abord est pour lui : un joli cavalier, une jolie tournure; et ses malheurs dont il parlait toujours... et ce service qu'il avait rendu à votre oncle... ce spectacle, où il avait pris sa défense sans le connaître... et puis, vous le dirai-je, j'ai cru d'abord que c'était un prétendu pour vous.

MARIE.

Pour moi?

CATHERINE.

Oui ; il était galant, assidu ; il ne vous quittait pas; et j'aime tout de suite ceux qui vous aiment ; mais soudain cela a cessé, et pourquoi? je vous le demande.

MARIE.

Je m'en vais te le dire. Il y a un an, quand il est venu ici pour la première fois, il n'y avait que moi; car ma cousine Malvina était à Paris. A mon aspect il parut troublé; toutes ses phrases, qu'il n'achevait jamais, étaient toujours précédées et terminées par un soupir; quand je le rencontrais dans le jardin, c'était dans des allées solitaires, un mouchoir à la main, les yeux rouges, et un air de désespoir et d'égarement qui me faisait peine et qui me faisait peur... car il avait toujours l'air d'un roman... mais d'un roman au cinquième volume... au moment des catastrophes.

CATHERINE.

Voyez-vous cela?

MARIE.

Mon oncle même s'en était aperçu, et ne nous

laissait jamais ensemble; et un jour que j'étais à travailler, comme aujourd'hui, dans le salon, il prit une chaise, s'assit à côté de moi : « Marie, me dit-il, Marie... » Il leva les yeux au ciel, laissa tomber sa tête sur sa poitrine, et la conversation en resta là.

CATHERINE.

C'était fort embarrassant.

MARIE.

Aussi, ne sachant que lui dire, je me mis à lui parler de tout le monde, de ma famille, de mon oncle Dubreuil. Je lui appris qu'il était le plus riche négociant de la Bretagne, qu'il adorait sa fille unique, qu'il s'occupait de son établissement, que ma cousine Malvina, qui était dans ce moment à Paris, chez une de nos tantes, aurait un jour une dot superbe; tandis que moi, pauvre orpheline, élevée par les bontés de mon oncle, je n'avais rien à attendre, rien à espérer; et, pendant que je parlais, je voyais sur sa physionomie une expression toute particulière. Dans ce moment on sonna le dîner, auquel, contre son habitude, il fit le plus grand honneur; le soir, au salon, il prit du punch; le lendemain, sa mélancolie était partie; et quelques jours après il fit comme elle.

CATHERINE.

Vraiment!

MARIE.

Il allait à Paris, disait-il, pour des affaires importantes; et cette année, au moment où on l'attendait le moins, il est revenu, toujours galant et empressé,

ACTE I, SCENE I.

auprès de moi; mais ce n'est que quand il y a du monde, et quand on nous regarde.

CATHERINE.

C'est singulier, et, en attendant,

Air de Oui et Non

Il commande dans la maison,
Plus haut que votre oncle peut-être.

MARIE.

C'est bien vrai. (*Elle va s'asseoir, et reprend son dessin.*)

CATHERINE.

Pour prendr' chez nous un pareil ton,
Après tout, est-il notre maitre?
Quoique souvent il en ait l'air,
A le servir qu' d'autres essaient;
Je n'en suis pas, moi. j'ai l'cœur fier,
J' n' obéis qu'a ceux qui me paient.
Oui, mademoisell', j'ai le cœur fier,
J' n' obéis qu'a ceux qui me paient.

MARIE.

Ce n'est pas vrai; car moi, qui n'ai rien, qui ne te donne rien...

CATHERINE.

Quelle différence! vous êtes mon enfant d'adoption, vous; et votre cousin Arved que j'ai nourri, que j'ai élevé... (*Regardant le dessin de Marie*) Ah! mon Dieu! ce dessin que vous faites là! mais c'est lui! c'est lui-même!

MARIE.

Oui : d'après le portrait qui est là-bas dans le salon.

CATHERINE.

Quelle différence! celui-ci est bien plus ressemblant.

MARIE.

Tu l'as reconnu; tant mieux. C'est une surprise que je ménage à mon oncle, pour sa fête. (Elle se leve)

CATHERINE.

Si je l'ai reconnu! ce cher enfant! depuis qu'il est parti pour l'armée, je n'ai plus que vous à qui je puisse parler de lui; car mademoiselle Malvina, la fille de notre maître... ce n'est pas ma faute si je ne la chéris pas autant que vous deux. Elle est bien aimable, bien brillante dans un salon; mais, si j'étais homme, si j'étais à marier, si je voulais être heureux tous les jours, ce n'est pas elle que je choisirais : c'est vous.

MARIE.

Y penses-tu, ma bonne Catherine? ne parlons plus de cela.

CATHERINE.

Et pourquoi donc?

MARIE.

Parce que, probablement, je ne me marierai jamais; car, vois-tu bien, dans le temps où nous vivons, quand on n'a pas de dot...

CATHERINE.

Est-ce que votre oncle ne vous en donnera pas une?

MARIE.

Je le crois; mais, si j'accepte sa dot, il faudra, en

ACTE I, SCÈNE I.

même temps, accepter le mari qu'il me donnera; et je tiendrais à choisir.

CATHERINE.

C'est aisé.

MARIE.

C'est selon; peut-être suis-je difficile. Non, que je veuille, comme ma cousine, de grands sentimens, de grandes passions : je me rends justice, je suis peu faite pour les inspirer.

Air de la Robe et les Bottes

Pour jamais sortir de ma sphère,
Je n'ai pas assez de talens ;
C'est pour cela qu'il me faudrait, ma chère,
Un mari comme je l'entends,
Qui, me comprenant tout de suite,
Se contentât d'être chéri,
Et voulût bien prendre pour du mérite
Tout l'amour que j'aurais pour lui

Mais, pour cela, je lui voudrais un caractère, des qualités...

CATHERINE.

Que vous avez rêvés.

MARIE.

Non; que je connais, que j'ai vus quelque part.

CATHERINE.

Votre cousin Arved, par exemple.

MARIE.

Mais, oui, si je choisissais un mari, je voudrais qu'il lui ressemblât. Il est si bon, si aimable! et je me dis souvent, ma bonne Catherine, que celle qu'il épousera sera bien heureuse.

CATHERINE.

Et pourquoi ne serait-ce pas vous?

MARIE.

Y penses-tu? Arved est déjà maître d'une fortune considérable, il fera un beau chemin dans le militaire; mon oncle a des vues sur lui, j'en suis sûre; et moi, qui dois tout à ses bontés, pourrais-je penser à contrarier les plans de bonheur qu'il forme pour sa fille? Non, Catherine; qu'il n'en soit plus question : et comme Arved ne peut jamais être mon mari, eh bien! je resterai demoiselle; il y a encore de vieilles filles qu'on aime bien, quand elles sont bonnes, et pas trop ennuyeuses. Mais j'entends la calèche.

CATHERINE.

C'est votre oncle qui revient avec M. de Barentin.

(Marie rentre dans la chambre a gauche, en emportant son carton de dessins)

SCÈNE II.

CATHERINE, DUBREUIL, *à qui* BARENTIN *donne le bras.*

BARENTIN.

Air de la Guariache
(De la Muette de Portici)

Sur mon bras, de grace,
Allons, appuyez-vous;

ACTE I, SCÈNE II.

Ah! loin qu'il me lasse,
Ce poids est bien doux
Soin touchant qui semble
Un soin filial ;
Tableau dont l'ensemble
Est patriarcal.

DUBREUIL.

Oui, c'est la jeunesse
Qui, je le sens bien,
Doit à la vieillesse
Servir de soutien.

BARENTIN.

Ainsi, dans la vie,
Bien souvent, dit-on,
On voit la folie
Guider la raison

ENSEMBLE.

DUBREUIL.

C'est assez, de grace,
J'irai bien sans vous;
Rien ne nous menace,
Nous voici chez nous.
C'est, en conscience,
Un soin filial ;
A sa complaisance,
Non, rien n'est égal.

BARENTIN.

Sur mon bras, de grace,
Allons, appuyez-vous;
Ah! loin qu'il me lasse,
Ce poids est bien doux
Soin touchant qui semble
Un soin filial ;

Tableau dont l'ensemble
Est patriarcal.

CATHERINE.

J'admire sa grace,
Aimable pour tous;
Jamais rien ne lasse
De soins aussi doux.
C'est, en conscience,
Un soin filial;
A sa complaisance,
Non, rien n'est egal.

BARENTIN.

Eh bien, Catherine, vous ne pensez pas à donner un fauteuil à monsieur? vous ne pensez à rien. (A Dubreuil) Asseyez-vous donc. (Dubreuil s'assied sur un fauteuil que Barentin lui a donné Barentin reste debout à sa gauche, Catherine a sa droite Barentin s'adressant à Catherine) Vous direz aussi à Joseph de promener mon cheval, de lui donner du vin chaud; ces chevaux anglais demandent tant d'égards! je sais cela, moi, qui, avant mes malheurs, en avais dix dans mon écurie... Et un tabouret sous ses pieds!... M. Dubreuil... donne, donne, Catherine.

DUBREUIL.

Vous êtes trop bon, et vous vous donnez trop de peines; vous me feriez croire à la fin plus vieux que je ne le suis. Tiens, Catherine, prends-moi mon chapeau. (Barentin prend le chapeau de Dubreuil, et le pose sur une chaise Catherine se retire avec humeur) Eh bien! tu t'en vas!

CATHERINE.

Puisque monsieur est là, vous n'avez pas besoin

de moi; et vous pourriez vous passer de tous vos domestiques.

DUBREUIL.

Catherine!

BARENTIN.

Laissez-la dire; moi, j'aime les duègnes, les gouvernantes; il faut qu'elles soient toujours de mauvaise humeur! privilège touchant de la fidélité; et puis celle-ci vous rend de grands services.

CATHERINE.

Monsieur en convient donc?

BARENTIN.

Certainement; la vieillesse chagrine et morose fait ressortir encore mieux celle qui est aimable et indulgente; et à ce titre, il faut garder votre gouvernante; vous ne trouverez jamais mieux.

CATHERINE.

Monsieur...

DUBREUIL.

Allons, Catherine, tais-toi, et laisse-nous.

CATHERINE.

On m'impose silence; c'est là le plus fort. (Marie ieutre, Barentin va au-devant d'elle, et lui parle bas pendant que Catherine chante son couplet)

AIR du vaudeville de l'Homme Vert

Me faire taire! je suffoque,
Je n'y tiens plus, et je m'en vais;
Sachez, c'est là ce qui me choque,
Que chiens, chevaux, femme et laquais,

Il prend tout, de tout il dispose,
Du vieux aussi bien que du neuf;
Bien heureux, monsieur, et pour cause,
Que, grace au ciel, vous soyez veuf.

(Elle sort.)

SCÈNE III.

DUBREUIL, BARENTIN, MARIE.

BARENTIN, à Marie.

Combien j'étais impatient du retour! car vous savez, mademoiselle Marie, qu'il n'est point de plaisirs où vous n'êtes pas.

DUBREUIL.

Voilà déjà M. de Barentin dans ses galanteries et ses déclarations. Et ma fille, où est-elle donc?

BARENTIN.

Elle n'était pas encore descendue de cheval; car elle en a un dont elle voulait former le caractère, un cheval anglais que l'on prendrait pour un naturel du pays, pour un franc Breton : tant il a de ténacité dans les idées! Il en a une, entre autres, que j'appellerais une idée fixe; c'est de rester en place quand il aperçoit une barrière; et mademoiselle Malvina a voulu absolument lui faire franchir celle de la cour; je l'ai vue qui s'éloignait au galop pour prendre du champ.

DUBREUIL.

Et vous ne vous y êtes pas opposé! vous n'êtes pas resté près d'elle!

BARENTIN.

L'empressement que j'avais de vous donner le bras... et de revoir mademoiselle...

DUBREUIL.

Eh! ce n'est pas de cela qu'il s'agissait! courons vite...

SCÈNE IV.

MALVINA, *en amazone et la cravache à la main;* DUBREUIL, BARENTIN, MARIE.

MALVINA.

Je le savais bien, qu'il m'obéirait.

DUBREUIL.

Comment! cette barrière, tu l'aurais franchie?

MALVINA.

Trois fois de suite; mon cheval ne s'est abattu qu'à la dernière.

DUBREUIL.

Imprudente que tu es! et il ne t'est rien arrivé?

MALVINA.

J'étais à terre avant lui.

MARIE.

Et tu n'as pas eu peur?

MALVINA.

Si, un instant; mais il y a, dans le danger que l'on brave, une certaine émotion qui n'est pas sans plaisir.

DUBREUIL.

Et tu n'as pas pensé à ton vieux père, qu'une pareille imprudence pouvait condamner à des regrets éternels?

MALVINA.

Ah! vous avez raison; je me le reproche maintenant. Pardonne-moi, mon père; cela ne m'arrivera plus.

DUBREUIL.

En attendant, c'est tous les jours quelque folie pareille. Depuis que je t'ai laissée faire ce voyage à Londres, tu as pris des manières anglaises, tu n'es plus de notre pays.

MALVINA.

Ah! mon père!

DUBREUIL.

Et notre pays en vaut bien un autre, entendez-vous, mademoiselle? Je ne suis pas un Anglais, je ne suis pas un milord, grace au ciel, car je ne les aime pas; j'ai fait ma fortune dans le commerce, je l'ai faite en France, et je ne me soucie pas de la manger en pays étranger : et ici, depuis quelque temps,

AIR : Il me faudra quitter l'empire

On est plutôt à Londres qu'en Bretagne :
Romans anglais, paris, course à cheval,
Combats de coqs; enfin, dans ma campagne,
On prend du thé, qui toujours me fait mal,
Et que je hais par goût national.
Mais le Bordeaux, mais le Champagne même,
C'est différent : ce sont mes vieux amis;
Et fier du sol qui nous les a produits,
Lorsque je bois de ces bons vins que j'aime,
Je crois que j'aime encor plus mon pays.

BARENTIN.

Et vous avez raison, je partage vos sentimens.

DUBREUIL.

Je le sais, et mon vin aussi; car, chez moi, vous êtes le seul qui me teniez tête; mais, pour ma fille..... (Regardant Malvina) Qu'est-ce que c'est? te voilà fâchée! ce que je t'en dis, mon enfant, ce n'est pas pour te faire de la peine, c'est pour le monde, c'est pour les autres; car, pour moi, je te trouve toujours bien, et je voudrais que chacun fût de mon avis: ainsi, voyons; ne me boude pas, et embrasse-moi.

MARIE, a part

Je m'y attendais; c'est là la fin ordinaire de tous les sermons. (Elle sort par la porte du fond)

DUBREUIL.

Nous voilà raccommodés, n'est-il pas vrai?

MALVINA.

A une condition, c'est que vous viendrez tantôt à cette partie de chasse où le nouveau préfet nous a invités.

DUBREUIL.

Comment! encore?

MALVINA.

Cette fois, c'est dans un but utile, une chasse aux renards: et vous viendrez, n'est-il pas vrai? dans l'intérêt public.

DUBREUIL.

Dire que je ne peux rien lui refuser. (Marie entre suivie du domestique qui porte un guéridon sur lequel est le déjeuner) Nous verrons.... le déjeuner porte conseil... c'est pour cela que je voudrais bien le voir arriver.

MARIE.

Le voici, mon oncle.

DUBREUIL.

Très-bien. Marie est une bonne fille qui est toujours à son affaire.

MARIE, lui donnant les journaux

De plus, voici vos lettres et vos journaux.

DUBREUIL, se mettant à table

Plus tard ; on ne peut pas faire tout à la fois.

BARENTIN, de même

Ne suis-je pas là? N'est-ce pas moi qui suis votre lecteur ordinaire?

DUBREUIL.

Vraiment, M. de Barentin, vous êtes d'une complaisance.... et de plus un homme universel ; vous me lisez le matin, vous faites le soir ma partie de piquet...
(Ils se mettent à table dans l'ordre suivant Barentin, Marie, Dubreuil, Malvina)

MALVINA.

Ce ne sont pas les seuls services que monsieur vous ait rendus.

DUBREUIL.

Non, sans doute ; et je n'oublierai pas que, l'année dernière, il s'est exposé pour moi avec une générosité...

BARENTIN.

Je n'ai fait que mon devoir. (A Marie, qui lui sert du thé) Assez, assez de thé, je vous en prie. Ces spectacles

ACTE I, SCÈNE IV.

de province sont si mal composés..... des jeunes gens de si mauvais ton..... et défendre un vieillard respectable qu'on insulte, est une cause si belle... (A Malvina) je vous demanderai un peu de sucre....... que j'ai été trop heureux de venger vos cheveux blancs.

MALVINA.

Et vous ressentez-vous encore de la blessure que votre adversaire vous a faite?

BARENTIN.

Heureusement.

Air de Turenne.

Oui, de ce bras je suis encor malade.
DUBREUIL.
Et c'est celui, je crois m'en souvenir,
Que vous m'offrez toujours en promenade.
BARENTIN.
C'est vrai ; mais, fier d'un si doux souvenir,
Chaque douleur est un plaisir.
MALVINA.
A cet honneur il a droit de prétendre ;
Votre vieillesse à lui doit se fier,
Et sans crainte peut s'appuyer
Sur le bras qui sut la défendre,
Sur le bras qui sait la défendre

BARENTIN.

Mademoiselle a raison : l'idée seule de votre amitié peut compenser les chagrins qui ont assailli le matin de ma vie.

MARIE.

A votre âge, déjà !

BARENTIN.

Oui; jeune encore, j'ai appris le malheur; c'est même la seule chose que je sache complètement.

MALVINA.

N'allez-vous pas lui rappeler de pareils souvenirs! Monsieur nous avait promis de lire les journaux, et les nouvelles sont si intéressantes!

MARIE.

Surtout quand on est à cent lieues de Paris.

DUBREUIL.

Pour moi, depuis que les ennemis sont entrés en France, leur lecture me fait plus de mal que de bien. Je sais que la paix a été signée avec les monarques alliés, et que mon neveu Arved n'a été ni tué, ni blessé; je n'en demande pas davantage.

BARENTIN.

Voici pourtant des documens, des détails historiques sur les affaires du mois dernier, entre autres, sur la bataille de Montereau.

MALVINA, demandant le journal à Barentin

Ah! voyons. (Barentin lui donne le journal. Elle lit.) « Un des régimens d'élite, vivement pressé par l'armée autrichienne, avait ordre de se retirer, et de faire sauter tous les ponts. Déjà les ennemis paraissaient sur l'autre rive, et, quoique le feu eût été mis, la mine ne partait pas encore. On ordonne à un soldat d'y retourner, et, prêt à obéir à cet ordre périlleux, il s'arrête un instant. — « A quoi penses-tu ? lui crie le comte « Dubreuil, son colonel. — A ma femme et à mes « trois enfans. Adieu, mon colonel, je vous les recom-

« mande. — Tu as raison, s'écrie le comte Dubreuil
« en l'arrêtant, donne; moi, je suis garçon ! » et sai-
sissant la mèche enflammée, il s'élance sous une grêle
de balles; et, quelques minutes après, le pont avait
sauté. »

MARIE.

Et ce brave colonel, que lui est-il arrivé? en est-il
revenu?

MALVINA.

On n'en dit rien ; mais, s'il a péri, je ne m'en
consolerai jamais.

BARENTIN.

Y pensez-vous ?

MALVINA.

Oui, monsieur; cela est si beau, si généreux......
sur un trait pareil, j'adorerais le comte Dubreuil.

(Ils se levent, le domestique emporte le gueridon)

BARENTIN.

L'adorer? c'est un peu fort ; et je vous conseille-
rais de vous en tenir à l'admiration, ce qui est bien
assez.

DUBREUIL.

Mais attendez donc... Dubreuil... il me semble que
ce nom-là..... ce doit être un de nos parens...... il est
vrai qu'excepté mon neveu Arved, ils sont tous dans
le commerce.

MARIE.

Et puis, le comte Dubreuil........ Vous savez bien
qu'il n'y a pas de nobles dans notre famille.

DUBREUIL.

AIR de Préville

Eh ! oui, c'est juste, et puis, au bout du compte,
　Notre famille, on le sait bien,
N'a pas besoin d'un baron, ni d'un comte ;
Mais un bon cœur, mais un homme de bien ;
Un tel parent ne gâte jamais rien

(Prenant le journal que lui donne Malvina)

Fier de ce titre, où le courage brille,
Avec orgueil, chez soi, dans sa maison,
On le conserve, et c'est avec raison,
Car ce sont là des papiers de famille
Qui valent bien les titres d'un baron

(Il rend le journal à Marie)

BARENTIN, passant auprès de Dubreuil

Je suis tout-à-fait de votre avis ; car j'ai beaucoup connu le comte Dubreuil autrefois, quand j'étais à l'armée.

MARIE.

Monsieur a été militaire ?

BARENTIN.

Oui, mademoiselle, nous étions frères d'armes.

(Dubreuil va s'asseoir sur un fauteuil, à gauche, et parcourt quelques lettres)

MALVINA.

Il serait vrai !

BARENTIN.

Partageant les mêmes périls, logeant sous la même tente.

ACTE I, SCÈNE IV

DUBREUIL.

En effet, je reçois justement une lettre où l'on me parle de vous, M. Barentin.

BARENTIN, troublé

De moi?

DUBREUIL.

Je vois que vous avez été dans les gardes d'honneur.

BARENTIN.

Il est vrai; et ce mot seul a réveillé des souvenirs et des idées de gloire, dont je ne croyais plus que mon ame flétrie fût désormais susceptible.

MALVINA.

Et pourquoi donc, monsieur? pourquoi vous décourager? rien n'est perdu, tant qu'il y a encore des périls et de la gloire à acquérir.

DUBREUIL, qui a décacheté une seconde lettre

Dieu! Qu'ai-je vu! Marie, va dire à Catherine de préparer la plus belle chambre, à tous mes gens de se tenir prêts. (Il se lève)

MARIE.

Qu'est-ce donc?

DUBREUIL.

Arved, mon neveu Arved! il sera ici dans quelques heures.

MALVINA ET BARENTIN.

O ciel!

MARIE.

Est-ce bien vrai? ne vous trompez-vous pas?

DUBREUIL.

Il m'écrit de Nantes, trois lieues d'ici, qu'il y arrive en garnison, et que, s'il peut s'échapper, il viendra passer quelques jours avec nous.

Air des Comediens.

Le ciel enfin daigne donc nous le rendre.
MARIE.
Ah! quel bonheur de revoir son cousin !
A tout le monde, ici, je vais l'apprendre,
Et puis je cours m'établir au jardin.

(A part)

Du pavillon, en ouvrant la fenêtre,
De loin, d'avance, on peut l'apercevoir;

(Regardant Malvina)

Oui, pour une autre, hélas! il vient peut-être;
Mais je serai la première à le voir.

ENSEMBLE.

Le ciel enfin daigne donc nous le rendre, etc.
MALVINA.
A le revoir j'étais loin de m'attendre.
Pourquoi vient-il et quel est son dessein?
Au fond du cœur, hélas! je ne peux rendre
Ce que j'éprouve à ce retour soudain.
DUBREUIL.
A le revoir j'étais loin de m'attendre.
Je pourrai donc accomplir mon dessein ;
Ah! quel bonheur ! ici, je ne puis rendre
Ce que j'éprouve à ce retour soudain
BARENTIN.
A ce retour j'étais loin de m'attendre.
Qu'avions-nous donc besoin de ce cousin?

Au fond du cœur, ici, je ne peux rendre
Ce que j'éprouve à ce retour soudain.

(Marie sort.)

SCÈNE V.

BARENTIN, DUBREUIL, MALVINA.

BARENTIN, à part.

C'est cela; toutes les têtes renversées !...... il n'y a rien que je déteste comme les reconnaissances de famille, et la sensibilité en sortant de table.

DUBREUIL.

Voilà près de trois ans que je ne l'ai embrassé; car c'est à la fin de 1811 qu'il est parti, comme capitaine, pour cette campagne de Russie, d'où j'ai cru qu'il ne reviendrait jamais. Eh bien! ma chère amie, eh bien! tu ne vas pas t'habiller pour le recevoir?

MALVINA.

A quoi bon? pour un cousin, il n'y a pas besoin de cérémonies.

BARENTIN.

Mademoiselle a raison; c'est une si belle parure que la simplicité et le naturel! sans compter que c'est peut-être la plus rare.

DUBREUIL, le regardant.

Je ne dis pas non; mais, dans cette circonstance, j'ai des motifs.... (A Malvina) pour que le premier coup d'œil soit à ton avantage; tu connais mes projets, je ne te les ai pas laissé ignorer......

MALVINA.

Non, certainement; mais je ne sais pas comment vous l'expliquer...... il est des inclinations, des sympathies qui naissent d'un coup d'œil....... et ces sentimens-là, jamais Arved ne pourra me les inspirer....... non que je ne lui reconnaisse d'excellentes qualités... c'est un brave garçon, bien rond, bien uni ; mais pas d'élévation dans les idées, pas d'enthousiasme, d'imagination; en un mot, il ne fera jamais qu'un honnête homme, et pas autre chose.

DUBREUIL.

Et un bon mari.

MALVINA.

C'est ce que je voulais dire; et jamais nous ne pourrions nous comprendre. Dès l'enfance, nous n'etions jamais d'accord : élevés ensemble, avec lui et Marie, ma jeune cousine, il prenait toujours son parti contre moi, me contrariait à tout propos, et nous étions toujours en guerre.

DUBREUIL.

Et c'est pour un pareil motif que tu refuses le plus riche parti de la Bretagne ?

MALVINA.

Eh! mon père, qu'avons-nous besoin de tant de richesses ? Quant à moi, si j'étais maîtresse de mon choix, je préférerais celui qui, pauvre et malheureux, sait aimer et souffrir en silence ; je serais fière de réparer envers lui les torts de la fortune, et je croirais faire mon bonheur, en l'enchaînant à moi par l'amour, par la reconnaissance, par tous les sentimens qui ont du pouvoir sur un cœur généreux.

BARENTIN.

Ah! mademoiselle! une telle manière de penser vous fait trop d'honneur.

DUBREUIL.

Oui : c'est magnifique.... en théorie ; et ces mariages-là font toujours admirablement bien dans les romans; mais, dans le monde, c'est autre chose.

SCÈNE VI.

BARENTIN, MARIE *accourant*, DUBREUIL, MALVINA.

MARIE.

Le voilà ! le voilà ! je l'ai aperçu du bout de l'avenue, sur un beau cheval, qui arrive au grand galop; et, si vous saviez, mon oncle, comme il a bonne tournure!

DUBREUIL.

Allons tous à sa rencontre. (A Malvina.) Viens.

MALVINA.

Mon père... puisque vous le voulez... je vais...

DUBREUIL.

Où donc?

MALVINA.

A ma toilette.

DUBREUIL.

A la bonne heure. Tu vas donc te faire bien jolie?

je t'en remercie; viens m'embrasser, tu es une bonne fille. Va, va, mon enfant. (Malvina sort par la gauche)

BARENTIN.

Pour moi, si vous le permettez, je vais faire un tour de parc; je craindrais de gêner les épanchemens de la nature, et je vous laisse en famille. (Il sort par la droite)

DUBREUIL.

Comme vous voudrez.

SCÈNE VII.

MARIE, CATHERINE, ARVED, DUBREUIL.

CHOEUR DE PAYSANS.

CHOEUR.

(Musique de M. Hus Desforges)

Enfin, il revoit le séjour
Témoin de sa jeunesse;
Enfin, il revoit ce séjour.
Pour nous quel heureux jour.

ARVED, qui est entré, tenant la main de Catherine, s'elance dans les bras de Dubreuil

Je me retrouve dans vos bras,
Sur mon cœur je vous presse.

CATHERINE.

Moi, de plaisir, j'en pleure, hélas!

MARIE, à part

Et moi, qu'il ne voit pas!

ACTE I, SCÈNE VII.

ARVED ET LE CHOEUR.

Enfin { me / le } voilà de retour

Aux lieux de { ma / sa } jeunesse.

Enfin { me / le } voilà de retour.

Ah ! pour { moi / lui } quel beau jour !

ARVED, à Dubreuil

Et mes cousines, où sont-elles ?
Et Marie, et puis Malvina ?
Donnez-moi donc de leurs nouvelles

(Se retournant, et apercevant Marie)

Qu'ai-je vu ! ma sœur, te voilà !

MARIE, avec joie, courant à Arved

Il m'a reconnue.

ARVED.

Et sans peines,
Ton souvenir ne m'a jamais quitté
Et quoique, hélas ! sur des rives lointaines,
Près de vous, mes amis, mon cœur était resté.

CHOEUR.

Enfin le voilà de retour, etc., etc., etc.

(A la fin de cette reprise, Dubreuil fait signe aux paysans de se retirer Catherine les conduit jusqu'à la porte du fond, et se place ensuite à la gauche de M Dubreuil)

ARVED.

Voici donc ces lieux que je désespérais de revoir, et auxquels tant de fois j'ai cru dire un éternel adieu; et je reviens, et je suis au milieu de ceux que j'aime ! Mon Dieu ! que je suis heureux !

28

DUBREUIL ET MARIE.

Et nous donc!

CATHERINE.

Ce cher enfant! combien il a souffert! aussi je le trouve changé.

DUBREUIL.

Il en peut dire autant de nous.

ARVED.

Non; je vous retrouve toujours les mêmes. Nous voilà encore, comme nous étions, il y a trois ans; et maintenant, il ne me semble pas que je sois parti, car rien ici n'est changé, excepté Marie, que je trouve embellie, et beaucoup.

MARIE.

Vraiment, mon cousin?

DUBREUIL.

Que sera-ce donc, quand tu verras Malvina? c'est la beauté du pays, et nous ne manquons pas d'adorateurs, car c'est à qui me la demandera en mariage; mais moi, j'ai mes idées, des idées dont nous parlerons; car tu restes ici quelques jours? tu en as la permission de ton colonel?

ARVED, souriant.

Je n'en ai pas besoin; je me la suis donnée.

MARIE, avec joie

Est-ce que tu serais devenu colonel?

ARVED.

Mieux que cela, ma cousine.

DUBREUIL.

Général de brigade?

ARVED.

Vous l'avez dit.

DUBREUIL.

A moins de trente ans, il serait possible! la belle chose que la guerre! J'ai un neveu qui est général!

MARIE.

Et moi, qui n'ai pas mis d'épaulettes à un seul de ses portraits.

DUBREUIL.

Toi, qui, après la bataille de Hanau, n'étais que chef d'escadron!

ARVED.

C'est que, depuis quelque temps, mon oncle, cela a été vite.

DUBREUIL.

J'entends; il y a eu de l'avancement. Et M. Gérard, ton ami, ton lieutenant-colonel, dont tu me parlais dans toutes tes lettres?...

ARVED.

Mort dans un jour de victoire! mort à Montmirail.

DUBREUIL.

Ah! mon Dieu! Et ton brave colonel, qui t'avait pris en amitié, qui te traitait comme son fils?...

ARVED.

Mort à Champ-Aubert!

DUBREUIL, secouant la tête

Je conçois... je conçois alors que, de chef d'escadron, on devienne général en quelques mois. (Soupirant) C'est une belle chose que la guerre, mon neveu Arved; je crois, malgré cela, que j'aime mieux le commerce; mes commis ne vont pas si vite, mais ils durent plus long-temps. Et toi-même?... et ces blessures dont on nous avait parlé?

ARVFD.

Ce n'est rien, mon oncle; il en est d'autres plus difficiles à guérir, d'autres plus douloureuses encore pour le cœur d'un soldat, ces drapeaux étrangers, que, tant de fois, j'avais vus fuir devant nous.... Allons, allons, n'y pensons plus, que cette larme soit la dernière que je donne au passé!

DUBREUIL.

Si mon pauvre Edmond... si ton père était là!

ARVFD.

Vous le remplacerez, mon oncle, vous me tiendrez lieu de ce père que je regrette, et que je retrouve en vous : désormais, nous ne nous quitterons plus. Quand on a vu de près d'aussi grandes catastrophes, toute idée ambitieuse s'éloigne de notre ame, qui n'aspire plus qu'au repos, à la tranquillité; et c'est ici que je les retrouverai. Mon seul désir, maintenant, est de m'établir près de vous, en famille, avec ma femme et mes enfans, que, d'avance, je chéris déjà; car tout le long de la route je m'occupais de leur bonheur, de leur avenir; et j'étais encore avec eux, quand j'ai aperçu de loin les tourelles de votre château.

DUBREUIL.

C'est un présage, et moi, j'y crois; mais va donc voir, Catherine, si ma fille est prête, et dis-lui de descendre.

ARVED.

Comment! des cérémonies! je te sais gré, Marie, de n'en avoir pas fait pour moi.

MARIE.

Aussi je suis moins belle.

ARVED.

Oui; mais aussi je t'ai vue plus tôt. (A Catherine qui passe auprès de lui.) Et Charlot, ton fils et mon frère de lait?... et tous mes filleuls?... car, j'étais, je crois, le parrain de tout le village.

CATHERINE.

Air Vos maris en Palestine

Ils n' sont pas tous à leur aise,
La guerr' fait tant d' malheureux !
Aussi, l'année est mauvaise,
Et les indigens nombreux.
Les indigens sont nombreux.

MARIE.

Mais à ceux qu'en sa bienfaisance
Mon oncle n'a pu secourir,
A ceux qu'il ne peut secourir,
Je dis : « Prenez patience,
« Mon cousin va revenir. »

(Catherine sort.)

ARVED.

Et tu as bien fait, je t'en remercie; allons-y ensemble, viens les voir. (Il prend Marie sous le bras et veut sortir avec elle.)

DUBREUIL, les arrêtant

Un instant; nous avons à parler affaire, et d'affaires importantes : ainsi, Marie, laisse-nous.

MARIE.

Oui, mon oncle. (A part.) A peine arrivé, déjà lui parler d'affaires, ne pas lui laisser le temps d'être heureux, et à nous aussi...

DUBREUIL.

Marie...

MARIE.

Je m'en vais. (En s'éloignant, elle regarde Arved.) Adieu, mon cousin. (Sur un nouveau signe de Dubreuil.) Oui, mon oncle, je m'en vais.

SCÈNE VIII.

ARVED, DUBREUIL.

DUBREUIL.

Tu te doutes bien, mon garçon, du sujet dont je veux t'entretenir; car, entre nous, nous pouvons parler sans façon; il s'agit donc du rêve de ma vie entière, du bonheur de ma fille, que je veux te confier.

ARVED.

Je sais, mon oncle, que cette union a toujours été le désir de mon père et le vôtre; et moi-même, avec mes idées de mariage, je serais enchanté que cela pût réussir; mais, avant tout, il faut que cela convienne à Malvina : et puis, vous le dirai-je? j'ai tou-

ACTE I, SCENE VIII.

jours eu au fond du cœur un faible pour ma cousine Marie ; et, depuis que je l'ai revue, je la trouve si bonne et si gentille !

DUBREUIL.

Ne vas-tu pas te passionner d'avance, et sans voir seulement celle que je te destine?

ARVED.

Non, mon oncle.

DUBREUIL.

Je te dirai donc que pour Marie j'avais d'abord d'autres vues. Nous avons ici un M. de Barentin, qui, l'année dernière, lui a fait une cour très assidue.

ARVED.

Vous en êtes bien sûr?

DUBREUIL.

C'étaient des langueurs, des soupirs; il en était amoureux fou, au point même de m'inquiéter.

ARVED.

Et Marie?...

DUBREUIL.

On ne sait jamais au juste ce que pensent les petites filles, je crois cependant qu'elle le voyait avec plaisir; et comme cette année il s'occupe beaucoup plus de moi et du soin de me plaire que de plaire à Marie, j'ai pensé qu'il avait son aveu, et qu'ils étaient d'accord.

ARVED, ému.

Ah! vous croyez? alors, mon oncle, il ne faut plus penser à rien, qu'au bonheur de Marie.

DUBREUIL.

Tu entends bien que mon dessein est de l'établir, de lui donner une dot convenable; mais avant tout, et en ma qualité d'oncle, j'ai d'abord été aux informations, ce qui était assez difficile à cause du mystère dont s'enveloppait ce M. de Barentin. Cependant, comme il prétendait avoir servi dans les gardes d'honneur, j'ai pris des renseignemens à ce sujet, et ceux que je viens de recevoir ce matin sont très incomplets. On croit qu'il est d'une bonne famille de Rouen, qu'il avait autrefois une belle fortune qu'il a perdue... comment?... c'est ce qu'on ignore; car on ne sait même pas si Barentin est son véritable nom; et tout cela ne me plaît pas beaucoup.

ARVED.

Peut-être l'a-t-on calomnié.

DUBREUIL.

Et comment s'en assurer?

ARVED, prenant la lettre

Je m'en charge, donnez, donnez; j'ai dans un de mes régimens deux compagnies entières qui sont de la Seine-Inférieure, des jeunes gens de Rouen; je vais écrire, et, dans peu, vous aurez les renseignemens les plus exacts... tout le monde se connaît en province.

DUBREUIL.

En attendant, je crois convenable de le prévenir avec égards, car je lui en dois, que nous attendons du monde, des amis à toi... enfin des phrases très pohes qui lui permettent de retourner à la ville, sauf à le rappeler plus tard.

ARVED.

Certainement; et s'il est digne de ma cousine, eh bien! mon oncle, il faudra les marier; quoique, je ne vous le cache pas, cela me fasse un peu de peine.

DUBREUIL.

Quand tu auras vu Malvina, tu n'y penseras plus; elle est si jolie!... et tiens... tiens, regarde-la donc.

(Il remonte le théâtre et montre a Arved Malvina qui entre par la porte à gauche)

ARVED.

Vous avez raison, mon oncle; il est impossible d'être plus belle et plus séduisante.

DUBREUIL.

Je te le disais bien: courage, mon garçon; courage, mon gendre.

SCENE IX.

ARVED, DUBREUIL, MALVINA, MISE ÉLÉGAMMENT, ENTRANT PAR LA GAUCHE.

DUBREUIL.

Approche, approche, mon enfant; voici un beau militaire qui t'attendait avec impatience.

MALVINA.

Je suis enchantée, monsieur, de votre heureux retour... dans notre famille.

ARVED.

Monsieur!... eh! mais, cousine, j'ai cru que tu allais... je veux dire, que vous alliez, comme ma petite Marie, me traiter sans cérémonie et en cousin.

DUBREUIL.

Il a raison : entre cousins on s'embrasse, c'est par là que l'on commence.

MALVINA.

Oui, quand nous étions enfans; mais maintenant que nous sommes raisonnables... Arved, j'en suis sûre, ne tient pas plus que moi à ces vaines démonstrations.

<small>Air J'en guette un petit de mon age</small>

Mon cousin, qu'ici je retrouve,
N'en a pas besoin dans ce jour
Pour croire au plaisir que j'éprouve
En le voyant parmi nous de retour

(Elle tend la main a Arved)

DUBREUIL, parlant

Une poignée de main; à la bonne heure. (Il passe a la droite d'Arved et lui dit bas)

Vois-tu, mon cher, c'est à l'anglaise.
A Londre, on s'aime, et l'on s'embrasse ainsi

ARVED, de même

J'aimerais mieux, je vous l'avoue ici,
Que l'on m'aimât à la française

DUBREUIL.

Ah ça! mon garçon, nous avons tantôt une partie de chasse, qui ne me plaisait pas beaucoup, mais te voilà, elle me convient, parce que tu nous accompagneras; et tu verras ma fille qui est une intrépide amazone, qui n'a peur de rien: cela doit te faire plaisir à toi, à un militaire.

ARVED.

Eh mais! je ne déteste pas les femmes qui ont peur. Pardon... mon ancienne franchise qui revient.

Air Ce que j'éprouve en vous voyant

Il me sied mal, grave censeur,
De me permettre ici le blâme.

MALVINA.

Parlez, de grâce.

ARVED.

D'une femme
La faiblesse plaît a mon cœur
Mais quand son ame peu craintive
Hardiment brave le danger,
Rien ne peut nous dédommager;
Car son courage, helas! nous prive
Du bonheur de la protéger

MALVINA.

Monsieur sera-t-il des nôtres?

ARVED.

Si cela peut vous faire plaisir... si je suis nécessaire... mais vous ne comptiez pas sur moi; et, si vous voulez bien me le permettre, j'aime autant rester ici.

DUBREUIL.

Comment! tu as refusé ma fille! mais c'est la première fois que cela lui arrive.

ARVED.

J'espère que ma cousine ne m'en voudra pas; j'aurive, je suis fatigué, nous avons marché toute la nuit, et, en enfant de la maison, je vous demanderai la permission de dormir quelques heures avant le dîner.

MALVINA.

Vous êtes le maître.

ARVED.

D'ailleurs, cousine, je crois que vous n'aurez pas beau temps pour votre chasse, le ciel est couvert, et je crains de la pluie.

MALVINA.

Vous! un militaire! qui par état devez braver tous les élémens.

ARVED.

Oui, quand il le faut : raison de plus pour s'en priver quand il ne le faut pas.

DUBREUIL.

Il a raison; ce n'est pas chez soi qu'il faut se gêner. Ainsi, mon garçon, liberté entière, et je t'en donne l'exemple. Je vais écrire à M. de Barentin la lettre en question. (A Malvina) Viens-tu, mon enfant?

MALVINA.

Non, mon père, je reste; je tiendrai compagnie à mon cousin.

DUBREUIL.

Il serait possible! (Bas à Arved.) Jamais je ne l'ai vue aussi aimable pour personne. (Haut) Eh bien, mes enfans, causez ensemble. (Bas à Arved) Cela va à merveille. j'en étais sûr. (Il entre dans l'appartement à droite)

SCÈNE X.

ARVED, MALVINA.

ARVED, après un moment de silence

Je pense bien, ma cousine, que mon refus ne vous fâche pas; sans cela, à pied, comme à cheval, je suis prêt à suivre la chasse, toute la journée, s'il le faut.

MALVINA.

C'est inutile; car moi-même j'ai changé d'idée, je n'irai pas.

ARVED.

Vous qui disiez tout à l'heure...

MALVINA.

Oui, j'y tenais, pour m'y trouver avec vous.

ARVED.

Vraiment?

MALVINA.

Vous n'y allez pas, vous restez, je reste aussi.

ARVED.

Que dites-vous? je serais assez heureux...

MALVINA.

Ne vous hâtez pas de me remercier. J'ai besoin de vous parler à vous seul, sans qu'on puisse nous interrompre; puis-je compter, mon cousin, que tantôt, pendant qu'ils seront tous à la chasse, vous m'accorderez un moment d'entretien?

ARVED.

Moi, ma cousine, je suis à vos ordres; et, quel

que soit l'objet de cette conversation, quelque demande que vous ayez à me faire, j'y souscris d'avance, je vous le jure.

MALVINA.

Vraiment?

ARVED.

Et j'espère alors que vous quitterez avec moi ce ton froid et solennel qui me tient toujours à distance; nous avons l'air de deux partis ennemis qui se craignent et s'observent.

Air du vaudeville du Petit Courrier

Assez long-temps, par ses méfaits,
La guerre a dévasté le monde;
Rois et sujets, tous à la ronde
S'unissent pour vouloir la paix
Et dans l'Europe, ainsi qu'en France,
Quand nul ne se dispute plus,
Pourquoi de la Sainte-Alliance
Les cousins seraient-ils exclus?

MALVINA.

Cela dépendra de vous. Vous avez vu mon père? il vous a parlé?...

ARVED.

Du seul objet qui l'occupe, de vous, de sa fille chérie.

MALVINA.

Ainsi, vous connaissez ses projets?

ARVED.

Oui, ma cousine, il m'en a fait part.

ACTE I, SCÈNE X.

MALVINA.

Et qu'en dites-vous?

ARVED.

Rien encore.

MALVINA.

Comment? votre idée à vous?...

ARVED.

Je n'en ai pas, j'attends les vôtres, et je crains bien qu'elles ne me soient pas favorables. Je me connais, ma cousine, je me rends justice; et plus je vous regarde, plus je trouve de raisons pour que vous me refusiez; mais je n'en vois aucune pour que vous doutiez de mon amitié; et j'espère que vous me traiterez du moins comme un frère et un ami.

MALVINA, lui tendant la main

Arved!

ARVED.

A la bonne heure; le premier pas est fait, et nous allons nous entendre. Voyons, ma jolie cousine, ces projets que nos pères avaient formés depuis longtemps... ce bonheur qu'ils avaient arrangé pour nous, sans nous consulter... ce mariage, enfin, ne vous plaît pas beaucoup?

MALVINA.

Mais...

ARVED.

Il vous déplaît, je comprends, et je m'explique maintenant la froideur de votre accueil; vous redoutiez mon arrivée, vous aviez peur de moi. Ah! je suis bien malheureux d'avoir pu vous causer un instant de crainte ou de chagrin! Si j'avais pu le penser, je vous aurais crié, en arrivant: « Ma cousine, embrassez-moi et aimez-moi; je ne vous épouse pas. »

MALVINA.

Vraiment! une telle générosité...

ARVED.

Mon Dieu! cousine, pas de remerciemens, je suis fait à ces malheurs-là, et ça ne m'étonne pas : je n'ai jamais pu être aimé, je ne suis pas né pour cela. Tout ce que je puis faire, c'est de chérir les gens de tout mon cœur, de tout sacrifier au monde pour les rendre heureux; mais pour leur plaire, pour m'en faire aimer, pour les prévenances, les soins, les attentions, en un mot, pour tout ce qui est essentiel, je n'y entends rien. Il me serait plus aisé de me faire tuer pour une personne que j'aime, que de lui adresser un compliment. Vous comprenez alors qu'avec un pareil système je n'ai pas dû être étonné de votre refus, je m'y attendais; et je cours trouver mon oncle, pour tout lui raconter.

MALVINA, le retenant.

Non... mon père... ce mariage lui tient tellement à cœur, que, quand il saura mon refus, il m'accablera de reproches; il me maudira peut-être!

ARVED.

O ciel!

MALVINA.

Et cependant, comment faire?

ARVED.

Eh bien! voyons, ma cousine, il ne faut pas vous

ACTE I, SCÈNE X.

désoler; cherchons un moyen, cherchons tous deux.

MALVINA.

Il n'y en a pas.

ARVED.

Et pourquoi donc? Si, par exemple, le refus venait de moi?

MALVINA.

Que dites-vous?

ARVED.

Ce n'est guère croyable; mais enfin...

MALVINA.

Air d'Aristippe

Dieu! qu'entends-je? ô surprise extrême!
Vous, Arved, vous pourriez, hélas!
Braver un oncle qui vous aime,
   (Tendrement)
Pour moi qui ne vous aime pas!

ARVED.

Ah! de grâce, n'achevez pas.
Oui, ce mot qui me désespere
A vous servir ne fait que m'animer.
Obligeons ceux qui ne nous aiment guère,
   Pour les forcer à nous aimer

MALVINA, avec émotion

Ah! que je vous connaissais peu! Plus tard, Arved, plus tard vous saurez... Oui, mon cousin, oui, j'ai besoin de toute votre amitié, de vos conseils; je ne vois que vous au monde à qui je puisse me confier.

ARVED, lui tendant la main.

Que dites-vous ? achevez.

MALVINA, retirant sa main et s'eloignant de lui.

Silence ! on vient.

SCÈNE XI.

Les précédens ; MARIE, entrant avec DUBREUIL.

MARIE.

Oui, mon oncle, c'est un beau militaire, un lancier, qui apporte des dépêches pour le général.

MALVINA.

Le général !

MARIE, à demi voix.

Et il y a dessus, écrit en grosses lettres : « Au général comte Dubreuil. »

MALVINA.

Le comte Dubreuil ! Comment ! ce que nous lisions ce matin ?...

MARIE.

C'était lui ! cela ne m'étonne pas.

ARVED, levant la tête.

Qu'est-ce donc ?

DUBREUIL.

Comment ? mon ami, tu serais comte ?

ARVED.

Oui, mon oncle ; où est le surprenant ?

DUBREUIL.

Et tu ne nous en disais rien ?

ACTE I, SCÈNE XI.

ARVED.

A quoi bon? ce n'était pas le comte Dubreuil qui venait vous voir, c'était votre neveu; et je crois trop à votre amitié pour penser qu'un titre puisse y ajouter quelque chose.

DUBREUIL.

Non certainement, parce que moi, tu me connais; les titres, les dignités, je n'y tiens pas; mais un comte dans notre famille, c'est honorable; et puis celle que tu épouseras sera madame la comtesse. (Regardant Malvina et Arved) Ah ça, mes enfans! eh bien! qu'en dites-vous? j'étais sûr qu'avec le temps vous finiriez par vous entendre : aussi je ne suis pas pour brusquer les choses; mais enfin, voyons entre nous, à quand la noce?

MARIE, à part

O ciel!

ARVED et MALVINA.

Que dites-vous?

DUBREUIL.

Il n'y a pas ici d'étrangers, nous sommes en famille.

Air de Teniers

Oui, tous les deux, vous vous aimez de même:
Rien ne peut plus vous separer,
Comblez les vœux d'un pere qui vous aime;
C'est son bonheur, pourquoi le differer?...
Lorsque l'on a passé la soixantaine,
De se presser, ma fille, on a besoin,
Hâte-toi d'être heureuse, a peine
Ai-je le temps d'en être le temoin

MALVINA.

Mon père !

DUBREUIL.

Tu baisses les yeux, tu rougis: tu l'aimes, n'est-ce pas ?

MALVINA, troublée

Ah ! je le sens, personne, plus que lui, ne mérite d'être aimé : aussi je l'aime... (Se reprenant) comme un ami, comme un frère.

MARIE, à part, avec étonnement.

Que cela ?

DUBREUIL.

C'est comme un époux qu'il faut le chérir.

ARVED.

Mon oncle, soumise à vos volontés, ma cousine était prête à vous obéir.

DUBREUIL.

Dis-tu vrai ?

ARVED.

C'est moi, moi seul, que des obstacles invincibles éloignent de cette alliance...

MARIE, à part.

Qu'entends-je !

DUBREUIL.

Toi, Arved! toi, mon fils, tu me ferais un pareil chagrin ! tu refuserais ma fille, l'amie de ton enfance, celle que ton père mourant t'avait destinée !

MARIE, pleurant

Oh ! mon cousin, vous ne le pouvez pas.

ACTE I, SCÈNE XI.

ARVED.

Aussi... croyez bien... que c'est malgré moi... et que des promesses antérieures...

DUBREUIL.

Tu me trompes; oui, maintenant j'en suis sûr, tu me l'aurais dit ce matin, quand je t'ai parlé de mes projets, de cet hymen auquel tu consentais; et tu manquerais à tes promesses, à ta parole! Non, ce n'est pas possible, tu es mon neveu, tu es un honnête homme.

MALVINA, vivement.

Il l'est toujours.

ARVED.

Que faites-vous!

MALVINA.

Mon devoir. Que penseriez-vous de moi, mon cousin, si je souffrais que votre générosité portât atteinte à votre honneur? Oui, mon père, c'est moi qui, pour différer cet hymen, l'avais supplié...

DUBREUIL.

Toi?

MALVINA.

Ne m'y obligez pas... du moins, dans ce moment, je vous en conjure.

DUBREUIL.

Non, l'instant de la faiblesse est passé, et tu l'épouseras aujourd'hui même.

ARVED.

Écoutez-moi!

DUBREUIL, passant à droite

Je n'écoute rien; elle t'épousera, je l'entends ainsi.

ARVED.

Et moi, mon oncle, j'entends que ma cousine soit libre et maîtresse de son choix, que vous lui laissiez le temps qu'elle demande pour se décider en ma faveur, ou en faveur de tout autre : sinon, je pars, je quitte ces lieux; vous ne me reverrez plus.

MARIE.

Ah! que c'est bien à toi! je te reconnais là.

MALVINA.

Mon cousin! mon ami! quelle générosité! (Elles lui prennent la main chacune de son côté, comme pour le remercier.)

DUBREUIL, à Arved

Et toi aussi, ne vas-tu pas te fâcher? les voilà tous contre moi, parce que je veux les rendre heureux!
(Ils s'approchent tous trois de Dubreuil qu'ils entourent.)

SCENE XII.

Les mêmes, BARENTIN, portant les schalls de Malvina et de Marie, et le manteau de M. Dubreuil.

BARENTIN, entrant et les voyant ainsi groupés

Pardon de déranger un groupe de famille. Voici l'heure de la chasse, et j'apportais à ces dames leurs chapeaux et leurs schalls, ainsi que le manteau de M. Dubreuil.

ACTE I, SCÈNE XII.

DUBREUIL.

Ah! monsieur...

BARENTIN.

Non, vraiment, les derniers jours d'avril sont encore très froids, et nous ne voudrions pas qu'une partie de plaisir devînt pour nous un sujet d'alarmes. (*Passant auprès d'Arved, qu'il salue.*) J'apprends à l'instant, par Catherine, votre nouveau grade, général, dont je vous félicite, ainsi que de votre heureux retour dans vos foyers.

DUBREUIL, a Arved

C'est M. de Barentin. (*Marie passe a la gauche de Malvina*)

MALVINA.

Un ami de la famille.

BARENTIN

Titre honorable, que bientôt, j'espère, vous daignerez confirmer. Epris de tout ce qui est noble et généreux, je suis un ami de la gloire; c'est déjà être le vôtre. Malheureusement je suis obligé de vous quitter, général, de partir dès demain.

MALVINA.

Que dites-vous?

BARENTIN.

Une lettre importante que je reçois à l'instant de Paris...

DUBREUIL, bas a Arved

C'est la mienne.

BARENTIN.

M'empêchera de cultiver une connaissance...

DUBREUIL.

Qui était déjà bien avancée... vous, qui à l'armée, logiez sous la même tente que le comte Dubreuil...

BARENTIN.

Comment! le comte Dubreuil!...

MARIE.

Vous nous l'avez dit.

BARENTIN.

Pardon, pardon ; il y a erreur : le comte Dubreuil, dont je voulais parler, est celui qui a fait la campagne de Pologne. C'est là que je l'ai connu; et puis, dans l'armée il y a tant de braves, que l'on peut aisément confondre... Mais je crains que ces dames ne fassent attendre; car voici toute la société qui vient les chercher.

SCÈNE XIII.

Les précédens; CHASSEURS, PAYSANS ET PAYSANNES.

FINALE.

Air du Comte Ory (Venez, suivez moi tous)

ENSEMBLE

ARVED ET LL CHOEUR.

Chasseurs joyeux, il faut partir,

La chasse { vous / nous } invite,

ACTE I, SCÈNE XIII.

Au plaisir { courez / courons } vite,

Il ne faut pas le laisser fuir.

DUBREUIL, MARIE, BARENTIN, MALVINA.

Voici l'instant, il faut partir,
Le plaisir fuit si vite,
Hélas ! il fuit si vite
Au passage il faut le saisir.

MALVINA, MARIE, BARENTIN, DUBREUIL.

Le plaisir fuit si vite,
Au passage il faut le saisir

ARVED.

Moi, le sommeil m'invite,
Et sans façon je vais dormir

MALVINA ET LE CHOEUR.

Pour que l'on en profite,
Au passage il faut le saisir

ARVED.

Moi, le sommeil m'invite,
Et sans façon je vais dormir.

MALVINA, MARIE, DUBREUIL.

Ne le laissons pas fuir,
Non, non, ne le laissons pas fuir.

ENSEMBLE

BARENTIN ET LES CHASSEURS.

Il faut, il faut partir,
Il faut partir.

ARVED.

Pour moi, je vais dormir,
Je vais dormir.

(Dubreuil va prendre son manteau que Marie lui donne, Arved parle avec les chasseurs, Barentin et Malvina restent seuls sur le devant de la scene.)

BARENTIN, bas à Malvina et à part

Tantôt, après la chasse, il faut que je vous parle.

MALVINA, de même

Impossible ; je ne le puis.

BARENTIN.

Il le faut.

MALVINA.

Monsieur...

BARENTIN.

Je le veux.

MALVINA.

J'obéirai.

REPRISE DE L'ENSEMBLE.

ARVED.

Partez, le temps se passe,
Bonne chasse,
Et retour joyeux.

ENSEMBLE.

DUBREUIL, BARENTIN, MARIE.

Voici l'instant, il faut partir,
Le plaisir fuit si vite,
Pour que l'on en profite,
Au passage il faut le saisir.

MALVINA.

Il faut les suivre, il faut partir;
Ah! quel trouble m'agite!
D'effroi mon cœur palpite;
Que faire, hélas! que devenir?

ARVED.

Chasseurs joyeux, il faut partir,
  Au plaisir courez vite,
  Moi, le sommeil m'invite,
Et sans façon je vais dormir

LE CHOEUR.

Chasseurs joyeux, il faut partir,
  La chasse nous invite,
  Au plaisir courons vite,
Il ne faut pas le laisser fuir

(Barentin donne la main a Marie, Dubreuil prend celle de Malvina ils sortent par le fond Arved par la droite)

FIN DU PREMIER ACTE.

ACTE DEUXIÈME.

Le théâtre représente une chambre à coucher élégante; le fond est occupé par un lit. A la gauche de l'acteur, la porte d'entrée, auprès de laquelle se trouve un cabinet à porte secrète. A droite, la porte qui conduit dans l'intérieur; une table à écrire auprès de cette porte. Au lever du rideau, Arved dort profondément sur un canapé placé auprès de la porte secrète.

SCÈNE PREMIÈRE.

ARVED, DORMANT.

Mon oncle, embrassons-nous encore. Malvina!... Marie!... Marie!... quel dommage! (Catherine entre, en ce moment par la porte du fond.)

SCÈNE II.

ARVED, CATHERINE.

ARVED, se réveillant brusquement.

Qui va là?... qui vive?... Soldats, à vos armes!.. Hein?... où suis-je?... C'est toi, Catherine?... pardon...

CATHERINE.

Que je suis fâchée de vous avoir éveillé!

ACTE II, SCÈNE II.

ARVED.

Il n'y a pas de mal. Je me croyais surpris par les Autrichiens ou par les Russes. Combien donc ai-je dormi ?

CATHERINE.

Près de trois heures.

ARVED, se levant

C'est une nuit entière ; mais on repose si bien dans le château de ses pères !

Air de Partie et Revanche

Oui, pour nous autres militaires,
Dont chaque jour menace le destin,
Il n'est que des plaisirs précaires,
Mais aujourd'hui mon bonheur est certain,
Et je crois même au lendemain
Dans un bon lit la nuit s'achève,
Sans qu'un houra trouble notre sommeil
Pour des dangers, on n'en a plus qu'en rêve,
Et le bonheur nous attend au réveil

CATHERINE.

Au moins, étiez-vous bien ?

ARVED.

Tu me demandes cela, à moi qui, depuis long-temps, n'avais pas d'autre chambre à coucher que le bivouac ? je me trouve ici dans un palais.

CATHERINE.

Dame ! c'est la plus belle chambre du château ! c'est celle qu'occupait M. de Barentin ; et, pendant qu'ils sont à la chasse, je l'ai déménagé pour vous y installer.

ARVED.

J'en suis fâché.

CATHERINE.

Et moi, j'en suis ravie. Qui donc sera bien logé, si ce n'est le fils de la maison ? c'est aux étrangers à lui faire place

ARVED.

Tu aurais pu attendre, vu qu'il part demain.

CATHERINE.

Dieu soit loué ! il part, et vous voilà ! on a bien raison de dire qu'un bonheur n'arrive jamais seul. Aussi, j'étais venue pour vous dire... que... attendez donc... pourquoi étais-je venue ? ah !... d'abord, pour vous voir... car je ne peux pas m'en lasser... et puis, pour vous donner cette lettre qu'on vient d'apporter... C'est charmant; depuis que nous avons ici un officier supérieur, les estafettes et les courriers se succèdent à chaque instant; le château a l'air d'un quartier-général, sans compter qu'il faut donner à boire à tous ces gaillards-là, et que, pendant qu'ils boivent, je les fais causer de vous et de vos campagnes.

ARVED, pendant ce temps, a ouvert la lettre

Ah ! ce sont les renseignemens que j'avais demandés sur M. de Barentin (Lisant)

« Mon général.

« Nous connaissons parfaitement le jeune compa-
« triote dont vous nous parlez. On le nommait au-
« trefois Duhamel; mais il est très-vrai qu'il avait
« près de Rouen, à Barentin, une fabrique assez con-

« sidérable, d'où il aura pris probablement son nou-
« veau nom. » (S'interrompant.) C'est la mode maintenant !
et si ce n'est que cela, il n'y a pas grand mal.
(Continuant la lecture de la lettre.) « C'est un excellent garçon
« Son père, qui jouissait de l'estime générale, etait
« un des premiers confiseurs de Rouen. »

CATHERINE.

Il serait possible ! lui qui nous donnait toujours à
entendre qu'il était un grand seigneur déguisé à cause
des évènemens politiques.

ARVED, lisant.

« M. Duhamel le père laissa en mourant vingt-
« cinq à trente mille livres de rentes, qu'il avait mis
« quarante ans à amasser, et que son fils a mangées
« en quelques années, d'une manière originale. Né
« avec une complexion assez délicate, les médecins
« de Rouen ne lui avaient donné que cinq ou six ans
« à vivre. Alors, et pour ne rien laisser après lui, il
« s'était imposé, pour système financier, de dépenser
« cent mille francs par an. Mais à mesure que sa for-
« tune s'en allait, sa santé revenait; de sorte, qu'au
« bout de six ans, il s'est trouvé guéri et ruiné ; et
« il n'a conservé de sa maladie que son goût pour la
« dépense, qui, probablement, ne le quittera jamais.

« Forcé de partir ensuite dans les gardes d'hon-
« neur, il s'y est fort bien conduit, et était très aimé
« du régiment, auquel il donnait tous les jours à
« dîner. En un mot, mon général, c'est ce que les
« pères de famille appellent un mauvais sujet, et ce
« que, nous autres militaires, appelons un bon en-

« fant. Tels sont, mon général, les renseignemens que
« nous avons l'honneur de vous faire passer à son
« avantage, etc. » (Il ferme la lettre.)

Ils sont jolis ! Un mauvais sujet, un dissipateur, qui cherche à refaire ses affaires par un bon mariage, et qui mangerait la fortune de sa femme, comme il a déjà mangé la sienne. Du reste, cela ne me regarde pas; c'est à mon oncle d'en juger : tu lui remettras cette lettre.

CATHERINE.

Et avec plaisir; monsieur qui ne voulait jamais me croire, quand je lui répétais... Mais, puisqu'il s'en va, je n'en dirai pas davantage; je suis trop heureuse aujourd'hui pour en vouloir à personne. Adieu, monsieur le général; adieu, mon fils Arved.

ARVED.

Adieu, ma bonne nourrice. (Catherine sort par la droite.)

SCÈNE III.

ARVED SEUL, SE REJETANT SUR LE CANAPÉ.

Ah ! les braves gens ! quel bonheur de me trouver parmi eux ! de m'y fixer, de m'y établir ! mais jusqu'à présent cela commence mal.

Air de Lantara.

Bien loin que l'hymen les engage,
Mes deux cousines, je le vois,

Malgré l'amitié du jeune âge,
Pour m'épouser ne pensent guere a moi ;
Personne, hélas ! ne veut de moi.
Je ne sais pas quels destins sont les nôtres,
Et si jamais le bonheur me viendra,
En attendant, rendons heureux les autres,
Peut-être un jour quelqu'un me le rendra.

Eh! mais... une porte s'ouvre... une porte que je ne connaissais pas... Qui peut venir ainsi dans ma chambre? (Reconnaissant Malvina.) Qu'ai-je vu! Malvina!

SCÈNE IV.

MALVINA, ARVED.

MALVINA est entrée par la porte secrete du cabinet a gauche elle va d'abord vers le fond ; puis, se retournant, elle voit Arved sur le canape, et courant a lui, elle lui dit

Ah! vous êtes là!

ARVED.

Oui, ma cousine.

MALVINA, effrayee

Dieu! c'est Arved!

ARVED.

Est-ce que vous ne vous attendiez pas à me trouver ici?

MALVINA, troublee

Oh! mon Dieu, si... je vous cherchais... je voulais vous parler.

ARVED.

En effet, il est un secret que ce matin vous aviez promis de m'apprendre.

MALVINA, tremblante

Moi!... Ah! vous avez raison; à qui pourrais-je me confier, si ce n'est à vous, dont le cœur généreux?... Ah! mon cousin; je suis bien malheureuse! je me suis défiée de mon père et de sa bonté! je me suis privée de son appui, de ses conseils, de son amitié; je n'ai plus d'amis. Ah! je me suis trompée! vous voilà, il m'en reste un, qui me protégera, qui prendra ma défense.

ARVED.

Oui, ma cousine, oui, ma sœur; je le jure; mais quel malheur, quel chagrin a pu vous atteindre?

MALVINA.

Oh! je m'en vais tout vous dire. J'avais été passer l'autre hiver à Paris, chez une de mes tantes, et, dans les bals, dans les soirées où elle me conduisait, plusieurs adorateurs empressés m'offraient ces hommages qui reviennent de droit à une riche héritière, et qui me touchaient fort peu. Un jeune homme, un seul, que je rencontrais partout, et dont les regards suivaient constamment les miens, ne m'avait jamais adressé la parole; je ne connaissais de lui que son nom, car il s'était fait présenter chez ma tante, lorsqu'une lettre que je reçois de mon père m'apprend qu'ici, à Nantes, ce même jeune homme lui a rendu, quelques semaines auparavant, un très grand service, qu'il a exposé ses jours pour lui, et qu'il a reçu une blessure en le défendant. Touchée de sa générosité, je lui en témoignai ma reconnaissance, en m'étonnant de sa discrétion à ce sujet et de sa réserve habituelle. « Ah! me répondit-il, vous êtes riche, je ne « le suis pas; et parmi tant d'hommages adressés à « votre fortune, auriez-vous pu distinguer ceux qui « ne s'adressaient qu'à vous seule? » Et depuis ce moment, il reprit ses manières tristes et silencieuses, et se tint toujours éloigné de moi. Depuis ce moment aussi, je l'avouerai, je pensai à lui, et je m'en occupai malgré moi.

ARVED.

Eh bien?

MALVINA.

Eh bien! ce fut alors que je quittai Paris. Les armées ennemies avaient envahi nos frontières; et mon père, tremblant pour sa fille, et ne voyant de salut pour moi qu'en pays étranger, me fit passer en Angleterre, dans la famille d'un de ses correspondans. Tous nos amis nous firent les plus tendres adieux, des offres de services, des protestations de dévouement; un seul ne dit rien, mais les larmes qui roulaient dans ses yeux attestaient assez sa douleur; et, en arrivant à Londres, la première personne que je rencontrai, ce fut lui.

ARVED.

Il vous avait suivie?

MALVINA.

Oui, vraiment; il avait quitté pour moi sa patrie, il s'exilait pour partager mon exil, et, sur cette terre étrangère, nous voyant tous les jours rapprochés et unis par le malheur, comment rester insensible à la tendresse qu'il me témoignait? Oui, je n'écoutai que cet enthousiasme, cette exaltation de la jeunesse. Je crus l'aimer... oui, je l'aimais; quand, tout-à-coup, mon père m'écrit que le danger est passé, qu'il n'y a rien à craindre, que je peux revenir, qu'enfin il m'attend pour réaliser ses plus chères espérances, et pour m'unir à vous.

ARVED.

Grand Dieu!

MALVINA.

Vous jugez de notre surprise, de notre désespoir! « Si vous retournez en France, me disait-il, sans être « à moi, sans m'appartenir, je vous perds à jamais; « qu'ici, avant votre départ, un prêtre reçoive nos « sermens! » Et je résistais encore! mais il voulait s'arracher la vie; il voulait se tuer à mes yeux! Que vous dirai-je?... je cédai à ses prières... je formai des nœuds que mon père n'a point bénis... et maintenant je suis à lui... je suis sa femme.

ARVED.

Vous, mariée! Ah! ma cousine!... mais ce n'est pas à vous qu'on doit faire des reproches, c'est à lui; et il ne peut les expier maintenant qu'en consacrant sa vie entière à vous rendre heureuse.

MALVINA.

Heureuse! je le suis, Arved, je le suis... si on peut l'être, quand on craint les regards et les reproches d'un père.

Air de la romance de Benjamin (dans JOSEPH)

Oui, je serais moins misérable,
S'il me punissait de mes torts;
Mais les bontés dont il m'accable
Redoublent encor mes remords.
Craignant les caresses d'un père,
Je les évite, et souvent j'ai rougi
D'usurper l'amour de celui
Dont je mérite la colère.

ARVED.

Pourquoi alors ne pas lui avouer?... Le choix que vous avez fait serait-il donc?...

MALVINA.

Digne de lui, à tous les égards... de la naissance, un nom honorable... Son seul tort, je vous l'ai dit, c'est d'être sans fortune.

ARVED.

Ah! n'est-ce que cela? ce n'en est pas un à mes yeux, et je brûle de lui offrir mon amitié; parlez, où est-il?

MALVINA.

Taisez-vous, le voici.

ARVED, apercevant Barentin

Ciel! Barentin!

SCÈNE V.

Les précédens; BARENTIN, entrant par la gauche.

BARENTIN.

Mille pardons de déranger un tête-à-tête... je suis vraiment désolé...

ARVED.

C'est moi, monsieur, qui ai des excuses à vous faire de ce qu'on s'est permis de vous déranger, et de me donner un appartement qui était le vôtre. (Bas à Malvina) Adieu, cousine, adieu, je vous laisse; plus tard, nous nous reverrons. Ah! Malvina!... (Il s'éloigne en jetant un regard sur Malvina, et sort par la porte à gauche)

SCÈNE VI.

BARENTIN, MALVINA.

BARENTIN.

A qui en a-t-il donc, monsieur le général? Je ne révoque point en doute son mérite; mais je sais qu'entre autres talens il a celui de me déplaire souverainement.

MALVINA.

Que dites-vous?

BARENTIN.

Vous étiez autrefois de mon avis, vous en avez

changé : je ne sais pas pourquoi, mais je me défie de ce cousin.

MALVINA.

Lui, le plus généreux des hommes !

BARENTIN.

Précisément ; je me défie, chère amie, de l'affection soudaine que vous avez pour lui.

MALVINA, troublée

Moi ! qui peut vous faire croire ?

BARENTIN.

Pardon ; quand on aime bien, quand on aime réellement, la jalousie est si naturelle... mais enfin, puisque j'ai le bonheur de vous trouver seule, parlons un peu raison. (S'asseyant dans le fauteuil, pendant que Malvina reste debout à côte de lui) Je suis rompu ; cette partie de chasse était si fatigante et si ennuyeuse ; et puis ces petits soins, ces attentions continuelles auxquelles je me suis astreint pour tout le monde... jusqu'à cette petite Marie, votre cousine, à laquelle il faut, de temps en temps, faire la cour, pour détourner les soupçons... tout cela, chère amie, est terrible, surtout pour un homme marié, et je n'y tiens plus.

MALVINA.

Autrefois, cela vous coûtait si peu !

BARENTIN, qui est toujours dans le fauteuil

Vous l'exigiez, cela me suffisait ; mais cela me coûtait beaucoup ; car, avant tout, la franchise ; et c'est pour cela que la position n'est pas tenable, et offre même des inconvéniens auxquels vous ne pensez pas.

(Il se leve.) Ainsi, aujourd'hui même, il faut tout déclarer à votre père.

MALVINA.

Moi! un pareil aveu!... plutôt mourir.

BARENTIN.

Ce sont des idées; on ne meurt pas... on ne meurt jamais... pour des affaires de famille; cela finit toujours par s'arranger, tandis qu'en gardant le silence... demain je pars, et alors que faire? quel parti prendrez-vous?

MALVINA.

Celui de vous suivre, monsieur; c'est mon devoir maintenant; je quitterai, avec vous, la maison paternelle, ma patrie, s'il le faut.

BARENTIN.

Une fuite! c'est très bien, c'est très agréable, et je vous en remercie; mais à quoi cela nous mènera-t-il? En pays étranger, comme ailleurs, on est bien près du ridicule quand on n'a rien : et nous en sommes là.

MALVINA.

Eh! monsieur, qu'importe?

BARENTIN.

Il importe beaucoup. Il ne s'agit pas ici de romanesque, il s'agit de ménage; et, en ménage, chère amie, il faut du positif.

MALVINA.

Ce n'est pas là, monsieur, ce que vous disiez autrefois, quand vous méprisiez les richesses, quand vous vouliez vous ensevelir avec moi dans un désert.

BARENTIN.

Autrefois, certainement j'avais raison de le dire, et je le dirais encore, car je le pense toujours. Quand on s'aime bien, on peut s'aimer partout, dans un désert comme ailleurs. Mais s'il y a moyen de s'adorer ailleurs, chez soi, par exemple, dans un bon hôtel, avec cinquante mille francs de rentes, où est le mal? Soyez persuadée, chère amie, que cet amour-là est aussi réel, aussi durable qu'un autre, peut-être davantage.

Air   Ces postillons

Je ne conçois, je n'entends l'existence,
Qu'en la parant des roses du plaisir.
Mais dans les maux, les travaux, la souffrance,
   Passer ses jours! plutôt mourir.
Je n'y tiens pas, je suis prêt à partir.
La vie en soi n'est qu'un ennui, ma chère,
Et si de vivre on veut se consoler,
Il faut alors vivre millionnaire,
   Ou ne pas s'en mêler.

Et songez bien que ce que j'en dis, c'est pour vous, pour votre bonheur avant tout.

MALVINA.

Eh bien! s'il en est ainsi, je vous avouerai que je viens de confier notre secret à mon cousin Arved.

BARENTIN.

A lui! et sans m'en prévenir.

MALVINA.

Lui seul peut nous servir, nous défendre auprès de mon père.

BARENTIN.

Et je vous déclare, moi, que je ne veux rien lui devoir, que nous n'avons pas besoin de ses services. J'ajouterai même que vos tête-à-tête avec lui me déplaisent au dernier point, et que vous me ferez le plaisir de ne plus lui parler, si c'est possible.

MALVINA.

Lui! mon plus proche parent! le seul ami qui me reste! le seul qui prenne notre défense, et dont le généreux dévouement!...

BARENTIN.

Raison de plus. (A part) Avec une imagination comme la sienne... (Haut.) Enfin, je l'entends ainsi, je le veux.

MALVINA.

Encore! Ah! monsieur, vous, qui autrefois... soumis à mes moindres volontés...

BARENTIN.

Autrefois, chère amie, autrefois, et maintenant, c'est toujours la même chose: dans un ménage bien uni, il n'y a jamais qu'une volonté: que ce soit la vôtre ou la mienne, peu importe. (Passant a la gauche de Malvina) Eh mais! Dieu me pardonne, je crois que vous pleurez?

MALVINA.

Moi, monsieur!... non.. je n'en ai pas le droit.

BARENTIN, a part

Allons, encore des brouilles, des raccommodemens; c'est ce qu'il y a de plus terrible au monde. (Haut) Je conviens que j'ai peut-être eu tort; Malvina, chère amie, pardonne-moi, je t'en supplie, (la baisant sur le front.) et que tout soit oublié.

DUBREUIL, en dedans.

Il doit être chez lui...

MALVINA, s'éloignant.

On vient. Dieu! c'est mon père! (Barentin entre dans le cabinet à gauche.)

SCÈNE VII.

Les précédens; M. DUBREUIL, entrant par la droite.

DUBREUIL, tenant à la main une lettre ouverte qu'il referme, à Malvina.

Ah! te voilà ici?

MALVINA.

Oui, mon père; j'étais venue pour savoir... pour m'informer...

DUBREUIL.

C'est bien, mon enfant, c'est très bien; il faut que des maîtres de maison veillent à ce que rien ne manque à leurs hôtes; c'est pour cela que je venais, et, en même temps, pour causer avec Arved d'une lettre qu'il vient de m'envoyer par Catherine. Je l'attendrai ici. Que je ne te retienne pas; va au salon, où nous attendons ce soir un grand monde; car nous avons un bal pour célébrer le retour de mon neveu: et ce bal-là, je l'espère, ne sera que le prélude de celui de tes noces. (Pendant qu'il va s'asseoir près de la table à droite, Barentin sort doucement du cabinet à gauche.)

BARENTIN, bas a Malvina.

Vous voyez qu'il n'y a pas de temps à perdre; parlez-lui, c'est le moment. (Il sort par la porte a gauche.)

MALVINA, timidement.

Mon père, j'aurais voulu vous dire... vous demander... mais je ne sais... je n'ose...

DUBREUIL, assis.

C'est donc un secret?

MALVINA, tremblante.

Oui, mon père.

DUBREUIL, se levant et prenant la main a Malvina.

Voyons, mon enfant; voyons ce que c'est. Eh bien! te voilà toute tremblante; c'est donc bien terrible?

Air de Colalto.

> Tous tes chagrins, tous tes secrets,
>   Sont les miens, va, crois-moi, ma chere,
>   Le malheur n'atteindra jamais
> L'enfant qui cherche abri dans les bras de son pere.
>   Ta confiance est, hélas! mon seul bien,
>   Et d'un vieillard exauçant la priere,
>   Ce que tu fais pour le bonheur d'un père
>   Le ciel le fera pour le tien.

Allons, dis toujours... eh bien? qui est-ce qui vient là? Marie... et M. de Barentin...

SCÈNE VIII.

Les précédens; MARIE, entrant par la droite, BARENTIN, rentrant par la gauche.

DUBREUIL, à Marie

Qu'est-ce que tu viens faire ici?

MARIE, tristement

Je venais vous avertir...

DUBREUIL.

Eh mais! tu as les yeux rouges.

MARIE, les essuyant vivement

Moi, mon oncle, au contraire... je venais vous avertir que voilà du monde qui arrive au salon.

BARENTIN.

C'est pour cela aussi que je venais...

MARIE.

Et puis votre commis qui attend vos ordres pour partir.

DUBREUIL.

C'est vrai; mais plus tard, car cette petite fille vient nous déranger au moment le plus intéressant, quand j'allais apprendre un secret que ma fille a déjà assez de peine à m'avouer.

MARIE.

Si ce n'est que cela, mon oncle, je crois que je connais ce secret.

MALVINA ET BARENTIN.

O ciel!

MARIE.

Et je puis lui éviter la peine de vous le dire. (A Malvina.) Aussi-bien, cousine, c'est te rendre service.

MALVINA.

Je me meurs !

DUBREUIL, a Marie

Eh bien donc ! parle vite.

MARIE.

Eh bien ! mon oncle, c'est que Malvina, qui ce matin vous avait résisté, qui s'était opposée à vos volontés, ne sait comment faire pour vous avouer qu'elle aime mon cousin Arved.

MALVINA.

Que dis-tu?

BARENTIN, à part.

Qu'entends-je !

DUBREUIL, embrassant Malvina.

Mon enfant ! ma chère enfant ! c'est là ce secret que tu craignais de m'avouer, ce secret qui me comble de joie.

MALVINA, a Barentin.

Non, monsieur ; (A Dubreuil) non, mon père, ne la croyez pas; elle s'abuse elle-même.

MARIE, tristement.

Oh ! je le sais, je l'ai vu, j'en ai la preuve.

DUBREUIL, avec joie.

C'est cela; nous la tenons ! nous en avons des preuves ! (A Marie) tu en as, n'est-il pas vrai?

ACTE II, SCÈNE IX.

MARIE.

Oui. Tout à l'heure, en revenant de la chasse, elle est entrée au salon, et, sans s'apercevoir seulement que j'y étais, elle a regardé le portrait d'Arved, avec une expression... et en portant la main là!... Si ce ne sont pas des preuves...

MALVINA.

De mon amitié pour lui.

DUBREUIL.

A d'autres. (A Barentin) Nous n'en croyons pas un mot, n'est-il pas vrai? (A Malvina) Et maintenant, tu auras beau dire et beau faire... (Se retournant, et voyant Arved qui entre)

SCÈNE IX.

MARIE, DUBREUIL, ARVED, EN UNIFORME ÉLÉGANT, ENTRANT PAR LA DROITE, MALVINA, BARENTIN.

DUBREUIL.

Viens, mon garçon, viens, j'ai de bonnes nouvelles à t'apprendre... (A Barentin) Vous, en attendant, daignez, mon cher ami, me remplacer un instant au salon.

BARENTIN.

Si toutefois cela est possible; je l'essaierai, monsieur. (Bas à Malvina.) Il faut parler, ou je vais croire que cette petite fille a dit vrai. (Il sort)

DUBREUIL, a Arved

Je voulais donc te dire...

MARIE.

Mon oncle, et votre premier commis...

DUBREUIL.

C'est vrai... car il faut la renvoyer aussi. (Il se met à la table et ecrit Malvina suit des yeux Barentin qui est sorti par la porte à gauche.)

MARIE, a part.

Allons, tout est fini; qu'ils soient heureux! et pourvu que je n'en sois pas témoin... (A Arved) Mon cousin, moi, qui ne vous ai jamais rien demandé, j'attends de vous une grâce; daignez parler pour moi à mon oncle. (Pendant le reste de cette scene, Malvina, debout et appuyée sur le dos du canape, paraît plongee dans le plus profond chagrin.)

ARVED.

Comment? et elle aussi!

MARIE.

Je venais tout à l'heure le prier de me laisser quitter ce château, de me laisser aller à Paris, dans une pension, pour un an seulement.

ARVED.

Comment, Marie, tu veux t'éloigner? tu veux partir quand j'arrive?

MARIE.

Oui, mon cousin, je le veux; et comme mon oncle ne le voudra peut-être pas, je vous supplie de l'y déterminer.

ARVED.

Ah! j'étais loin de m'attendre... moi, qui espérais au contraire... mais tu le veux, je lui en parlerai; et plus tard, nous verrons.

MARIE.

Non, mon cousin; tout de suite.

DUBREUIL.

Marie...

MARIE.

Oui, mon oncle; (A Arved) tout de suite; et je vais revenir dans l'instant pour savoir sa réponse. (Elle s'approche de Dubreuil.)

SCÈNE X.

DUBREUIL, ASSIS PRÈS DE LA TABLE A DROITE, ET LISANT LA LETTRE QU'IL TENAIT EN ENTRANT, ARVED, MALVINA.

MALVINA, s'approchant d'Arved et a voix basse

Tout est perdu : il croit que je vous aime et veut nous marier; c'est fait de moi.

ARVED.

Du courage; je viens à votre secours.

MALVINA, de même

Il faut tout déclarer.

ARVED.

Oui, mais je le vois si heureux, que je ne sais comment le préparer à une nouvelle qui peut lui donner le coup de la mort. (Dubreuil reconduit Marie jusqu'à la porte, Marie sort et Dubreuil vient auprès d'Arved.)

DUBREUIL, d'un air riant

Eh bien ! mon cher ami, je n'ai pas voulu te troubler dans ta conférence avec Marie; car il paraît que vous avez aussi des secrets ensemble.

ARVED.

Oui... oui, mon oncle.

DUBREUIL, de même

Qui, peut-être, ont rapport à cette lettre que tu m'as envoyée par Catherine, que je relisais là avec attention. Eh mais! tu parais inquiet, embarrassé.

ARVED.

Je le suis en effet; car Malvina et moi sommes chargés tous les deux d'implorer votre bonté, votre clémence en faveur d'une personne qui fut bien coupable sans doute...

MALVINA.

Oh oui! plus coupable que je ne peux le dire.

DUBREUIL, passant entre eux deux

Eh mais! mes enfans, qu'est-ce que c'est donc? voilà que vous m'effrayez... et ce que Marie te disait tout à l'heure... est-ce que ce serait d'elle qu'il s'agirait?

ARVED, hesitant

Mais...... peut-être bien. (Malvina fait un mouvement de surprise, Arved lui fait signe de se contenir, et parlant a Dubreuil) Vous me parliez ce matin de ma cousine Marie, et des soins que, l'année dernière, que cette année encore, M. de Barentin avait l'air de lui rendre?

DUBREUIL.

C'est vrai.

ARVED.

Eh bien! que diriez-vous si... si elle l'aimait?

DUBREUIL.

Ce que je dirais? je dirais: tant pis pour elle

parce qu'elle ne l'épousera pas, parce que jamais je ne consentirai à ce mariage.

ARVED.

Et si, prévoyant vos refus, et n'osant braver votre colère... si, en un mot, sa jeunesse, son inexpérience...

DUBREUIL.

Que dis-tu?

ARVED.

Si elle s'était engagée à lui par des nœuds solennels...

DUBREUIL.

Ce n'est pas possible ; vous vous abusez.

ARVED.

Non, mon oncle, c'est la vérité ; ils sont unis, mariés secrètement.

DUBREUIL, furieux

Un mariage secret !

MALVINA, suppliant

Mon père !

DUBREUIL.

Non, tu essaierais en vain de la défendre ; nos lois ne reconnaissent pas de pareils mariages ; il est nul, il sera rompu : j'en ai le droit.

ARVED.

Je le sais ; mais vous ne voudrez pas en user, pour son honneur, pour celui de votre famille ; car enfin, mon oncle, elle est à lui, elle lui appartient, elle est sa femme.

DUBREUIL.

Il est donc vrai ?

ARVED.

Et vous ne voudriez pas réduire au désespoir une personne que vous aimez, que nous aimons tous... quand, d'un seul mot, vous pouvez la rendre heureuse.

DUBREUIL.

Heureuse ! mais, c'est ce qui te trompe, elle ne le sera jamais.

MALVINA.

Que dites-vous ?

DUBREUIL.

Quand cette passion qui l'aveugle, quand ses premières illusions seront dissipées, et ce ne sera pas long, elle pleurera elle-même sur son imprudence, et se repentira du choix qu'elle a fait.

MALVINA.

Et pourquoi donc ? A la fortune près, que pourrait-on y blâmer ? n'est-il pas d'une honnête naissance, d'une famille distinguée ?

DUBREUIL.

Oui, le fils d'un confiseur.

MALVINA.

O ciel ! ce n'est pas possible.

DUBREUIL, montrant la lettre qu'il tient

J'ai là ses titres et ses parchemins.

ARVED.

Eh ! qu'importe ? le fils d'un honnête négociant n'en vaut-il pas un autre ? Et après tout, mon oncle, qui sommes-nous ? N'est-ce pas aussi dans le commerce que notre famille s'est enrichie ?

DUBREUIL.

Oui ; mais moi, j'en suis fier, je m'en vante.

Air du vaudeville de Partie carrée

De père en fils, quand on a l'avantage
Et l'honneur d'être commerçant,
On ne va pas, d'un noble personnage,
Prendre le nom et le déguisement !
Oui, quelque état que le sort nous désigne,
On en est fier, alors qu'on l'ennoblit,
Mais je me dis qu'on n'en est jamais digne
Sitôt qu'on en rougit.

Et ces grands malheurs, ces persécutions dont il se vantait... Lui ! persécuté ! et par qui ? par ses créanciers.

MALVINA.

Grands dieux !

DUBREUIL.

Un prodigue ! un dissipateur ! un mauvais sujet !

ARVED, voulant l'arrêter

Mon oncle, je vous en supplie...

MALVINA.

Mon père !

DUBREUIL, à Malvina

Oui, ma chère enfant, c'est comme je te le dis, j'en ai les preuves ! et voilà pourtant comme, avec de grandes phrases et une feinte passion, une jeune personne se laisse séduire. O jeunesse imprudente !

quand vos parens, quand un père lui-même, malgré toutes les recherches, toutes les précautions, tous les soins de la tendresse la plus vive, peut encore se tromper sur le choix d'un gendre, vous, n'écoutant que les rêves de votre imagination, vous jouez ainsi au hasard votre bonheur et l'espoir de votre vie entière.

ARVED, cherchant toujours à l'arrêter.

Mon oncle! et quels que soient ses torts, me refuserez-vous la première grâce que je vous demande?

DUBREUIL.

Tu le veux, mon fils? puis-je rien refuser à toi, à ma fille, à vous qui êtes mes enfans; vous, qui devez faire ma joie et ma consolation?

ARVED.

Grand Dieu!

DUBREUIL.

Parle, mon ami; guide-moi, dis-moi ce qu'il faut faire : je suivrai tes conseils.

ARVED.

Eh bien ! à votre place, j'écrirais d'abord à M. de Barentin.

DUBREUIL.

Lui écrire ! (Se mettant à la table à droite.) M'y voici : dicte toi-même; j'écris.

ARVED, dictant.

« Monsieur, vous avez de grands torts envers moi :
« je vous les pardonne. »

ACTE II, SCÈNE X.

DUBREUIL.

Lui pardonner !

MALVINA, suppliant

Mon père !

DUBREUIL.

Allons, tu le veux aussi ; le mot est écrit.

ARVED, dictant

« Je vous les pardonne, si vous rendez heureuse
« celle à qui votre sort est uni »

DUBREUIL.

Après ?

ARVED.

Voilà tout. (Regardant Malvina.) N'est-il pas vrai ?

DUBREUIL.

Et je signe : « Votre oncle. »

ARVED, l'arrêtant

Non ; je ne signerais pas ce mot-là.

DUBREUIL.

Et pourquoi ?

ARVED.

Ah ! c'est que... Silence ! c'est Marie.

MALVINA, à part

C'est fait de moi.

ARVED, à Dubreuil, qui s'avance vers Marie, et qu'il s'efforce d'arrêter

Ne lui parlez pas encore ; que devant elle, il ne soit question de rien, je vous en conjure.

DUBREUIL.

Pour quelles raisons ?

ARVED.

Vous le saurez : venez, passons dans votre cabinet.

(Il va à Marie, Malvina passe auprès de son père.)

SCÈNE XI.

Les précédens; MARIE, entrant par la gauche.

MARIE, timidement

Eh bien ! mon cousin, consent-il ?

ARVED, à demi voix

Oui ; mais silence.

DUBREUIL, regardant Marie avec colère

Et elle ose se présenter devant moi !

MARIE.

Qu'y a-t-il donc ? quel regard sévère !

DUBREUIL.

Oui, mademoiselle !

ARVED, lui faisant signe de se modérer

Mon oncle !

DUBREUIL.

Je me tairai, je l'ai promis, et je vais t'attendre; tu viens, n'est-il pas vrai ? (Il sort en regardant toujours Marie.)

ARVED.

Oui, mon oncle, je vous suis. (Malvina suit des yeux son père qui s'éloigne, quand il a disparu, elle va se jeter aux genoux d'Arved dont elle baise les mains. Arved voulant la retenir.) Ma cousine, y pensez-vous ? je n'ai rien fait encore; mais bientôt, je l'espère... (La relevant, et l'embrassant.) Du courage ! du courage, et attendez-nous. (Il sort par la même porte que Dubreuil. Malvina reste auprès de la porte, et le suit des yeux.)

SCÈNE XII.

MALVINA, MARIE.

MARIE.

Que se passe-t-il donc?

MALVINA, toujours auprès de la porte.

Bientôt tu le sauras.

MARIE.

Et dites-moi, ma cousine, pourquoi, en s'en allant mon oncle avait-il l'air si en colère contre moi? est-ce que tout-à-l'heure?... Mais vous ne m'écoutez pas.

MALVINA, regardant vers la gauche.

Si vraiment.

MARIE.

Il a donc été bien fâché quand mon cousin lui a dit que je voulais partir?

MALVINA, allant à elle.

Comment? tu nous quittes? tu t'éloignes?

MARIE.

Vous le savez bien; puisque vous étiez là.

MALVINA.

Oui, c'est vrai... j'étais là... mais pour quelle raison, surtout dans un pareil moment?

MARIE.

Oui, au moment où vous allez epouser Arved.

MALVINA, à part.

O ciel!

MARIE.

Au moment de votre bonheur, ce n'est pas bien à moi, je le sais; vous qui m'avez toujours traitée comme une sœur... mais voyez-vous, ma cousine, il le faut; je ne pourrais pas rester ici, j'en mourrais.

MALVINA.

Que dis-tu ? et toi aussi, tu souffres ! tu es malheureuse !

MARIE.

Ah ! plus que je ne puis vous le dire; mais j'aurai de la force, du courage. Cela se passera... pourvu que je m'en aille et que je ne voie pas ce mariage.

MALVINA.

Qu'ai-je entendu ? ce trouble, ces larmes !... Arved... tu l'aimerais ?

MARIE.

Moi ! qui vous l'a dit ?

MALVINA.

Oui, tu l'aimes, et j'en suis sûre. (A part) O mon Dieu ! qu'est-ce que j'éprouve là ? il ne me manquait plus que ce dernier tourment. (Haut) Aime-le, Marie, aime-le; c'est le meilleur, le plus généreux des hommes : un pareil amour ne te condamne ni aux regrets ni aux remords. (S'arrêtant avec effroi, et lui faisant signe de la main) Tais-toi.

MARIE.

Qu'avez-vous donc ? pourquoi tremblez-vous ?

MALVINA.

C'est mon père ! je l'entends. Va-t'en, va-t'en

(Marie, effrayée, s'enfuit.) Que je sois seule au moins à subir mon arrêt.

SCÈNE XIII.

DUBREUIL, MALVINA. (Dubreuil est pale et défait, il s'approche lentement de Malvina, qui, sans prononcer une seule parole, joint les mains et tombe a ses genoux.)

DUBREUIL, froidement, parlant avec effort.

Je sais tout; et si je n'avais écouté que ma juste colère... Mais Arved, mais mon fils... car lui seul est maintenant mon fils... il a prié pour toi; et lui, qui n'est pas coupable, il a, comme toi, embrassé mes genoux; enfin il m'a menacé, si je ne te pardonnais pas, de m'abandonner aussi, et je n'ai pas voulu renoncer à un fils que j'aime, pour un enfant ingrat que je n'aime pl...

MALVINA.

Mon père!

DUBREUIL, la relevant.

Ah! malgré moi, je t'aime encore; et je n'ai plus que la force de te plaindre. Quel sort tu t'es préparé, ma fille!

MALVINA.

Je le supporterai sans me plaindre, sans murmurer, et mon courage peut-être me rendra votre estime: mais lui, du moins... lui pardonnerez-vous aussi?

DUBREUIL.

Je voulais le bannir, le chasser de ces lieux ; mais Arved a encore prié pour lui : et quant à la fortune, quant à l'avancement de ce... de ton mari, ce n'est pas moi, c'est lui qui s'en charge.

MALVINA.

Arved ! ô mon appui ! ô mon dieu tutélaire !

DUBREUIL.

Oui, voilà celui que tu as repoussé, que tu as dédaigné. Malheureuse enfant ! je t'avais donné le meilleur des amis et des époux, le modèle de toutes les vertus !

MALVINA.

Ah ! ne m'accablez pas, car, dussé-je en mourir de honte, vous connaîtrez toute l'étendue de mes maux. (A voix basse) Je l'aime, mon père, je l'aime de toutes les forces de mon ame !

DUBREUIL.

Tu l'aimes ! Ah ! le ciel est juste ! il te punit de ta désobéissance par le malheur de ta vie.

SCÈNE XIV.

Les précédens; CATHERINE et MARIE, entrant par la gauche.

MARIE.

Ah ! mon Dieu ! mon oncle, qu'est-ce que cela signifie ? et quel est ce bruit qui se répand dans tout le château ?

CATHERINE.

On dit que mademoiselle Malvina est mariée?

MARIE.

Et que ce n'est point à mon cousin Arved?

CATHERINE.

Où donc alors est ce nouvel époux? et quel est-il?

SCÈNE XV.

Les précédens, ARVED, entrant par la droite.

ARVED.

M. de Barentin.

CATHERINE.

Grand Dieu!

MARIE.

M. de Barentin?

ARVED.

Lui-même, que des considérations particulières avaient forcé jusqu'ici à cacher ce mariage, (bas à Dubreuil) et qui, malgré le pardon que je lui ai promis en votre nom, n'ose encore se présenter devant vous.

MARIE, à Malvina à demi-voix

Oh! ma cousine, que je suis fâchée maintenant de partir!

MALVINA, de même

Sois tranquille, tu ne partiras pas.

DUBREUIL, à Malvina.

Je veux croire, comme me l'a assuré mon neveu,

que M. de Barentin ne t'a épousée que par amour, et sans penser à ma fortune ?

MALVINA.

Ah ! je vous l'atteste.

DUBREUIL.

C'est à sa conduite à me le prouver, et à mériter ce qu'un jour peut-être je ferai pour ma fille.

ARVED, passant entre Dubreuil et Malvina.

Il a déjà commencé à se rendre digne de vous. Il a accepté la sous-lieutenance que je lui ai proposée. Nous marcherons ensemble désormais dans la même carrière, nous la parcourrons avec honneur; et quant aux torts de sa jeunesse, c'est sur le champ de bataille qu'il saura les réparer.

MALVINA.

Ah! mon cousin ! je ne sais comment vous remercier, et je n'ai plus qu'un moyen de vous prouver ma reconnaissance, en m'occupant aussi de votre bonheur. Les vœux de votre père et du mien étaient de resserrer encor tous nos liens de famille; que cet espoir que j'ai déçu soit par vous réalisé, et que ma cousine Marie, que vous aimiez dès l'enfance... (Dubreuil va s'asseoir auprès de la table.)

ARVED.

Ah ! ce fut le rêve de mes jeunes années ! ce fut toujours mon unique pensée ! mon oncle vous le dira.

MARIE.

O ciel !

ARVED.

Mais je ne suis pas heureux, ma cousine, dans mes

projets, ni dans mes amours. Marie veut s'éloigner; elle veut quitter ces lieux au moment où j'arrive.

MALVINA.

Vous croyez ? et moi j'ai idée que si vous la priez de rester...

ARVED, passant près de Marie

Serait-il vrai ! Marie, ma cousine, toi que j'ai toujours regardée comme la compagne de ma vie, veux-tu combler mes plus chères espérances ? (Malvina s'eloigne)

MARIE, hors d'elle-même, et regardant Catherine

Moi !

ARVED.

Oui, veux-tu accepter et mon cœur et ma main ?

MARIE, a part

Ah ! j'en mourrai de joie

ARVED, a Malvina

Vous voyez, elle hésite.

MARIE, vivement

Non, mon cousin, non, j'accepte.

ARVED.

Il serait possible ! toi, du moins, tu ne m'as donc pas repoussé ! tu veux bien de mon amour ? Ah ! j'emploierai ma vie entière à t'en remercier, à prévenir tous tes vœux, à embellir ces jours que tu veux bien me consacrer.

CATHERINE, a demi-voix

Et moi je ne puis souffrir son erreur ; je veux qu'il sache à quel point il est aimé.

www.ingramcontent.com/pod-product-compliance
Lightning Source LLC
Chambersburg PA
CBHW071612230426
43669CB00012B/1915